STATISTICAL YEARBOOK OF CHINA COMMODITY EXCHANGE MARKET

中国商品交易市场统计年鉴

2012

中华人民共和国国家统计局贸易外经统计司
中华人民共和国商务部市场运行和消费促进司 编
中 国 商 业 联 合 会 信 息 部

Compiled by
Department of Trade and External Economic Relations Statistics,
National Bureau of Statistics of China
Department of Market Operation and Consumption Promotion,
Ministry of Commerce of China
China General Chamber of Commerce Information Department

中国统计出版社
China Statistics Press

（京）新登字041号

图书在版编目（CIP）数据

中国商品交易市场统计年鉴. 2012 / 中华人民共和国国家统计局贸易外经统计司, 中华人民共和国商务部市场运行和消费促进司, 中国商业联合会信息部编. --北京 : 中国统计出版社, 2012.6
ISBN 978-7-5037-6552-0

Ⅰ. ①中… Ⅱ. ①中… ②中… ③中… Ⅲ. ①国内市场 - 统计资料 - 中国 - 2012 - 年鉴 Ⅳ. ①F723-66

中国版本图书馆CIP数据核字(2012)第113599号

中国商品交易市场统计年鉴—2012

作　者/中华人民共和国国家统计局贸易外经统计司
　　中华人民共和国商务部市场运行和消费促进司
　　中国商业联合会信息部
责任编辑/马 平
装帧设计/李雪燕
出版发行/中国统计出版社
通信地址/北京市西城区月坛南街57号　邮政编码/100826
办公地址/北京市丰台区西三环南路甲6号　邮政编码/100073
网　址/http://csp.stats.gov.cn/
电　话/邮购（010）63376907　书店(010)68783172
印　刷/河北天普润印刷厂
经　销/新华书店
开　本/880 × 1230mm 1/16
字　数/880千字
印　张/28.25
版　别/2012年8月第1版
版　次/2012年8月第1次印刷
书　号/ISBN 978-7-5037-6552-0/F · 3130
定　价/230.00元

《中国商品交易市场统计年鉴—2012》
编辑委员会

编辑说明

一、《中国商品交易市场统计年鉴-2012》是反映我国大型商品交易市场全貌的资料性工具书。至今已连续出版了十三年，旨在通过大量、丰富、详实、具体和权威的统计数据，全面系统和多角度地反映中国大型商品交易市场发展情况。本年鉴是各级经济和市场管理部门、科研机构与大专院校分析研究市场、进行宏观调控和科学决策、理论研究和教学的重要资料；也是生产经营单位了解市场、获取商业信息的必备参考用书。

二、年鉴分为三部分：第一部分综合篇，第二部分地区篇，第三部分市场篇。并附有主要统计指标解释。

三、年鉴中的亿元商品交易市场统计范围为2011年成交额亿元及以上的商品交易市场。全国性数据未包括台湾省、香港特别行政区和澳门特别行政区。

四、年鉴中的时期数据为2011年度，时点数据为2011年末，数据来自于2011年亿元以上商品交易市场统计年报。

五、年鉴数据表格中的空白，表示该项统计指标数据为0或无该项数据。

目　录

第一部分 综合篇

简要说明：

本篇资料主要内容为亿元以上商品交易市场的基本情况，包括市场个数、摊位个数、营业面积、成交额，以及按照市场类别、摊位类别、经营方式、经营状态和经营环境的分组数据等。

1-1 历年商品交易市场情况

年 份	市场数(个)	年末出租摊位数(个)	营业面积(平方米)	成交额(万元)
2000	3087	2115115	82615615	156723889
2001	3273	2200662	93973140	177190514
2002	3258	2190814	103131711	198400373
2003	3265	2148866	109840363	215144785
2004	3365	2229818	124774690	261027342
2005	3323	2248803	131408239	300209160
2006	3876	2527987	180723148	371374661
2007	4121	2681630	198146314	440850978
2008	4567	2839070	212252204	524579577
2009	4687	2994781	232303299	579637907
2010	4940	3193365	248323113	727035303
2011	5075	3334787	262345039	820172688

1-2 历年商品交易市场变动

(比上年增长 %)

年 份	市场数	年末出租摊位数	营业面积	成交额
2001	6.03	4.04	13.75	13.06
2002	-0.46	-0.45	9.75	11.97
2003	0.21	-1.91	6.50	8.44
2004	3.06	3.77	13.60	21.33
2005	-1.25	0.85	5.32	15.01
2006	16.64	12.41	37.53	23.71
2007	6.32	6.08	9.64	18.71
2008	10.82	5.87	7.12	18.99
2009	2.63	5.48	9.45	10.50
2010	5.40	6.63	6.90	25.43
2011	2.73	4.43	5.65	12.81

1-3 商品交易市场总体情况

项目	市场数量(个)	总摊位数(个)	年末出租摊位数(个)	营业面积(平方米)	成交额(万元)
总计	**5075**	**3659520**	**3334787**	**262345039**	**820172688**
一、按市场类别分组					
1.综合市场	1368	1276011	1173555	58996440	161028457
生产资料综合市场	57	59886	54428	7341888	13673462
工业消费品综合市场	314	467851	439732	21455552	54396716
农产品综合市场	702	470260	429245	17795198	63251069
其他综合市场	295	278014	250150	12403802	29707210
2.专业市场	3707	2383509	2161232	203348599	659144231
生产资料市场	764	318061	285028	65483789	268081307
农业生产用具市场	19	6343	5216	1476522	1664105
农用生产资料市场	35	6894	6353	1118107	1765167
煤炭市场	18	2428	2353	7017507	7238282
木材市场	59	20495	18897	5525968	5942381
建材市场	210	102665	91258	15926548	15288396
化工材料及制品市场	41	22234	18760	2059774	26234215
金属材料市场	289	106900	95844	26584891	182017208
机械设备市场	51	28525	25895	2883519	6107674
其他生产资料市场	42	21577	20452	2890953	21823879
农产品市场	1020	628303	563645	41586693	125952637
粮油市场	111	46121	41288	4257698	14369982
肉禽蛋市场	114	35387	30009	2427328	8952160
水产品市场	157	108031	99622	4780288	27390123
蔬菜市场	313	254015	228107	15368740	32645153
干鲜果品市场	147	74879	65041	5879020	18887975
棉麻土畜、烟叶市场	34	22347	21297	4582460	9084450
其他农产品市场	144	87523	78281	4291159	14622794
食品、饮料及烟酒市场	159	103187	84576	4765886	15038566
食品饮料市场	55	34570	29945	1697619	3919548
茶叶市场	27	21517	11437	761639	1913295
烟酒市场	13	5796	4728	214281	836721
其他食品饮料及烟酒市场	64	41304	38466	2092347	8369002
纺织、服装、鞋帽市场	559	727649	680641	27338467	107966005
布料及纺织品市场	80	115154	110007	6691505	46739183
服装市场	335	434425	405727	14995167	41934140
鞋帽市场	44	27609	25427	1556978	4071954
其他纺织服装鞋帽市场	100	150461	139480	4094817	15220728
日用品及文化用品市场	104	72632	69469	3073376	11910178
小商品市场	35	39578	38885	1122319	3003086
箱包市场	6	5502	5123	526200	2132650
玩具市场	3	1124	1124	119410	219542
文具市场	3	1708	1329	101694	260650
图书、报刊杂志市场	12	1821	1753	101289	406099
音像制品及电子出版物市场	4	991	950	39800	171087
体育用品市场	1	80	80	6700	12115
其他日用品及文化用品市场	40	21828	20225	1055964	5704949

1-3 续表

项目	市场数量 (个)	总摊位数 (个)	年末出租摊位数 (个)	营业面积 (平方米)	成交额 (万元)
黄金、珠宝、玉器等首饰市场	22	13063	12276	756302	3651203
电器、通讯器材、电子设备市场	162	76098	69732	2702337	12812838
家电市场	40	13700	12867	738395	3068091
通讯器材市场	24	20531	17567	448021	1199723
照相、摄像器材市场	2	455	455	17600	55472
计算机及辅助设备市场	82	33969	31928	1302935	7661120
其他电器、通讯器材、电子设备市场	14	7443	6915	195386	828432
医药、医疗用品及器材市场	26	35173	25501	1322490	8010022
中药材市场	25	35001	25329	1232490	7906822
其他医药、医疗用品及器材市场	1	172	172	90000	103200
家具、五金及装饰材料市场	525	269632	248949	34270892	44999775
家具市场	138	66391	59890	10894506	10907507
装饰材料市场	229	97537	91116	12684560	13626425
灯具市场	15	6768	6569	826823	1668599
厨具、盥洗设备市场	4	1304	1250	91840	191187
五金材料市场	75	50772	46496	3600572	8633333
其他装修市场	64	46860	43628	6172591	9972724
汽车、摩托车及零配件市场	273	83761	72488	13180029	51818098
汽车市场	181	43297	34763	9917165	41898821
摩托车市场	13	4888	4221	307528	947254
机动车零配件市场	79	35576	33504	2955336	8972023
花、鸟、鱼、虫市场	28	20587	19654	6584109	3982867
花卉市场	24	18344	17502	6521708	3859587
鸟市场					
观赏鱼市场	1	1000	1000	12000	12000
其他花鸟鱼虫市场	3	1243	1152	50401	111280
旧货市场	20	8604	8161	371205	863903
古玩、古董、字画市场	3	1165	1102	18620	38483
邮票、硬币市场					
其他旧货市场	17	7439	7059	352585	825420
其他专业市场	45	26759	21112	1913024	4056832
二、按营业状态分组					
1.常年营业	4973	3612680	3291636	257580847	812925687
2.季节性营业	95	42537	39224	4649326	6672278
3.其他	7	4303	3927	114866	574723
三、按经营方式分组					
1.以批发为主	2905	2400253	2179681	199846030	693908114
2.以零售为主	2170	1259267	1155106	62499009	126264574
四、按经营环境分组					
1.露天式	880	568180	515482	65836752	140678927
2.封闭式	3526	2622520	2391085	156987668	544840171
3.其他	669	468820	428220	39520619	134653590

1-4 商品交易市场情况(按营业状态分)

(常年营业)

项　　目	市场数量(个)	总摊位数(个)	年末出租摊位数(个)	营业面积(平方米)	成交额(万元)
总　　计	**4973**	**3612680**	**3291636**	**257580847**	**812925687**
1.综合市场	**1362**	**1269285**	**1167267**	**58854675**	**160703712**
生产资料综合市场	57	59886	54428	7341888	13673462
工业消费品综合市场	313	465051	436932	21375552	54265924
农产品综合市场	698	467408	426488	17752433	63091929
其他综合市场	294	276940	249419	12384802	29672397
2.专业市场	**3611**	**2343395**	**2124369**	**198726172**	**652221975**
生产资料市场	756	316337	283420	65309613	267691389
农业生产用具市场	19	6343	5216	1476522	1664105
农用生产资料市场	30	5906	5481	1021997	1670105
煤炭市场	17	2383	2308	7015507	7063162
木材市场	58	20404	18806	5489902	5851145
建材市场	210	102665	91258	15926548	15288396
化工材料及制品市场	41	22234	18760	2059774	26234215
金属材料市场	289	106900	95844	26584891	182017208
机械设备市场	51	28525	25895	2883519	6107674
其他生产资料市场	41	20977	19852	2850953	21795379
农产品市场	947	595576	533742	37605322	121231076
粮油市场	107	45886	41053	3788698	13994670
肉禽蛋市场	114	35387	30009	2427328	8952160
水产品市场	152	106776	98675	4690844	27036459
蔬菜市场	277	238053	212522	13347923	30393019
干鲜果品市场	127	61773	53860	4826878	17778228
棉麻土畜、烟叶市场	28	21568	20552	4406380	8660402
其他农产品市场	142	86133	77071	4117271	14416138
食品、饮料及烟酒市场	156	102587	83976	4742886	14929459
食品饮料市场	54	34210	29585	1687119	3900239
茶叶市场	26	21399	11319	755139	1859345
烟酒市场	13	5796	4728	214281	836721
其他食品饮料及烟酒市场	63	41182	38344	2086347	8333154
纺织、服装、鞋帽市场	551	723584	676624	26947681	106513268
布料及纺织品市场	79	114994	109887	6661119	46728183
服装市场	329	430896	402198	14648267	40810038
鞋帽市场	44	27609	25427	1556978	4071954
其他纺织服装鞋帽市场	99	150085	139112	4081317	14903093
日用品及文化用品市场	103	72074	68960	3040082	11845178
小商品市场	35	39578	38885	1122319	3003086
箱包市场	6	5502	5123	526200	2132650

1-4 续表 1

(常年营业)

项 目	市场数量 (个)	总摊位数 (个)	年末出租摊位数 (个)	营业面积 (平方米)	成交额 (万元)
玩具市场	3	1124	1124	119410	219542
文具市场	2	1150	820	68400	195650
图书、报刊杂志市场	12	1821	1753	101289	406099
音像制品及电子出版物市场	4	991	950	39800	171087
体育用品市场	1	80	80	6700	12115
其他日用品及文化用品市场	40	21328	20225	1055964	5704949
黄金、珠宝、玉器等首饰市场	21	12713	12140	750802	3626101
电器、通讯器材、电子设备市场	162	76098	69732	2702337	12812838
家电市场	40	13700	12867	738395	3068091
通讯器材市场	24	20531	17567	448021	1199723
照相、摄像器材市场	2	455	455	17600	55472
计算机及辅助设备市场	82	33969	31928	1302935	7661120
其他电器、通讯器材、电子设备市场	14	7443	6915	195386	828432
医药、医疗用品及器材市场	25	35133	25461	1321190	7982191
中药材市场	24	34961	25289	1231190	7878991
其他医药、医疗用品及器材市场	1	172	172	90000	103200
家具、五金及装饰材料市场	525	269632	248949	34270892	44999775
家具市场	138	66391	59890	10894506	10907507
装饰材料市场	229	97537	91116	12684560	13626425
灯具市场	15	6768	6569	826823	1668599
厨具、盥洗设备市场	4	1304	1250	91840	191187
五金材料市场	75	50772	46496	3600572	8633333
其他装修市场	64	46860	43628	6172591	9972724
汽车、摩托车及零配件市场	272	83711	72438	13167029	51687098
汽车市场	180	43247	34713	9904165	41767821
摩托车市场	13	4888	4221	307528	947254
机动车零配件市场	79	35576	33504	2955336	8972023
花、鸟、鱼、虫市场	28	20587	19654	6584109	3982867
花卉市场	24	18344	17502	6521708	3859587
鸟市场					
观赏鱼市场	1	1000	1000	12000	12000
其他花鸟鱼虫市场	3	1243	1152	50401	111280
旧货市场	20	8604	8161	371205	863903
古玩、古董、字画市场	3	1165	1102	18620	38483
邮票、硬币市场					
其他旧货市场	17	7439	7059	352585	825420
其他专业市场	45	26759	21112	1913024	4056832

1-4 续表 2

(季节性营业)

项　目	市场数量(个)	总摊位数(个)	年末出租摊位数(个)	营业面积(平方米)	成交额(万元)
总　计	**95**	**42537**	**39224**	**4649326**	**6672278**
1.综合市场	**2**	**3250**	**3180**	**86965**	**178202**
生产资料综合市场					
工业消费品综合市场	1	2800	2800	80000	130792
农产品综合市场	1	450	380	6965	47410
其他综合市场					
2.专业市场	**93**	**39287**	**36044**	**4562361**	**6494076**
生产资料市场	7	1633	1517	138110	298682
农业生产用具市场					
农用生产资料市场	5	988	872	96110	95062
煤炭市场	1	45	45	2000	175120
木材市场					
建材市场					
化工材料及制品市场					
金属材料市场					
机械设备市场					
其他生产资料市场	1	600	600	40000	28500
农产品市场	73	32727	29903	3981371	4721561
粮油市场	4	235	235	469000	375312
肉禽蛋市场					
水产品市场	5	1255	947	89444	353664
蔬菜市场	36	15962	15585	2020817	2252134
干鲜果品市场	20	13106	11181	1052142	1109747
棉麻土畜、烟叶市场	6	779	745	176080	424048
其他农产品市场	2	1390	1210	173888	206656
食品、饮料及烟酒市场	2	240	240	12500	89798
食品饮料市场					
茶叶市场	1	118	118	6500	53950
烟酒市场					
其他食品饮料及烟酒市场	1	122	122	6000	35848
纺织、服装、鞋帽市场	7	3689	3649	377286	1135102
布料及纺织品市场	1	160	120	30386	11000
服装市场	6	3529	3529	346900	1124102
鞋帽市场					
其他纺织服装鞋帽市场					
日用品及文化用品市场	1	558	509	33294	65000
小商品市场					
箱包市场					

1-4 续表 3

(季节性营业)

项　目	市场数量 (个)	总摊位数 (个)	年末出租摊位数 (个)	营业面积 (平方米)	成交额 (万元)
玩具市场					
文具市场	1	558	509	33294	65000
图书、报刊杂志市场					
音像制品及电子出版物市场					
体育用品市场					
其他日用品及文化用品市场					
黄金、珠宝、玉器等首饰市场	1	350	136	5500	25102
电器、通讯器材、电子设备市场					
家电市场					
通讯器材市场					
照相、摄像器材市场					
计算机及辅助设备市场					
其他电器、通讯器材、电子设备市场					
医药、医疗用品及器材市场	1	40	40	1300	27831
中药材市场	1	40	40	1300	27831
其他医药、医疗用品及器材市场					
家具、五金及装饰材料市场					
家具市场					
装饰材料市场					
灯具市场					
厨具、盥洗设备市场					
五金材料市场					
其他装修市场					
汽车、摩托车及零配件市场	1	50	50	13000	131000
汽车市场	1	50	50	13000	131000
摩托车市场					
机动车零配件市场					
花、鸟、鱼、虫市场					
花卉市场					
鸟市场					
观赏鱼市场					
其他花鸟鱼虫市场					
旧货市场					
古玩、古董、字画市场					
邮票、硬币市场					
其他旧货市场					
其他专业市场					

1-4 续表 4

(其他)

项　目	市场数量(个)	总摊位数(个)	年末出租摊位数(个)	营业面积(平方米)	成交额(万元)
总　计	**7**	**4303**	**3927**	**114866**	**574723**
1.综合市场	**4**	**3476**	**3108**	**54800**	**146543**
生产资料综合市场					
工业消费品综合市场					
农产品综合市场	3	2402	2377	35800	111730
其他综合市场	1	1074	731	19000	34813
2.专业市场	**3**	**827**	**819**	**60066**	**428180**
生产资料市场	1	91	91	36066	91236
农业生产用具市场					
农用生产资料市场					
煤炭市场					
木材市场	1	91	91	36066	91236
建材市场					
化工材料及制品市场					
金属材料市场					
机械设备市场					
其他生产资料市场					
农产品市场					
粮油市场					
肉禽蛋市场					
水产品市场					
蔬菜市场					
干鲜果品市场					
棉麻土畜、烟叶市场					
其他农产品市场					
食品、饮料及烟酒市场	1	360	360	10500	19309
食品饮料市场	1	360	360	10500	19309
茶叶市场					
烟酒市场					
其他食品饮料及烟酒市场					
纺织、服装、鞋帽市场	1	376	368	13500	317635
布料及纺织品市场					
服装市场					
鞋帽市场					
其他纺织服装鞋帽市场	1	376	368	13500	317635
日用品及文化用品市场					
小商品市场					
箱包市场					

1-4 续表 5

(其他)

项 目	市场数量 (个)	总摊位数 (个)	年末出租摊位数 (个)	营业面积 (平方米)	成交额 (万元)
玩具市场					
文具市场					
图书、报刊杂志市场					
音像制品及电子出版物市场					
体育用品市场					
其他日用品及文化用品市场					
黄金、珠宝、玉器等首饰市场					
电器、通讯器材、电子设备市场					
家电市场					
通讯器材市场					
照相、摄像器材市场					
计算机及辅助设备市场					
其他电器、通讯器材、电子设备市场					
医药、医疗用品及器材市场					
中药材市场					
其他医药、医疗用品及器材市场					
家具、五金及装饰材料市场					
家具市场					
装饰材料市场					
灯具市场					
厨具、盥洗设备市场					
五金材料市场					
其他装修市场					
汽车、摩托车及零配件市场					
汽车市场					
摩托车市场					
机动车零配件市场					
花、鸟、鱼、虫市场					
花卉市场					
鸟市场					
观赏鱼市场					
其他花鸟鱼虫市场					
旧货市场					
古玩、古董、字画市场					
邮票、硬币市场					
其他旧货市场					
其他专业市场					

1-5 商品交易市场情况(按经营方式分)

(批发为主)

项目	市场数量(个)	总摊位数(个)	年末出租摊位数(个)	营业面积(平方米)	成交额(万元)
总计	**2905**	**2400253**	**2179681**	**199846030**	**693908114**
1.综合市场	**473**	**652692**	**601909**	**41763620**	**123354259**
生产资料综合市场	37	42728	40684	6204908	13015143
工业消费品综合市场	129	272129	255402	15007909	41179632
农产品综合市场	196	213283	196027	12784968	45956616
其他综合市场	111	124552	109796	7765835	23202868
2.专业市场	**2432**	**1747561**	**1577772**	**158082410**	**570553855**
生产资料市场	638	257887	229338	58090504	260059441
农业生产用具市场	19	6343	5216	1476522	1664105
农用生产资料市场	34	6788	6247	1107957	1748392
煤炭市场	17	1416	1341	5662107	7202230
木材市场	59	20495	18897	5525968	5942381
建材市场	108	53133	45832	10698134	8887029
化工材料及制品市场	41	22234	18760	2059774	26234215
金属材料市场	289	106900	95844	26584891	182017208
机械设备市场	38	23123	20573	2395614	5164944
其他生产资料市场	33	17455	16628	2579537	21198937
农产品市场	804	526780	476241	39098503	118297208
粮油市场	100	35584	30751	4022206	13716106
肉禽蛋市场	70	17182	15091	2051236	7564719
水产品市场	121	91270	84482	4370668	25676053
蔬菜市场	280	241453	217614	15143342	31919491
干鲜果品市场	144	72487	64839	5791160	18638565
棉麻土畜、烟叶市场	29	20239	19491	4313740	8506814
其他农产品市场	60	48565	43973	3406151	12275460
食品、饮料及烟酒市场	109	74856	57886	4043686	13094340
食品饮料市场	31	22778	19459	1359072	2946432
茶叶市场	22	19415	9335	676152	1742478
烟酒市场	9	3371	2333	143351	532249
其他食品饮料及烟酒市场	47	29292	26759	1865111	7873181
纺织、服装、鞋帽市场	322	523198	486742	21679044	98187881
布料及纺织品市场	73	109681	105044	6562905	46075771
服装市场	171	304897	282160	10993698	36366924
鞋帽市场	40	23109	21727	1530478	3759145
其他纺织服装鞋帽市场	38	85511	77811	2591963	11986041
日用品及文化用品市场	80	62154	59216	2645052	10821243
小商品市场	28	34121	33503	894619	2731255
箱包市场	6	5502	5123	526200	2132650

1-5 续表 1

(批发为主)

项 目	市场数量(个)	总摊位数(个)	年末出租摊位数(个)	营业面积(平方米)	成交额(万元)
玩具市场	3	1124	1124	119410	219542
文具市场	3	1708	1329	101694	260650
图书、报刊杂志市场	9	1190	1169	72289	274688
音像制品及电子出版物市场	1	103	80	11000	8800
体育用品市场					
其他日用品及文化用品市场	30	18406	16888	919840	5193658
黄金、珠宝、玉器等首饰市场	13	8246	7459	598026	3216180
电器、通讯器材、电子设备市场	51	25904	24477	996512	4485199
家电市场	26	9788	9400	572706	2255982
通讯器材市场	7	7532	7225	158248	634021
照相、摄像器材市场	1	285	285	13000	24215
计算机及辅助设备市场	11	4179	3834	134558	1127327
其他电器、通讯器材、电子设备市场	6	4120	3733	118000	443654
医药、医疗用品及器材市场	24	34422	24750	1287047	7757445
中药材市场	23	34250	24578	1197047	7654245
其他医药、医疗用品及器材市场	1	172	172	90000	103200
家具、五金及装饰材料市场	223	152723	141771	17160049	28858069
家具市场	25	26935	24716	3719741	5806240
装饰材料市场	88	49696	47198	6345153	7186403
灯具市场	12	6397	6198	749373	1382967
厨具、盥洗设备市场	3	1020	966	28280	167161
五金材料市场	64	44608	40337	3230497	7732105
其他装修市场	31	24067	22356	3087005	6583193
汽车、摩托车及零配件市场	104	43118	38232	4576368	18481423
汽车市场	33	10139	7908	1879006	9484832
摩托车市场	9	3391	2749	187502	788039
机动车零配件市场	62	29588	27575	2509860	8208552
花、鸟、鱼、虫市场	23	17664	16751	6253934	3780037
花卉市场	21	16364	15542	6237908	3733387
鸟市场					
观赏鱼市场	1	1000	1000	12000	12000
其他花鸟鱼虫市场	1	300	209	4026	34650
旧货市场	8	1438	1356	153161	381165
古玩、古董、字画市场	1	630	630	3000	12500
邮票、硬币市场					
其他旧货市场	7	808	726	150161	368665
其他专业市场	33	19171	13553	1500524	3134224

1-5　续表 2

(零售为主)

项　　目	市场数量（个）	总摊位数（个）	年末出租摊位数（个）	营业面积（平方米）	成交额（万元）
总　　计	**2170**	**1259267**	**1155106**	**62499009**	**126264574**
1.综合市场	**895**	**623319**	**571646**	**17232820**	**37674198**
生产资料综合市场	20	17158	13744	1136980	658319
工业消费品综合市场	185	195722	184330	6447643	13217084
农产品综合市场	506	256977	233218	5010230	17294453
其他综合市场	184	153462	140354	4637967	6504342
2.专业市场	**1275**	**635948**	**583460**	**45266189**	**88590376**
生产资料市场	126	60174	55690	7393285	8021866
农业生产用具市场					
农用生产资料市场	1	106	106	10150	16775
煤炭市场	1	1012	1012	1355400	36052
木材市场					
建材市场	102	49532	45426	5228414	6401367
化工材料及制品市场					
金属材料市场					
机械设备市场	13	5402	5322	487905	942730
其他生产资料市场	9	4122	3824	311416	624942
农产品市场	216	101523	87404	2488190	7655429
粮油市场	11	10537	10537	235492	653876
肉禽蛋市场	44	18205	14918	376092	1387441
水产品市场	36	16761	15140	409620	1714070
蔬菜市场	33	12562	10493	225398	725662
干鲜果品市场	3	2392	202	87860	249410
棉麻土畜、烟叶市场	5	2108	1806	268720	577636
其他农产品市场	84	38958	34308	885008	2347334
食品、饮料及烟酒市场	50	28331	26690	722200	1944226
食品饮料市场	24	11792	10486	338547	973116
茶叶市场	5	2102	2102	85487	170817
烟酒市场	4	2425	2395	70930	304472
其他食品饮料及烟酒市场	17	12012	11707	227236	495821
纺织、服装、鞋帽市场	237	204451	193899	5659423	9778124
布料及纺织品市场	7	5473	4963	128600	663412
服装市场	164	129528	123567	4001469	5567216
鞋帽市场	4	4500	3700	26500	312809
其他纺织服装鞋帽市场	62	64950	61669	1502854	3234687
日用品及文化用品市场	24	10478	10253	428324	1088935
小商品市场	7	5457	5382	227700	271831
箱包市场					

1-5 续表 3

(零售为主)

项　目	市场数量（个）	总摊位数（个）	年末出租摊位数（个）	营业面积（平方米）	成交额（万元）
玩具市场					
文具市场					
图书、报刊杂志市场	3	631	584	29000	131411
音像制品及电子出版物市场	3	888	870	28800	162287
体育用品市场	1	80	80	6700	12115
其他日用品及文化用品市场	10	3422	3337	136124	511291
黄金、珠宝、玉器等首饰市场	9	4817	4817	158276	435023
电器、通讯器材、电子设备市场	111	50194	45255	1705825	8327639
家电市场	14	3912	3467	165689	812109
通讯器材市场	17	12999	10342	289773	565702
照相、摄像器材市场	1	170	170	4600	31257
计算机及辅助设备市场	71	29790	28094	1168377	6533793
其他电器、通讯器材、电子设备市场	8	3323	3182	77386	384778
医药、医疗用品及器材市场	2	751	751	35443	252577
中药材市场	2	751	751	35443	252577
其他医药、医疗用品及器材市场					
家具、五金及装饰材料市场	302	116909	107178	17110843	16141706
家具市场	113	39456	35174	7174765	5101267
装饰材料市场	141	47841	43918	6339407	6440022
灯具市场	3	371	371	77450	285632
厨具、盥洗设备市场	1	284	284	63560	24026
五金材料市场	11	6164	6159	370075	901228
其他装修市场	33	22793	21272	3085586	3389531
汽车、摩托车及零配件市场	169	40643	34256	8603661	33336675
汽车市场	148	33158	26855	8038159	32413989
摩托车市场	4	1497	1472	120026	159215
机动车零配件市场	17	5988	5929	445476	763471
花、鸟、鱼、虫市场	5	2923	2903	330175	202830
花卉市场	3	1980	1960	283800	126200
鸟市场					
观赏鱼市场					
其他花鸟鱼虫市场	2	943	943	46375	76630
旧货市场	12	7166	6805	218044	482738
古玩、古董、字画市场	2	535	472	15620	25983
邮票、硬币市场					
其他旧货市场	10	6631	6333	202424	456755
其他专业市场	12	7588	7559	412500	922608

1-6 商品交易市场情况(按经营环境分)

(露天式)

项　目	市场数量(个)	总摊位数(个)	年末出租摊位数(个)	营业面积(平方米)	成交额(万元)
总　计	**880**	**568180**	**515482**	**65836752**	**140678927**
1.综合市场	**142**	**136488**	**121066**	**7014059**	**18635799**
生产资料综合市场	4	5549	3273	388750	146240
工业消费品综合市场	27	26518	25002	733391	1221194
农产品综合市场	70	65123	61470	3984165	15502095
其他综合市场	41	39298	31321	1907753	1766270
2.专业市场	**738**	**431692**	**394416**	**58822693**	**122043128**
生产资料市场	238	87939	81911	31302176	67321990
农业生产用具市场	7	2599	2556	716821	903694
农用生产资料市场	5	2283	2280	365456	200595
煤炭市场	10	537	462	5655507	3671902
木材市场	29	7805	7394	4175857	3235327
建材市场	33	15580	14777	2882001	3727233
化工材料及制品市场	4	2291	2286	321526	1149425
金属材料市场	140	49998	46141	16738933	53790603
机械设备市场	4	3376	2578	153075	264300
其他生产资料市场	6	3470	3437	293000	378911
农产品市场	313	251447	230844	15031389	32204561
粮油市场	31	21955	21252	1900728	3039456
肉禽蛋市场	21	4630	4379	937941	961360
水产品市场	31	28377	28182	858664	5244314
蔬菜市场	131	134383	119778	6664229	11805005
干鲜果品市场	57	32507	30221	2561826	5350348
棉麻土畜、烟叶市场	18	16437	15516	1294145	2868581
其他农产品市场	24	13158	11516	813856	2935497
食品、饮料及烟酒市场	18	12794	11694	377074	1224788
食品饮料市场	4	1307	1207	25306	257137
茶叶市场	4	3273	3192	104460	304676
烟酒市场	4	3146	2308	111151	101593
其他食品饮料及烟酒市场	6	5068	4987	136157	561382
纺织、服装、鞋帽市场	23	19801	17747	894006	4456877
布料及纺织品市场	4	3172	3146	213810	2750710
服装市场	10	11490	10087	250351	407092
鞋帽市场	6	2788	2229	160845	953678
其他纺织服装鞋帽市场	3	2351	2285	269000	345397
日用品及文化用品市场	4	1084	922	50644	106300
小商品市场	1	390	285	13000	12140
箱包市场					

1-6 续表 1

(露天式)

项　　目	市场数量 (个)	总摊位数 (个)	年末出租摊位数 (个)	营业面积 (平方米)	成交额 (万元)
玩具市场					
文具市场	1	558	509	33294	65000
图书、报刊杂志市场	1	51	46	2500	16200
音像制品及电子出版物市场					
体育用品市场					
其他日用品及文化用品市场	1	85	82	1850	12960
黄金、珠宝、玉器等首饰市场					
电器、通讯器材、电子设备市场	2	201	199	13600	36993
家电市场	2	201	199	13600	36993
通讯器材市场					
照相、摄像器材市场					
计算机及辅助设备市场					
其他电器、通讯器材、电子设备市场					
医药、医疗用品及器材市场	4	2252	2252	53338	196741
中药材市场	4	2252	2252	53338	196741
其他医药、医疗用品及器材市场					
家具、五金及装饰材料市场	43	20775	18654	2777786	3137396
家具市场	3	1507	1507	360000	179392
装饰材料市场	24	8523	7488	885629	864634
灯具市场	1	380	320	6800	12000
厨具、盥洗设备市场					
五金材料市场	9	5236	4874	588739	822755
其他装修市场	6	5129	4465	936618	1258615
汽车、摩托车及零配件市场	69	16646	15816	3486834	10742871
汽车市场	57	12945	12274	3093002	9061590
摩托车市场					
机动车零配件市场	12	3701	3542	393832	1681281
花、鸟、鱼、虫市场	3	2480	2480	3614350	1245256
花卉市场	3	2480	2480	3614350	1245256
鸟市场					
观赏鱼市场					
其他花鸟鱼虫市场					
旧货市场	5	735	720	109918	329344
古玩、古董、字画市场					
邮票、硬币市场					
其他旧货市场	5	735	720	109918	329344
其他专业市场	16	15538	11177	1111578	1040011

1-6 续表 2

(封闭式)

项目	市场数量(个)	总摊位数(个)	年末出租摊位数(个)	营业面积(平方米)	成交额(万元)
总计	**3526**	**2622520**	**2391085**	**156987668**	**544840171**
1.综合市场	**1037**	**945697**	**874340**	**41708070**	**110726630**
生产资料综合市场	46	38055	35044	3875204	5943393
工业消费品综合市场	258	400978	376518	19439548	48194518
农产品综合市场	533	334025	303299	10295370	37201288
其他综合市场	200	172639	159479	8097948	19387431
2.专业市场	**2489**	**1676823**	**1516745**	**115279598**	**434113541**
生产资料市场	416	181012	159219	25293161	149656885
农业生产用具市场	10	2893	2057	705844	621886
农用生产资料市场	28	4324	3811	737771	1498707
煤炭市场	6	1878	1878	1359200	3436605
木材市场	19	5372	4856	686490	1126382
建材市场	142	73480	64154	8254978	9604983
化工材料及制品市场	28	11995	9938	1304314	13137801
金属材料市场	111	42686	36992	7263966	94956690
机械设备市场	42	23329	21504	2575444	5453075
其他生产资料市场	30	15055	14029	2405154	19820756
农产品市场	532	262933	230827	16535986	68920346
粮油市场	64	17165	14732	1686470	8140286
肉禽蛋市场	81	27267	22259	1042719	6496248
水产品市场	95	54896	48226	2761777	16580595
蔬菜市场	128	74243	67238	5749739	15203245
干鲜果品市场	62	30365	25859	2544181	9490269
棉麻土畜、烟叶市场	12	5029	4901	790815	4742599
其他农产品市场	90	53968	47612	1960285	8267104
食品、饮料及烟酒市场	118	78890	62552	3832288	12155158
食品饮料市场	43	29069	25177	1361810	3177515
茶叶市场	20	17024	7090	598019	1404619
烟酒市场	9	2650	2420	103130	735128
其他食品饮料及烟酒市场	46	30147	27865	1769329	6837896
纺织、服装、鞋帽市场	500	663356	619923	24453888	96103715
布料及纺织品市场	65	91108	86131	5523669	37931615
服装市场	313	412483	385577	14241578	40893397
鞋帽市场	34	21938	20445	1122964	2747233
其他纺织服装鞋帽市场	88	137827	127770	3565677	14531470
日用品及文化用品市场	91	66845	63987	2838302	10861837
小商品市场	30	36066	35570	1004639	2340499
箱包市场	5	5330	4955	518000	2083450

1-6 续表 3

(封闭式)

项目	市场数量(个)	总摊位数(个)	年末出租摊位数(个)	营业面积(平方米)	成交额(万元)
玩具市场	3	1124	1124	119410	219542
文具市场	2	1150	820	68400	195650
图书、报刊杂志市场	10	1650	1634	87889	374978
音像制品及电子出版物市场	4	991	950	39800	171087
体育用品市场	1	80	80	6700	12115
其他日用品及文化用品市场	36	20454	18854	993464	5464516
黄金、珠宝、玉器等首饰市场	20	11450	10663	593302	3355713
电器、通讯器材、电子设备市场	153	70542	64210	2421837	11703369
家电市场	36	12454	11623	565795	2374498
通讯器材市场	22	17193	14229	374121	1019197
照相、摄像器材市场	2	455	455	17600	55472
计算机及辅助设备市场	80	33447	31438	1278435	7441370
其他电器、通讯器材、电子设备市场	13	6993	6465	185886	812832
医药、医疗用品及器材市场	20	31787	22455	1237152	7493272
中药材市场	19	31615	22283	1147152	7390072
其他医药、医疗用品及器材市场	1	172	172	90000	103200
家具、五金及装饰材料市场	433	228410	211092	29465601	38577081
家具市场	130	62939	56541	10374966	10400651
装饰材料市场	181	79236	74467	10727252	11729918
灯具市场	12	5256	5117	640023	1071599
厨具、盥洗设备市场	4	1304	1250	91840	191187
五金材料市场	53	39824	36253	2651442	6816949
其他装修市场	53	39851	37464	4980078	8366777
汽车、摩托车及零配件市场	157	55726	47033	7246017	30328016
汽车市场	87	23366	17069	4824085	22858556
摩托车市场	12	3990	3407	257528	908718
机动车零配件市场	58	28370	26557	2164404	6560742
花、鸟、鱼、虫市场	18	14688	14313	707451	2249244
花卉市场	14	12445	12161	645050	2125964
鸟市场					
观赏鱼市场	1	1000	1000	12000	12000
其他花鸟鱼虫市场	3	1243	1152	50401	111280
旧货市场	10	3586	3225	151819	214296
古玩、古董、字画市场	3	1165	1102	18620	38483
邮票、硬币市场					
其他旧货市场	7	2421	2123	133199	175813
其他专业市场	21	7598	7246	502794	2494609

1-6 续表 4

(其他)

项　　目	市场数量(个)	总摊位数(个)	年末出租摊位数(个)	营业面积(平方米)	成交额(万元)
总　　计	**669**	**468820**	**428220**	**39520619**	**134653590**
1.综合市场	**189**	**193826**	**178149**	**10274311**	**31666028**
生产资料综合市场	7	16282	16111	3077934	7583829
工业消费品综合市场	29	40355	38212	1282613	4981004
农产品综合市场	99	71112	64476	3515663	10547686
其他综合市场	54	66077	59350	2398101	8553509
2.专业市场	**480**	**274994**	**250071**	**29246308**	**102987562**
生产资料市场	110	49110	43898	8888452	51102432
农业生产用具市场	2	851	603	53857	138525
农用生产资料市场	2	287	262	14880	65865
煤炭市场	2	13	13	2800	129775
木材市场	11	7318	6647	663621	1580672
建材市场	35	13605	12327	4789569	1956180
化工材料及制品市场	9	7948	6536	433934	11946989
金属材料市场	38	14216	12711	2581992	33269915
机械设备市场	5	1820	1813	155000	390299
其他生产资料市场	6	3052	2986	192799	1624212
农产品市场	175	113923	101974	10019318	24827730
粮油市场	16	7001	5304	670500	3190240
肉禽蛋市场	12	3490	3371	446668	1494552
水产品市场	31	24758	23214	1159847	5565214
蔬菜市场	54	45389	41091	2954772	5636903
干鲜果品市场	28	12007	8961	773013	4047358
棉麻土畜、烟叶市场	4	881	880	2497500	1473270
其他农产品市场	30	20397	19153	1517018	3420193
食品、饮料及烟酒市场	23	11503	10330	556524	1658620
食品饮料市场	8	4194	3561	310503	484896
茶叶市场	3	1220	1155	59160	204000
烟酒市场					
其他食品饮料及烟酒市场	12	6089	5614	186861	969724
纺织、服装、鞋帽市场	36	44492	42971	1990573	7405413
布料及纺织品市场	11	20874	20730	954026	6056858
服装市场	12	10452	10063	503238	633651
鞋帽市场	4	2883	2753	273169	371043
其他纺织服装鞋帽市场	9	10283	9425	260140	343861
日用品及文化用品市场	9	4703	4560	184430	942041
小商品市场	4	3122	3030	104680	650447
箱包市场	1	172	168	8200	49200

1-6　续表 5

(其他)

项　　目	市场数量(个)	总摊位数(个)	年末出租摊位数(个)	营业面积(平方米)	成交额(万元)
玩具市场					
文具市场					
图书、报刊杂志市场	1	120	73	10900	14921
音像制品及电子出版物市场					
体育用品市场					
其他日用品及文化用品市场	3	1289	1289	60650	227473
黄金、珠宝、玉器等首饰市场	2	1513	1613	163000	295490
电器、通讯器材、电子设备市场	7	5355	5323	266900	1072476
家电市场	2	1045	1045	159000	656600
通讯器材市场	2	3338	3338	73900	180526
照相、摄像器材市场					
计算机及辅助设备市场	2	522	490	24500	219750
其他电器、通讯器材、电子设备市场	1	450	450	9500	15600
医药、医疗用品及器材市场	2	1134	794	32000	320009
中药材市场	2	1134	794	32000	320009
其他医药、医疗用品及器材市场					
家具、五金及装饰材料市场	49	20447	19203	2027505	3285298
家具市场	5	1945	1842	159540	327464
装饰材料市场	24	9778	9161	1071679	1031873
灯具市场	2	1132	1132	180000	585000
厨具、盥洗设备市场					
五金材料市场	13	5712	5369	360391	993629
其他装修市场	5	1880	1699	255895	347332
汽车、摩托车及零配件市场	47	11389	9639	2447178	10747211
汽车市场	37	6986	5420	2000078	9978675
摩托车市场	1	898	814	50000	38536
机动车零配件市场	9	3505	3405	397100	730000
花、鸟、鱼、虫市场	7	3419	2861	2262308	488367
花卉市场	7	3419	2861	2262308	488367
鸟市场					
观赏鱼市场					
其他花鸟鱼虫市场					
旧货市场	5	4283	4216	109468	320263
古玩、古董、字画市场					
邮票、硬币市场					
其他旧货市场	5	4283	4216	109468	320263
其他专业市场	8	3623	2689	298652	522212

1-7 商品交易市场成交情况(按摊位分)

摊　　位	摊位数（个）	成交额（万元）
总　　计	**3334787**	**820172688**
1.粮油、食品、饮料、烟酒类	1093817	206306072
(1)粮油、食品类	1001723	189355193
其中：粮油类	88667	26313158
肉禽蛋类	134630	26796363
水产品类	156584	37887989
蔬菜类	425897	52386956
干鲜果品类	155291	38226126
(2)饮料类	48964	8918110
(3)烟酒类	43130	8032769
2.服装、鞋帽、针纺织品类	940241	126321888
(1)服装类	571265	54330729
(2)鞋帽类	146792	13877214
(3)针纺织品类	222184	58113945
3.化妆品类	28889	2740653
4.金银珠宝类	15911	4074173
5.日用品类	183087	28230366
其中：洗涤用品类	43063	4494197
儿童玩具类	30624	3203349
6.五金、电料类	106198	18002291
7.体育、娱乐用品类	12407	1562742
8.书报杂志类	5377	749938
9.电子出版物及音像制品类	9170	1846473
10.家用电器和音像器材类	35434	7813080
11.中西药品类	27529	8504600
其中：西药类	1307	309224
中草药及中成药类	25171	7830676
12.文化办公用品类	62948	12187557
13.家具类	84760	15564420
14.通讯器材类	26443	2640047
15.煤炭及制品类	2832	8255020
16.木材及制品类	29721	8111872
17.石油及制品类	1150	18666469
18.化工材料及制品类	36018	29839835
其中：化肥类	4194	1191235
19.金属材料类	102650	182774387
20.建筑及装潢材料类	224602	38379103
21.机电产品及设备类	53582	13569174
其中：农机类	5340	1795745
22.汽车类	67765	52268826
23.种子饲料类	7497	1336678
24.棉麻类	5681	5726178
25.其他类	171078	24700846

1-8　商品交易市场成交情况(按摊位与营业状态分)

(常年营业)

摊　　位	年末出租摊位数 (个)	成交额 (万元)
总　　计	**3291636**	**812925687**
1.粮油、食品、饮料、烟酒类	1062600	201934840
(1)粮油、食品类	970972	185102303
其中：粮油类	88128	25926279
肉禽蛋类	133922	26734603
水产品类	155394	37520059
蔬菜类	409495	50171842
干鲜果品类	143617	37019476
(2)饮料类	48629	8815820
(3)烟酒类	42999	8016717
2.服装、鞋帽、针纺织品类	934211	124926443
(1)服装类	566762	53153227
(2)鞋帽类	146024	13752052
(3)针纺织品类	221425	58021164
3.化妆品类	28776	2738649
4.金银珠宝类	15725	3996571
5.日用品类	182734	28225309
其中：洗涤用品类	42868	4492111
儿童玩具类	30501	3202023
6.五金、电料类	105963	17943015
7.体育、娱乐用品类	12304	1560732
8.书报杂志类	5372	749918
9.电子出版物及音像制品类	9085	1845658
10.家用电器和音像器材类	35191	7769857
11.中西药品类	27424	8475023
其中：西药类	1245	307718
中草药及中成药类	25128	7802605
12.文化办公用品类	62306	12119819
13.家具类	84752	15564310
14.通讯器材类	26431	2639917
15.煤炭及制品类	2767	8079461
16.木材及制品类	29607	8019515
17.石油及制品类	1143	18665848
18.化工材料及制品类	35431	29770025
其中：化肥类	3607	1121425
19.金属材料类	102636	182773858
20.建筑及装潢材料类	224590	38378901
21.机电产品及设备类	52896	13506038
其中：农机类	5292	1792946
22.汽车类	67715	52137826
23.种子饲料类	7224	1310576
24.棉麻类	4944	5374752
25.其他类	169809	24418826

1-8 续表 1

(季节性营业)

摊　位	年末出租摊位数 (个)	成交额 (万元)
总　计	**39224**	**6672278**
1.粮油、食品、饮料、烟酒类	28555	4227528
(1)粮油、食品类	28276	4137257
其中：粮油类	220	372097
肉禽蛋类	140	19829
水产品类	979	352565
蔬菜类	15524	2200494
干鲜果品类	11413	1192268
(2)饮料类	249	89878
(3)烟酒类	30	393
2.服装、鞋帽、针纺织品类	5449	1181797
(1)服装类	4229	1147202
(2)鞋帽类	600	12870
(3)针纺织品类	620	21725
3.化妆品类	100	1650
4.金银珠宝类	186	77602
5.日用品类	250	2475
其中：洗涤用品类	150	1485
儿童玩具类	100	990
6.五金、电料类	100	1980
7.体育、娱乐用品类	100	1980
8.书报杂志类		
9.电子出版物及音像制品类	50	660
10.家用电器和音像器材类	200	19800
11.中西药品类	90	28903
其中：西药类	50	1072
中草药及中成药类	40	27831
12.文化办公用品类	609	66980
13.家具类		
14.通讯器材类		
15.煤炭及制品类	46	175124
16.木材及制品类		
17.石油及制品类		
18.化工材料及制品类	564	67940
其中：化肥类	564	67940
19.金属材料类		
20.建筑及装潢材料类		
21.机电产品及设备类	645	31199
其中：农机类	45	2699
22.汽车类	50	131000
23.种子饲料类	242	23144
24.棉麻类	727	350838
25.其他类	1261	281678

1-8　续表 2

(其他)

摊　位	年末出租摊位数 (个)	成交额 (万元)
总　计	**3927**	**574723**
1.粮油、食品、饮料、烟酒类	2662	143704
(1)粮油、食品类	2475	115633
其中：粮油类	319	14782
肉禽蛋类	568	41931
水产品类	211	15365
蔬菜类	878	14620
干鲜果品类	261	14382
(2)饮料类	86	12412
(3)烟酒类	101	15659
2.服装、鞋帽、针纺织品类	581	213648
(1)服装类	274	30300
(2)鞋帽类	168	112292
(3)针纺织品类	139	71056
3.化妆品类	13	354
4.金银珠宝类		
5.日用品类	103	2582
其中：洗涤用品类	45	601
儿童玩具类	23	336
6.五金、电料类	135	57296
7.体育、娱乐用品类	3	30
8.书报杂志类	5	20
9.电子出版物及音像制品类	35	155
10.家用电器和音像器材类	43	23423
11.中西药品类	15	674
其中：西药类	12	434
中草药及中成药类	3	240
12.文化办公用品类	33	758
13.家具类	8	110
14.通讯器材类	12	130
15.煤炭及制品类	19	435
16.木材及制品类	114	92357
17.石油及制品类	7	621
18.化工材料及制品类	23	1870
其中：化肥类	23	1870
19.金属材料类	14	529
20.建筑及装潢材料类	12	202
21.机电产品及设备类	41	31937
其中：农机类	3	100
22.汽车类		
23.种子饲料类	31	2958
24.棉麻类	10	588
25.其他类	8	342

1-9 商品交易市场成交情况(按摊位与经营方式分)

(批发为主)

摊　位	年末出租摊位数 (个)	成交额 (万元)
总　计	**2179681**	**693908114**
1.粮油、食品、饮料、烟酒类	720078	177883252
(1)粮油、食品类	660537	163274097
其中：粮油类	54737	23870319
肉禽蛋类	56700	18579237
水产品类	98865	31677785
蔬菜类	299092	46870495
干鲜果品类	124957	35823025
(2)饮料类	33567	7946535
(3)烟酒类	25974	6662620
2.服装、鞋帽、针纺织品类	595077	110688341
(1)服装类	342045	44479830
(2)鞋帽类	84147	11053862
(3)针纺织品类	168885	55154649
3.化妆品类	17070	2092172
4.金银珠宝类	8629	3311099
5.日用品类	127330	22920464
其中：洗涤用品类	27039	3930959
儿童玩具类	23008	2745746
6.五金、电料类	81239	15281348
7.体育、娱乐用品类	8246	1222503
8.书报杂志类	3515	582989
9.电子出版物及音像制品类	3863	1435962
10.家用电器和音像器材类	21805	5585854
11.中西药品类	24764	8080520
其中：西药类	499	222549
中草药及中成药类	23511	7533094
12.文化办公用品类	26617	5371055
13.家具类	35772	8254489
14.通讯器材类	11038	1382808
15.煤炭及制品类	1900	8201107
16.木材及制品类	24172	7602858
17.石油及制品类	1024	18646220
18.化工材料及制品类	33445	29604740
其中：化肥类	2832	1107726
19.金属材料类	99967	182329476
20.建筑及装潢材料类	124396	24707656
21.机电产品及设备类	43791	11879505
其中：农机类	4931	1638141
22.汽车类	36163	19222558
23.种子饲料类	6207	1275019
24.棉麻类	4424	5666547
25.其他类	119149	20679572

1-9　续表

(零售为主)

摊　　位	年末出租摊位数 (个)	成交额 (万元)
总　　计	**1155106**	**126246474**
1.粮油、食品、饮料、烟酒类	373739	28422820
(1)粮油、食品类	341186	26081096
其中：粮油类	33930	2442839
肉禽蛋类	77930	8217126
水产品类	57719	6210204
蔬菜类	126805	5516461
干鲜果品类	30334	2403101
(2)饮料类	15397	971575
(3)烟酒类	17156	1370149
2.服装、鞋帽、针纺织品类	345164	15633547
(1)服装类	229220	9850899
(2)鞋帽类	62645	2823352
(3)针纺织品类	53299	2959296
3.化妆品类	11819	648481
4.金银珠宝类	7282	763074
5.日用品类	55757	5309902
其中：洗涤用品类	16024	563238
儿童玩具类	7616	457603
6.五金、电料类	24959	2720943
7.体育、娱乐用品类	4161	340239
8.书报杂志类	1862	166949
9.电子出版物及音像制品类	5307	410511
10.家用电器和音像器材类	13629	2227226
11.中西药品类	2765	424080
其中：西药类	808	86675
中草药及中成药类	1660	297582
12.文化办公用品类	36331	6816502
13.家具类	48988	7309931
14.通讯器材类	15405	1257239
15.煤炭及制品类	932	53913
16.木材及制品类	5549	509014
17.石油及制品类	126	20249
18.化工材料及制品类	2573	235095
其中：化肥类	1362	83509
19.金属材料类	2683	444911
20.建筑及装潢材料类	100206	13671447
21.机电产品及设备类	9791	1689669
其中：农机类	409	157604
22.汽车类	31602	33046268
23.种子饲料类	1290	61659
24.棉麻类	1257	59631
25.其他类	51929	4021274

1-10 商品交易市场成交情况(按摊位与经营环境分)

(露天式)

摊　　位	年末出租摊位数(个)	成交额(万元)
总　　计	**515482**	**140678927**
1.粮油、食品、饮料、烟酒类	285817	44500456
(1)粮油、食品类	269760	43006844
其中：粮油类	20079	5247064
肉禽蛋类	17978	3976533
水产品类	35692	7236884
蔬菜类	147619	15831922
干鲜果品类	45395	10308406
(2)饮料类	7836	667161
(3)烟酒类	8221	826451
2.服装、鞋帽、针纺织品类	43495	5038821
(1)服装类	24480	869234
(2)鞋帽类	9432	1168401
(3)针纺织品类	9583	3001186
3.化妆品类	1914	129551
4.金银珠宝类	120	14478
5.日用品类	9082	533316
其中：洗涤用品类	3856	203397
儿童玩具类	1766	64273
6.五金、电料类	10542	1462006
7.体育、娱乐用品类	684	34293
8.书报杂志类	441	34888
9.电子出版物及音像制品类	939	34419
10.家用电器和音像器材类	1667	1164469
11.中西药品类	1750	245386
其中：西药类	404	40890
中草药及中成药类	1267	201293
12.文化办公用品类	2274	208858
13.家具类	2744	371883
14.通讯器材类	520	39670
15.煤炭及制品类	818	3686895
16.木材及制品类	8804	3486289
17.石油及制品类	37	4043
18.化工材料及制品类	3877	1440945
其中：化肥类	1356	238822
19.金属材料类	44852	52405286
20.建筑及装潢材料类	25581	5648837
21.机电产品及设备类	4503	1193770
其中：农机类	1989	780905
22.汽车类	16520	10950558
23.种子饲料类	3278	341923
24.棉麻类	840	323261
25.其他类	44383	7384626

1-10　续表 1

(封闭式)

摊　　位	年末出租摊位数 (个)	成交额 (万元)
总　　计	**2391085**	**544840171**
1.粮油、食品、饮料、烟酒类	619111	122681934
(1)粮油、食品类	556734	109104661
其中：粮油类	51603	15269931
肉禽蛋类	96026	17017094
水产品类	89394	23397968
蔬菜类	204108	27056765
干鲜果品类	84326	20496556
(2)饮料类	33987	7216271
(3)烟酒类	28390	6361002
2.服装、鞋帽、针纺织品类	813067	110022494
(1)服装类	506292	50354707
(2)鞋帽类	122422	11681365
(3)针纺织品类	184353	47986422
3.化妆品类	23854	2243324
4.金银珠宝类	13346	3650933
5.日用品类	156120	24169505
其中：洗涤用品类	33052	3595939
儿童玩具类	27036	2990546
6.五金、电料类	82279	13787580
7.体育、娱乐用品类	10105	1383597
8.书报杂志类	4463	697730
9.电子出版物及音像制品类	7360	1753113
10.家用电器和音像器材类	30288	5420958
11.中西药品类	24339	7760932
其中：西药类	607	109665
中草药及中成药类	22848	7298744
12.文化办公用品类	57850	11309988
13.家具类	77043	14071615
14.通讯器材类	21832	2320307
15.煤炭及制品类	1840	3507210
16.木材及制品类	14334	2912055
17.石油及制品类	874	17444983
18.化工材料及制品类	24078	16011540
其中：化肥类	2064	772242
19.金属材料类	41828	96281297
20.建筑及装潢材料类	173488	28164355
21.机电产品及设备类	41815	10631116
其中：农机类	2653	708967
22.汽车类	42047	30392178
23.种子饲料类	3363	878608
24.棉麻类	3902	4209751
25.其他类	102459	13133068

1-10 续表 2

(其他)

摊 位	年末出租摊位数 (个)	成交额 (万元)
总 计	**428220**	**134653590**
1.粮油、食品、饮料、烟酒类	188889	39123682
(1)粮油、食品类	175229	37243688
其中：粮油类	16985	5796163
肉禽蛋类	20626	5802736
水产品类	31498	7253137
蔬菜类	74170	9498269
干鲜果品类	25570	7421164
(2)饮料类	7141	1034678
(3)烟酒类	6519	845316
2.服装、鞋帽、针纺织品类	83679	11260573
(1)服装类	40493	3106788
(2)鞋帽类	14938	1027448
(3)针纺织品类	28248	7126337
3.化妆品类	3121	367778
4.金银珠宝类	2445	408762
5.日用品类	17885	3527545
其中：洗涤用品类	6155	694861
儿童玩具类	1822	148530
6.五金、电料类	13377	2752705
7.体育、娱乐用品类	1618	144852
8.书报杂志类	473	17320
9.电子出版物及音像制品类	871	58941
10.家用电器和音像器材类	3479	1227653
11.中西药品类	1440	498282
其中：西药类	296	158669
中草药及中成药类	1056	330639
12.文化办公用品类	2824	668711
13.家具类	4973	1120922
14.通讯器材类	4091	280070
15.煤炭及制品类	174	1060915
16.木材及制品类	6583	1713528
17.石油及制品类	239	1217443
18.化工材料及制品类	8063	12387350
其中：化肥类	774	180171
19.金属材料类	15970	34087804
20.建筑及装潢材料类	25533	4565911
21.机电产品及设备类	7264	1744288
其中：农机类	698	305873
22.汽车类	9198	10926090
23.种子饲料类	856	116147
24.棉麻类	939	1193166
25.其他类	24236	4183152

第二部分　地区篇

简要说明：

本篇资料的主要内容为亿元以上商品交易市场分地区的情况，包括按照省（区、市）、东中西部及东北地区、36城市、三大地带等，以及按照市场类别、摊位类别、经营方式、经营状态和经营环境的分组数据。

（一）省、自治区、直辖市

2-1 商品交易市场总体情况

地区	市场数量（个）	总摊位数（个）	年末出租摊位数（个）	营业面积（平方米）	成交额（万元）
全国	**5075**	**3659520**	**3334787**	**262345039**	**820172688**
北京	140	133098	116505	7377453	25477997
天津	77	53944	51119	5231306	25657864
河北	278	338227	306369	26704328	44305944
山西	40	33459	29966	2539276	4979411
内蒙古	74	42171	38503	6773918	7159018
辽宁	221	195317	180547	8137505	37953825
吉林	66	62235	55911	3088981	6433319
黑龙江	97	68844	64752	3571649	9379066
上海	180	80160	75387	7613024	67899138
江苏	575	386182	346988	30276340	140073129
浙江	730	480596	431884	28760526	130997099
安徽	135	104960	94122	9091407	21909498
福建	159	62842	55039	3336967	15400586
江西	95	71097	64818	3594187	13171535
山东	555	384036	364551	36499880	74239976
河南	178	137380	126929	10528287	20302517
湖北	176	89248	81416	5614849	14590694
湖南	313	193102	182225	9670724	24886043
广东	370	217653	193857	20254017	51057528
广西	91	73781	69123	4372120	10709809
海南	8	4499	4459	94373	180826
重庆	129	93544	85298	6216028	29873359
四川	112	108414	102610	5834361	15168120
贵州	33	20978	20086	1194274	3705490
云南	55	70234	55050	3908702	7336234
西藏					
陕西	39	29868	28389	1012716	2702636
甘肃	43	36077	30351	2256249	4189772
青海	9	8081	6000	519357	381839
宁夏	29	21979	20868	3028359	2263031
新疆	68	57514	51665	5243876	7787385

2-2 按市场类别分各地区商品交易市场情况

(综合市场)

地　区	市场数量(个)	总摊位数(个)	年末出租摊位数(个)	营业面积(平方米)	成交额(万元)
全　国	**1368**	**1276011**	**1173555**	**58996440**	**161028457**
北　京	39	57000	53127	3099862	12833362
天　津	21	19922	18374	1020888	1963239
河　北	68	108783	105010	7664209	14036597
山　西	6	10210	9778	999663	3077343
内蒙古	6	8822	8571	581247	635611
辽　宁	66	64710	62039	2092318	6776971
吉　林	19	23963	21457	593767	793883
黑龙江	30	25408	23729	705752	2802656
上　海	41	19956	19020	572626	3579227
江　苏	174	130772	117097	5620726	20906381
浙　江	230	186548	168206	9260003	28611776
安　徽	44	54294	50041	3994046	7961907
福　建	65	32876	26636	961264	3002936
江　西	35	41897	38061	1132834	6569716
山　东	84	79675	73722	5215968	8021349
河　南	34	51093	48538	2135668	5051667
湖　北	42	27922	25976	1354331	2949785
湖　南	116	85410	80019	2962345	7764952
广　东	82	55127	47829	1616701	5882132
广　西	25	29059	26819	765463	1766989
海　南	5	3792	3752	72145	127666
重　庆	40	50519	46260	2192453	8399983
四　川	30	39754	38860	803595	3260632
贵　州	3	2191	1896	35277	58892
云　南	13	9437	8886	183172	476531
西　藏					
陕　西	6	7260	7079	174470	98255
甘　肃	12	13780	10351	447480	784620
青　海	2	944	944	231650	61703
宁　夏	5	3599	3495	119520	215195
新　疆	25	31288	27983	2386997	2556501

2-2 续表 1

(生产资料综合市场)

地 区	市场数量 (个)	总摊位数 (个)	年末出租摊位数 (个)	营业面积 (平方米)	成交额 (万元)
全 国	**57**	**59886**	**54428**	**7341888**	**13673462**
北 京					
天 津	1	427	427	65000	38000
河 北	2	660	660	150050	105204
山 西					
内蒙古	1	25	25	20000	23198
辽 宁	5	3440	2737	207353	259886
吉 林	5	8857	6410	219384	260463
黑龙江					
上 海	1	350	350	10000	26000
江 苏	9	13410	12067	1584370	1887202
浙 江	10	6927	6682	987669	5285915
安 徽	2	8342	8342	1820000	2961441
福 建	1	94	94	30000	13059
江 西					
山 东	5	1360	1289	324750	149810
河 南					
湖 北	4	5425	4880	593774	1014761
湖 南	2	230	230	8270	28421
广 东					
广 西	1	200	200	15000	189000
海 南					
重 庆	1	1600	1600	260000	693184
四 川	2	1954	1854	200000	233200
贵 州					
云 南	1	173	169	10920	12946
西 藏					
陕 西					
甘 肃					
青 海	1	350	350	110000	40000
宁 夏					
新 疆	3	6062	6062	725348	451772

2-2 续表 2

(工业消费品综合市场)

地　区	市场数量(个)	总摊位数(个)	年末出租摊位数(个)	营业面积(平方米)	成交额(万元)
全　国	**314**	**467851**	**439732**	**21455552**	**54396716**
北　京	10	12887	12533	185603	840531
天　津	4	7504	7293	171994	465351
河　北	23	55560	54972	4037811	9806546
山　西	2	1630	1376	65000	27240
内 蒙 古	2	4819	4568	220000	39853
辽　宁	28	26467	25796	685076	1851420
吉　林	6	10026	9967	246000	366860
黑 龙 江	15	13355	12008	395015	757343
上　海	2	1600	1533	20000	56652
江　苏	24	35966	32069	968711	5897312
浙　江	31	83415	79501	5614197	9733666
安　徽	6	12486	11512	628950	886001
福　建	5	5750	3378	207060	317574
江　西	6	14282	13090	286080	2750858
山　东	33	42944	41118	2337580	5325226
河　南	19	26469	24277	891742	3071277
湖　北	11	8127	7768	360945	985926
湖　南	26	26347	25786	733920	3134686
广　东	23	19158	15586	496581	1964670
广　西	2	6772	6047	213000	168304
海　南					
重　庆	9	25044	23898	1138948	3832597
四　川	7	6319	5758	226507	803340
贵　州					
云　南					
西　藏					
陕　西	1	980	980	25000	22091
甘　肃	10	8230	7427	436940	698137
青　海					
宁　夏	1	476	476	40000	51174
新　疆	8	11238	11015	822892	542081

2-2 续表 3

(农产品综合市场)

地区	市场数量 (个)	总摊位数 (个)	年末出租摊位数 (个)	营业面积 (平方米)	成交额 (万元)
全 国	**702**	**470260**	**429245**	**17795198**	**63251069**
北 京	21	26299	24140	2455119	8686919
天 津	7	5136	4494	251199	677967
河 北	26	34643	32900	2348042	2747055
山 西	2	2307	2307	267040	285660
内蒙古	1	1012	1012	97752	58390
辽 宁	16	9386	9154	492360	1239868
吉 林	3	1949	1949	71795	70207
黑龙江	10	7705	7540	242877	1959628
上 海	34	16254	15385	483196	3390945
江 苏	123	66295	58895	1961990	8886806
浙 江	170	82883	71049	1938427	9692772
安 徽	19	14370	13985	414915	2652566
福 建	45	19467	16658	325858	1430580
江 西	13	12213	11776	386755	2373642
山 东	23	18288	16703	1106448	1939516
河 南	8	7903	7764	928488	1828214
湖 北	19	9935	9044	206580	535189
湖 南	41	26656	24815	1335971	3063606
广 东	47	29591	26368	838815	3623617
广 西	15	11766	11302	329848	1159724
海 南	2	1561	1521	7200	40280
重 庆	22	17643	14904	472862	3398302
四 川	15	28960	28730	269035	1981183
贵 州	1	912	773	1950	13343
云 南	7	5852	5743	82880	211844
西 藏					
陕 西	2	2136	1955	57000	24750
甘 肃	1	1000	886	10000	16820
青 海					
宁 夏	2	1625	1521	31020	36759
新 疆	7	6513	5972	379776	1224917

2-2 续表 4

(其他综合市场)

地区	市场数量(个)	总摊位数(个)	年末出租摊位数(个)	营业面积(平方米)	成交额(万元)
全国	**295**	**278014**	**250150**	**12403802**	**29707210**
北京	8	17814	16454	459140	3305912
天津	9	6855	6160	532695	781921
河北	17	17920	16478	1128306	1377792
山西	2	6273	6095	667623	2764443
内蒙古	2	2966	2966	243495	514170
辽宁	17	25417	24352	707529	3425797
吉林	5	3131	3131	56588	96353
黑龙江	5	4348	4181	67860	85685
上海	4	1752	1752	59430	105630
江苏	18	15101	14066	1105655	4235061
浙江	19	13323	10974	719710	3899423
安徽	17	19096	16202	1130181	1461899
福建	14	7565	6506	398346	1241723
江西	16	15402	13195	459999	1445216
山东	23	17083	14612	1447190	606797
河南	7	16721	16497	315438	152176
湖北	8	4435	4284	193032	413909
湖南	47	32177	29188	884184	1538239
广东	12	6378	5875	281305	293845
广西	7	10321	9270	207615	249961
海南	3	2231	2231	64945	87386
重庆	8	6232	5858	320643	475900
四川	6	2521	2518	108053	242909
贵州	2	1279	1123	33327	45549
云南	5	3412	2974	89372	251741
西藏					
陕西	3	4144	4144	92470	51414
甘肃	1	4550	2038	540	69663
青海	1	594	594	121650	21703
宁夏	2	1498	1498	48500	127262
新疆	7	7475	4934	458981	337731

2-2　续表 5

(专业市场)

地　区	市场数量(个)	总摊位数(个)	年末出租摊位数(个)	营业面积(平方米)	成交额(万元)
全　国	**3707**	**2383509**	**2161232**	**203348599**	**659144231**
北　京	101	76098	63378	4277591	12644635
天　津	56	34022	32745	4210418	23694625
河　北	210	229444	201359	19040119	30269347
山　西	34	23249	20188	1539613	1902068
内蒙古	68	33349	29932	6192671	6523407
辽　宁	155	130607	118508	6045187	31176854
吉　林	47	38272	34454	2495214	5639436
黑龙江	67	43436	41023	2865897	6576410
上　海	139	60204	56367	7040398	64319911
江　苏	401	255410	229891	24655614	119166748
浙　江	500	294048	263678	19500523	102385323
安　徽	91	50666	44081	5097361	13947591
福　建	94	29966	28403	2375703	12397650
江　西	60	29200	26757	2461353	6601819
山　东	471	304351	290829	31283912	66218627
河　南	144	86287	78391	8392619	15250850
湖　北	134	61326	55440	4260518	11640909
湖　南	197	107692	102206	6708379	17121091
广　东	288	162526	146028	18637316	45175396
广　西	66	44722	42304	3606657	8942820
海　南	3	707	707	22228	53160
重　庆	89	43025	39038	4023575	21473376
四　川	82	68660	63750	5030766	11907488
贵　州	30	18787	18190	1158997	3646598
云　南	42	60797	46164	3725530	6859703
西　藏					
陕　西	33	22608	21310	838246	2604381
甘　肃	31	22297	20000	1808769	3405152
青　海	7	7137	5056	287707	320136
宁　夏	24	18380	17373	2908839	2047836
新　疆	43	26226	23682	2856879	5230884

2-2 续表 6

(生产资料市场)

地 区	市场数量(个)	总摊位数(个)	年末出租摊位数(个)	营业面积(平方米)	成交额(万元)
全 国	**764**	**318061**	**285028**	**65483789**	**268081307**
北 京	13	5207	4827	502642	714427
天 津	21	4694	4624	1519927	14361504
河 北	43	25704	24566	7891825	6262013
山 西	3	182	157	115000	656323
内蒙古	15	2542	2459	3941420	3288441
辽 宁	26	9926	8916	1871126	10862768
吉 林	10	3290	3258	553700	252085
黑龙江	9	5844	5674	1028000	2432154
上 海	48	14397	13305	4067242	51813420
江 苏	122	65768	54123	7859682	59011254
浙 江	109	41237	37090	5678149	37762800
安 徽	17	7308	6062	1840530	5000780
福 建	13	2969	2627	655362	4087772
江 西	8	4193	3943	281415	1311093
山 东	89	30420	28245	10566699	21583661
河 南	20	6043	4581	2536989	3884236
湖 北	24	7465	7148	738673	2051255
湖 南	48	25074	23035	2531901	4893659
广 东	28	12007	10033	3307785	10544677
广 西	19	7222	7026	1216860	5421891
海 南					
重 庆	25	10766	9522	1492136	10172905
四 川	17	9247	8529	1655744	3856162
贵 州	7	1860	1760	214914	1000295
云 南	6	1565	1515	469595	1561658
西 藏					
陕 西	2	786	726	47280	34388
甘 肃	5	2064	2064	234266	1108149
青 海					
宁 夏	8	3982	3786	1887805	1311374
新 疆	9	6299	5427	777122	2840163

2-2 续表 7

(农业生产用具市场)

地 区	市场数量（个）	总摊位数（个）	年末出租摊位数（个）	营业面积（平方米）	成交额（万元）
全 国	**19**	**6343**	**5216**	**1476522**	**1664105**
北 京					
天 津					
河 北	4	3088	2848	809000	942343
山 西					
内蒙古	2	60	60	180006	37978
辽 宁					
吉 林					
黑龙江					
上 海					
江 苏	1	550	470	45857	57125
浙 江					
安 徽	1	791	310	51000	86000
福 建					
江 西	1	301	133	8000	81400
山 东	5	627	589	169000	197418
河 南	1	360	240	56000	70000
湖 北	2	188	188	26500	105618
湖 南					
广 东	1	180	180	115015	36120
广 西					
海 南					
重 庆					
四 川					
贵 州					
云 南					
西 藏					
陕 西					
甘 肃					
青 海					
宁 夏	1	198	198	16144	50103
新 疆					

2-2 续表 8

(农用生产资料市场)

地区	市场数量 (个)	总摊位数 (个)	年末出租摊位数 (个)	营业面积 (平方米)	成交额 (万元)
全国	**35**	**6894**	**6353**	**1118107**	**1765167**
北京					
天津					
河北	3	2112	2103	308800	113265
山西					
内蒙古	2	162	162	226674	48560
辽宁					
吉林	2	586	586	12500	50042
黑龙江	1	150	140	120000	16700
上海					
江苏	3	476	360	30270	172770
浙江	2	199	174	8380	50191
安徽	2	166	166	8840	21860
福建	2	347	236	22250	269690
江西					
山东	6	793	791	77750	387671
河南					
湖北					
湖南	2	62	60	37000	66760
广东	1	1	1	43956	10974
广西	4	585	585	76900	204542
海南					
重庆	1	372	298	35017	152000
四川					
贵州					
云南	1	65	65	23680	57230
西藏					
陕西					
甘肃					
青海					
宁夏					
新疆	3	818	626	86090	142912

2-2 续表 9

(煤炭市场)

地区	市场数量(个)	总摊位数(个)	年末出租摊位数(个)	营业面积(平方米)	成交额(万元)
全 国	**18**	**2428**	**2353**	**7017507**	**7238282**
北 京					
天 津	4	856	856	2300	3388828
河 北	5	359	286	3045054	752482
山 西	2	12	12	3200	85323
内蒙古	1	29	28	2000100	1200000
辽 宁					
吉 林					
黑龙江					
上 海	1	10	10	1500	11725
江 苏	1	33	33	200000	126000
浙 江	1	69	68	405353	1389252
安 徽					
福 建					
江 西					
山 东					
河 南					
湖 北	1	3	3	2600	73500
湖 南					
广 东					
广 西					
海 南					
重 庆					
四 川					
贵 州					
云 南					
西 藏					
陕 西					
甘 肃					
青 海					
宁 夏	1	1012	1012	1355400	36052
新 疆	1	45	45	2000	175120

2-2 续表 10

(木材市场)

地　区	市场数量（个）	总摊位数（个）	年末出租摊位数（个）	营业面积（平方米）	成交额（万元）
全　国	**59**	**20495**	**18897**	**5525968**	**5942381**
北　京	1	600	600	40000	11342
天　津					
河　北					
山　西					
内蒙古	1	132	132	666700	223063
辽　宁	1	200	200	2800	39260
吉　林	1	175	172	225000	14561
黑龙江					
上　海	7	941	767	149426	297724
江　苏	10	4926	4809	748107	807934
浙　江	12	5529	4621	711432	1320407
安　徽	1	161	161	310000	12500
福　建					
江　西					
山　东	14	4496	4397	2152440	2532395
河　南					
湖　北	1	400	350	35000	40000
湖　南	3	1320	1221	108653	93314
广　东	4	1102	1009	210410	463985
广　西	2	263	263	126000	75696
海　南					
重　庆	1	250	195	40000	10200
四　川					
贵　州					
云　南					
西　藏					
陕　西					
甘　肃					
青　海					
宁　夏					
新　疆					

2-2 续表 11

(建材市场)

地 区	市场数量 (个)	总摊位数 (个)	年末出租摊位数 (个)	营业面积 (平方米)	成交额 (万元)
全 国	**210**	**102665**	**91258**	**15926548**	**15288396**
北 京	9	3682	3392	385851	391064
天 津	1	400	400	450000	144600
河 北	7	1533	1436	315710	141866
山 西					
内 蒙 古	3	862	780	149000	181729
辽 宁	9	3164	2791	726391	726769
吉 林	4	819	819	153200	94336
黑 龙 江	3	4236	4176	538000	98980
上 海	10	4305	4243	2847040	584863
江 苏	39	26503	21603	2866696	2782991
浙 江	19	6714	6016	818434	1430014
安 徽	5	2962	2197	826000	326554
福 建	5	1609	1378	360476	1260369
江 西	5	3193	3111	220494	639542
山 东	21	10091	9296	1488685	1782141
河 南	7	3151	2089	1123786	690438
湖 北	11	4033	3816	363973	464274
湖 南	26	13914	13239	663178	1174945
广 东	2	1104	1031	241010	260704
广 西	5	3375	3336	214700	364610
海 南					
重 庆	5	2363	1601	303577	672797
四 川	6	2893	2817	671773	846882
贵 州	3	390	390	48464	124830
云 南	1	150	150	42300	10450
西 藏					
陕 西	2	786	726	47280	34388
甘 肃	1	55	55	11066	43260
青 海					
宁 夏	1	378	370	49464	15000
新 疆					

2-2 续表 12

(化工材料及制品市场)

地　区	市场数量(个)	总摊位数(个)	年末出租摊位数(个)	营业面积(平方米)	成交额(万元)
全　国	**41**	**22234**	**18760**	**2059774**	**26234215**
北　京					
天　津	3	434	434	10050	2095306
河　北	3	802	755	83934	321872
山　西					
内蒙古					
辽　宁					
吉　林					
黑龙江					
上　海	2	964	964	20000	883600
江　苏	8	7143	5673	341380	11046178
浙　江	9	3930	3500	497900	6589043
安　徽	1	337	337	3700	22734
福　建	1	110	110	13000	42309
江　西					
山　东	4	2698	2368	234626	430121
河　南	2	348	348	36800	161200
湖　北					
湖　南	3	1356	918	72600	86502
广　东	4	3746	3341	722360	4325350
广　西					
海　南					
重　庆					
四　川	1	366	12	23424	230000
贵　州					
云　南					
西　藏					
陕　西					
甘　肃					
青　海					
宁　夏					
新　疆					

2-2 续表 13

(金属材料市场)

地 区	市场数量（个）	总摊位数（个）	年末出租摊位数（个）	营业面积（平方米）	成交额（万元）
全 国	**289**	**106900**	**95844**	**26584891**	**182017208**
北 京	1	268	260	23235	22837
天 津	13	3004	2934	1057577	8732770
河 北	17	14567	13995	2637252	3278963
山 西	1	170	145	111800	571000
内 蒙 古	4	477	477	546740	1301156
辽 宁	13	5694	5323	1108392	4031745
吉 林	1	874	845	62000	11340
黑 龙 江	5	1458	1358	370000	2316474
上 海	21	5790	4994	898576	37291018
江 苏	53	23197	18572	3412152	43352263
浙 江	47	16958	15809	2859651	25016690
安 徽	6	1691	1691	354022	4454900
福 建	3	297	297	166636	2399390
江 西	2	699	699	52921	590151
山 东	31	7386	6504	5253970	14987994
河 南	10	2134	1904	1320403	2962598
湖 北	8	2776	2726	271600	1336493
湖 南	4	1600	1570	1188280	2691817
广 东	11	3234	2115	1281334	4652052
广 西	5	1049	1030	636260	4422300
海 南					
重 庆	9	3706	3363	684542	8506291
四 川	7	2700	2450	783183	2207537
贵 州	4	1470	1370	166450	875465
云 南	3	890	840	362615	1474978
西 藏					
陕 西					
甘 肃	4	2009	2009	223200	1064889
青 海					
宁 夏	4	2098	1910	432071	1174597
新 疆	2	654	654	320029	2289500

2-2 续表 14

(机械设备市场)

地　区	市场数量(个)	总摊位数(个)	年末出租摊位数(个)	营业面积(平方米)	成交额(万元)
全　国	**51**	**28525**	**25895**	**2883519**	**6107674**
北　京	1	377	300	33000	210000
天　津					
河　北	2	883	883	192075	98800
山　西					
内蒙古	1	220	220	58000	84255
辽　宁					
吉　林					
黑龙江					
上　海	2	496	466	84000	87553
江　苏	5	1840	1513	110220	604807
浙　江	11	4650	3919	160865	1421884
安　徽	1	1200	1200	286968	76232
福　建					
江　西					
山　东	5	2941	2920	336971	1033835
河　南					
湖　北					
湖　南	7	5688	4897	416630	733915
广　东	3	1149	1134	493700	293876
广　西	2	1200	1200	63000	195000
海　南					
重　庆	5	2737	2737	295000	611152
四　川	3	3288	3250	177364	571743
贵　州					
云　南	1	460	460	41000	19000
西　藏					
陕　西					
甘　肃					
青　海					
宁　夏	1	296	296	34726	35622
新　疆	1	1100	500	100000	30000

2-2　续表 15

(其他生产资料市场)

地　区	市场数量(个)	总摊位数(个)	年末出租摊位数(个)	营业面积(平方米)	成交额(万元)
全　国	**42**	**21577**	**20452**	**2890953**	**21823879**
北　京	1	280	275	20556	79184
天　津					
河　北	2	2360	2260	500000	612422
山　西					
内蒙古	1	600	600	114200	211700
辽　宁	3	868	602	33543	6064994
吉　林	2	836	836	101000	81806
黑龙江					
上　海	5	1891	1861	66700	12656937
江　苏	2	1100	1090	105000	61186
浙　江	8	3188	2983	216134	545319
安　徽					
福　建	2	606	606	93000	116014
江　西					
山　东	3	1388	1380	853257	232086
河　南					
湖　北	1	65	65	39000	31370
湖　南	3	1134	1130	45560	46406
广　东	2	1491	1222	200000	501616
广　西	1	750	612	100000	159743
海　南					
重　庆	4	1338	1328	134000	220465
四　川					
贵　州					
云　南					
西　藏					
陕　西					
甘　肃					
青　海					
宁　夏					
新　疆	2	3682	3602	269003	202631

2-2 续表 16

(农产品市场)

地　区	市场数量(个)	总摊位数(个)	年末出租摊位数(个)	营业面积(平方米)	成交额(万元)
全　国	**1020**	**628303**	**563645**	**41586693**	**125952637**
北　京	20	22210	12205	951310	3935020
天　津	13	14735	14160	847990	4119887
河　北	95	120546	109794	5123157	9615820
山　西	8	3212	3200	301416	597013
内蒙古	27	13812	11337	1625339	1724573
辽　宁	49	22037	18875	1426350	5542474
吉　林	10	6891	6715	585614	1079637
黑龙江	18	3605	3212	744815	2199303
上　海	29	10374	9437	568974	3786311
江　苏	85	34743	31213	2995121	10887601
浙　江	122	62995	57723	2428422	15847102
安　徽	29	11870	9267	1078525	2034771
福　建	36	9244	8851	499670	3095985
江　西	18	6756	6189	289869	2149440
山　东	157	134149	128669	11609096	22251898
河　南	40	23124	20398	1774690	3786936
湖　北	30	14110	12301	743145	3610388
湖　南	45	18618	17582	843574	2803920
广　东	78	31697	27682	2818038	13768262
广　西	14	10241	9563	630495	1367595
海　南					
重　庆	16	9245	8078	405075	2880090
四　川	23	12282	10775	592381	3202668
贵　州	9	3413	3104	150551	848384
云　南	8	4211	4060	367553	1116277
西　藏					
陕　西	10	4661	4596	281652	1235154
甘　肃	10	7614	5821	368628	1123428
青　海	2	3068	1602	139200	181719
宁　夏	6	4878	4285	410774	335465
新　疆	13	3962	2951	985269	825516

2-2　续表 17

(粮油市场)

地　区	市场数量(个)	总摊位数(个)	年末出租摊位数(个)	营业面积(平方米)	成交额(万元)
全　国	**111**	**46121**	**41288**	**4257698**	**14369982**
北　京	3	1803	1735	170000	1244501
天　津	2	801	801	61076	287330
河　北	9	9752	9295	680678	606935
山　西	1	145	145	17000	65000
内蒙古	4	1553	403	146012	86506
辽　宁	4	1243	1243	207000	251121
吉　林	1	1608	1608	177946	478866
黑龙江	2	140	140	458604	383429
上　海	4	653	626	39200	459304
江　苏	7	1053	912	310950	1378069
浙　江	16	2358	2212	313105	1649365
安　徽	4	2750	1782	269500	244480
福　建	3	405	362	72100	205003
江　西	2	42	42	4900	462055
山　东	17	11075	11043	699924	2442096
河　南	5	2955	2346	106355	840458
湖　北	2	620	500	55000	88028
湖　南	4	926	792	65321	315986
广　东	10	3112	2402	232400	1346618
广　西					
海　南					
重　庆	1	1000	1000	8000	68530
四　川	2	320	290	24000	192420
贵　州	2	381	381	16000	440000
云　南	1	22	22	4931	201456
西　藏					
陕　西	1	230	230	5496	276653
甘　肃	2	465	455	63000	204024
青　海	1	528	425	39200	79929
宁　夏					
新　疆	1	181	96	10000	71820

2-2 续表 18

(肉禽蛋市场)

地 区	市场数量(个)	总摊位数(个)	年末出租摊位数(个)	营业面积(平方米)	成交额(万元)
全 国	**114**	**35387**	**30009**	**2427328**	**8952160**
北 京	2	594	340	30901	41395
天 津					
河 北	5	1480	1313	235812	707916
山 西					
内蒙古	3	674	665	30000	69165
辽 宁	5	2749	1025	53117	181958
吉 林					
黑龙江	3	585	541	27155	474574
上 海	4	507	442	14300	105608
江 苏	18	3848	3478	148430	1778101
浙 江	14	2120	2022	166304	1504660
安 徽	8	2390	1948	111225	527882
福 建	4	1261	1261	24369	234033
江 西	5	1819	1819	51560	418042
山 东	6	3090	2975	121100	145515
河 南	1	643	643	35200	28658
湖 北	1	1	1	10000	23887
湖 南	3	817	751	19260	35527
广 东	13	3281	2812	363687	1419341
广 西	5	5346	5172	89759	396708
海 南					
重 庆	2	1171	881	20903	62432
四 川	7	2375	1304	77801	523355
贵 州					
云 南					
西 藏					
陕 西					
甘 肃					
青 海					
宁 夏	2	411	391	87774	84483
新 疆	3	225	225	708671	188920

2-2 续表 19

(水产品市场)

地 区	市场数量 (个)	总摊位数 (个)	年末出租摊位数 (个)	营业面积 (平方米)	成交额 (万元)
全 国	**157**	**108031**	**99622**	**4780288**	**27390123**
北 京	3	1938	1746	77000	1253638
天 津	3	954	954	253950	1567433
河 北	5	2986	2986	89518	279195
山 西					
内蒙古					
辽 宁	8	2719	2709	280700	1835159
吉 林	1	1289	1289	90000	89650
黑龙江	2	440	274	57779	52354
上 海	5	2526	2378	217780	1949569
江 苏	25	9442	7679	763159	2742679
浙 江	35	33397	29810	633642	4030345
安 徽	1	260	247	36000	86860
福 建	9	2493	2323	70579	1580253
江 西	1	910	813	43000	179102
山 东	23	36687	35285	1421022	4910024
河 南	4	1391	1286	150581	353300
湖 北	3	2850	2850	71580	1581029
湖 南	6	1497	1471	101751	869195
广 东	17	3977	3439	267191	2024698
广 西	1	500	436	2100	20788
海 南					
重 庆	3	1284	1156	146556	1873840
四 川					
贵 州					
云 南					
西 藏					
陕 西					
甘 肃	1	91	91	1200	11012
青 海					
宁 夏					
新 疆	1	400	400	5200	100000

2-2 续表 20

(蔬菜市场)

地 区	市场数量 (个)	总摊位数 (个)	年末出租摊位数 (个)	营业面积 (平方米)	成交额 (万元)
全 国	**313**	**254015**	**228107**	**15368740**	**32645153**
北 京	5	10066	2410	190400	311944
天 津	5	11136	10856	386006	526243
河 北	54	77570	73153	3024829	4988805
山 西	5	2725	2725	239630	496285
内蒙古	7	7071	6142	457790	487991
辽 宁	14	6293	6283	422316	999950
吉 林	4	2236	2236	183800	434758
黑龙江	6	1031	945	67005	750767
上 海	6	2655	2621	123809	577386
江 苏	15	6235	5904	354644	1650270
浙 江	23	10758	9932	534954	2711880
安 徽	8	2384	2379	358200	477267
福 建	9	1594	1551	209984	643000
江 西	3	1142	1142	81306	434031
山 东	66	58839	55566	5407731	8737210
河 南	18	12304	10481	910858	1800190
湖 北	9	3368	1888	117500	408359
湖 南	8	4804	4707	275920	985795
广 东	9	3654	3283	342500	739517
广 西	3	1509	1509	212591	464524
海 南					
重 庆	4	1393	1060	33376	250829
四 川	9	6270	6072	356168	1426541
贵 州	2	940	787	10851	63307
云 南	2	1064	1064	176672	430073
西 藏					
陕 西	7	3733	3668	227474	904577
甘 肃	5	6080	4297	228428	402137
青 海	1	2540	1177	100000	101790
宁 夏	2	3107	3107	255000	167981
新 疆	4	1514	1162	78998	271746

2-2　续表 21

(干鲜果品市场)

地　区	市场数量（个）	总摊位数（个）	年末出租摊位数（个）	营业面积（平方米）	成交额（万元）
全　国	**147**	**74879**	**65041**	**5879020**	**18887975**
北　京	3	2819	1279	270774	167011
天　津					
河　北	12	13618	8557	413854	1081571
山　西	2	342	330	44786	35728
内蒙古	1	20	20	180000	10860
辽　宁	7	1510	1328	192037	212299
吉　林	2	250	146	59968	42715
黑龙江	3	802	707	84272	478777
上　海	3	569	568	44467	369521
江　苏	10	7147	6868	463790	1216301
浙　江	17	7329	7274	419535	2927096
安　徽	2	255	250	49250	70170
福　建	3	226	226	51500	90644
江　西	4	1603	1453	93851	604126
山　东	25	13062	12765	881879	3086802
河　南	9	4195	4010	329626	465156
湖　北	8	5218	5073	412175	1283341
湖　南	11	3441	3323	226719	289596
广　东	10	6537	5775	1149285	5066952
广　西	1	140	100	73260	98210
海　南					
重　庆	2	770	770	21500	179354
四　川	4	1839	1631	99010	478002
贵　州	2	389	389	29000	158892
云　南	1	500	500	90000	200000
西　藏					
陕　西	2	698	698	48682	53924
甘　肃	1	338	338	34800	106255
青　海					
宁　夏					
新　疆	2	1212	663	115000	114672

2-2 续表 22

(棉麻土畜、烟叶市场)

地　区	市场数量(个)	总摊位数(个)	年末出租摊位数(个)	营业面积(平方米)	成交额(万元)
全　国	**34**	**22347**	**21297**	**4582460**	**9084450**
北　京					
天　津	1	650	650	1000	637088
河　北	5	11830	11430	448756	1763191
山　西					
内蒙古	8	3045	2743	591309	764194
辽　宁	3	1400	1200	137000	410815
吉　林					
黑龙江					
上　海					
江　苏	1	2098	2098	425984	1839864
浙　江	5	880	811	173981	1891141
安　徽	1	340	334	16850	41206
福　建					
江　西					
山　东	9	2024	1955	2754580	1678951
河　南	1	80	76	33000	58000
湖　北					
湖　南					
广　东					
广　西					
海　南					
重　庆					
四　川					
贵　州					
云　南					
西　藏					
陕　西					
甘　肃					
青　海					
宁　夏					
新　疆					

2-2 续表 23

(其他农产品市场)

地区	市场数量(个)	总摊位数(个)	年末出租摊位数(个)	营业面积(平方米)	成交额(万元)
全国	**144**	**87523**	**78281**	**4291159**	**14622794**
北京	4	4990	4695	212235	916531
天津	2	1194	899	145958	1101793
河北	5	3310	3060	229710	188207
山西					
内蒙古	4	1449	1364	220228	305857
辽宁	8	6123	5087	134180	1651172
吉林	2	1508	1436	73900	33648
黑龙江	2	607	605	50000	59402
上海	7	3464	2802	129418	324923
江苏	9	4920	4274	528164	282317
浙江	12	6153	5662	186901	1132615
安徽	5	3491	2327	237500	586906
福建	8	3265	3128	71138	343052
江西	3	1240	920	15252	52084
山东	11	9372	9080	322860	1251300
河南	2	1556	1556	209070	241174
湖北	7	2053	1989	76890	225744
湖南	13	7133	6538	154603	307821
广东	19	11086	9971	462975	3171136
广西	4	2746	2346	252785	387365
海南					
重庆	4	3627	3211	174740	445105
四川	1	1478	1478	35402	582350
贵州	3	1703	1547	94700	186185
云南	4	2625	2474	95950	284748
西藏					
陕西					
甘肃	1	640	640	41200	400000
青海					
宁夏	2	1360	787	68000	83001
新疆	2	430	405	67400	78358

2-2 续表 24

(食品、饮料及烟酒市场)

地　区	市场数量(个)	总摊位数(个)	年末出租摊位数(个)	营业面积(平方米)	成交额(万元)
全　国	**159**	**103187**	**84576**	**4765886**	**15038566**
北　京	1	139	139	7000	23821
天　津	3	2373	2362	273300	585499
河　北	3	1647	1645	17400	270053
山　西	1	122	67	3300	10386
内蒙古	1	228	160	20300	20666
辽　宁	3	2996	2826	66500	366504
吉　林	2	348	331	20837	137125
黑龙江	3	1598	1532	29400	87107
上　海	4	1869	1353	85500	239200
江　苏	22	12038	10287	1195303	3891801
浙　江	19	20021	9536	597667	2649318
安　徽	4	2421	2403	36612	328118
福　建	6	2730	2308	187500	338881
江　西	1	1124	935	102295	680746
山　东	29	22760	21740	864590	2250595
河　南	5	2340	1940	94694	196341
湖　北	5	2158	1928	94799	225056
湖　南	8	3857	3331	87139	340679
广　东	14	6469	6198	235076	482400
广　西	9	5835	5058	92163	334288
海　南					
重　庆	3	1662	1430	27089	156301
四　川	2	2400	1626	343000	391622
贵　州	3	1503	1438	61996	568806
云　南	2	692	692	45469	43265
西　藏					
陕　西	1	1512	1512	50000	62476
甘　肃	1	906	906	65000	242600
青　海	1	176	176	4507	29800
宁　夏					
新　疆	3	1263	717	57450	85112

2-2 续表 25

(食品饮料市场)

地 区	市场数量（个）	总摊位数（个）	年末出租摊位数（个）	营业面积（平方米）	成交额（万元）
全 国	**55**	**34570**	**29945**	**1697619**	**3919548**
北 京					
天 津	1	212	212	500	72846
河 北	1	880	880	9100	177608
山 西					
内蒙古	1	228	160	20300	20666
辽 宁	2	2640	2470	60500	344872
吉 林					
黑龙江	1	550	510	7000	13980
上 海	1	390	386	13500	13500
江 苏	8	3348	2367	518300	557285
浙 江	5	2119	1862	64393	640596
安 徽	1	308	290	6000	15000
福 建					
江 西					
山 东	8	7644	7437	254727	774745
河 南	3	2073	1673	85884	170600
湖 北	2	612	612	18500	50196
湖 南	3	1354	1349	35000	113225
广 东	9	4562	4313	148846	207261
广 西	2	2563	1889	45020	146817
海 南					
重 庆	3	1662	1430	27089	156301
四 川	2	2400	1626	343000	391622
贵 州					
云 南					
西 藏					
陕 西					
甘 肃					
青 海					
宁 夏					
新 疆	2	1025	479	39960	52428

2-2 续表 26

(茶叶市场)

地 区	市场数量 (个)	总摊位数 (个)	年末出租摊位数 (个)	营业面积 (平方米)	成交额 (万元)
全 国	**27**	**21517**	**11437**	**761639**	**1913295**
北 京	1	139	139	7000	23821
天 津					
河 北					
山 西					
内蒙古					
辽 宁					
吉 林					
黑龙江					
上 海	1	290	281	15000	34380
江 苏	1	420	420	39960	23000
浙 江	6	12124	2243	142260	603041
安 徽	1	680	680	15000	163000
福 建	3	1719	1719	63000	230747
江 西					
山 东	3	1162	1149	220000	310330
河 南	1	180	180	3000	14200
湖 北	2	1335	1223	73000	143946
湖 南					
广 东	3	1026	1026	77250	189139
广 西	1	118	118	6500	53950
海 南					
重 庆					
四 川					
贵 州	1	120	55	4200	18000
云 南	2	692	692	45469	43265
西 藏					
陕 西	1	1512	1512	50000	62476
甘 肃					
青 海					
宁 夏					
新 疆					

2-2 续表 27

(烟酒市场)

地区	市场数量(个)	总摊位数(个)	年末出租摊位数(个)	营业面积(平方米)	成交额(万元)
全国	**13**	**5796**	**4728**	**214281**	**836721**
北京					
天津					
河北	1	100	98	5000	78850
山西					
内蒙古					
辽宁					
吉林					
黑龙江					
上海					
江苏	1	200	180	3200	21195
浙江	1	94	94	24000	79500
安徽					
福建					
江西					
山东	8	3947	3294	161330	592524
河南					
湖北					
湖南	2	1455	1062	20751	64652
广东					
广西					
海南					
重庆					
四川					
贵州					
云南					
西藏					
陕西					
甘肃					
青海					
宁夏					
新疆					

2-2 续表 28

(其他食品饮料及烟酒市场)

地　区	市场数量(个)	总摊位数(个)	年末出租摊位数(个)	营业面积(平方米)	成交额(万元)
全　国	**64**	**41304**	**38466**	**2092347**	**8369002**
北　京					
天　津	2	2161	2150	272800	512653
河　北	1	667	667	3300	13595
山　西	1	122	67	3300	10386
内蒙古					
辽　宁	1	356	356	6000	21632
吉　林	2	348	331	20837	137125
黑龙江	2	1048	1022	22400	73127
上　海	2	1189	686	57000	191320
江　苏	12	8070	7320	633843	3290321
浙　江	7	5684	5337	367014	1326181
安　徽	2	1433	1433	15612	150118
福　建	3	1011	589	124500	108134
江　西	1	1124	935	102295	680746
山　东	10	10007	9860	228533	572996
河　南	1	87	87	5810	11541
湖　北	1	211	93	3299	30914
湖　南	3	1048	920	31388	162802
广　东	2	881	859	8980	86000
广　西	6	3154	3051	40643	133521
海　南					
重　庆					
四　川					
贵　州	2	1383	1383	57796	550806
云　南					
西　藏					
陕　西					
甘　肃	1	906	906	65000	242600
青　海	1	176	176	4507	29800
宁　夏					
新　疆	1	238	238	17490	32684

2-2　续表 29

(纺织、服装、鞋帽市场)

地　区	市场数量（个）	总摊位数（个）	年末出租摊位数（个）	营业面积（平方米）	成交额（万元）
全　国	**559**	**727649**	**680641**	**27338467**	**107966005**
北　京	13	17442	16925	474583	381246
天　津	5	3895	3889	154378	518141
河　北	27	39861	31501	1676473	7118847
山　西	10	15372	12712	617176	313326
内蒙古	13	12754	12040	328812	784494
辽　宁	30	65573	59518	1131293	8999757
吉　林	11	14740	14468	348106	641573
黑龙江	23	25430	23689	520527	1123504
上　海	13	11382	11068	277617	991752
江　苏	33	75168	74248	4179995	29280852
浙　江	64	96721	94577	4531721	26220552
安　徽	9	7825	7622	269526	663096
福　建	12	8417	8284	277768	2052759
江　西	6	3024	2776	149384	432885
山　东	65	55014	53349	2119513	6781413
河　南	25	28850	26366	1162043	1254286
湖　北	26	19241	18337	1107240	1063641
湖　南	38	34801	34219	873754	1693957
广　东	66	59432	54434	2395717	9795994
广　西	10	14371	14016	470759	429052
海　南	1	335	335	2828	9300
重　庆	7	4237	3850	250077	1034269
四　川	18	27178	26826	798370	1271574
贵　州	3	9790	9697	376736	795090
云　南	3	39752	30151	1568897	2443939
西　藏					
陕　西	11	11677	10572	292000	457978
甘　肃	3	5487	5487	448640	448000
青　海	2	2748	2650	105000	79340
宁　夏	3	5829	5829	110000	131563
新　疆	9	11293	11206	319534	753825

2-2 续表 30

(布料及纺织品市场)

地 区	市场数量(个)	总摊位数(个)	年末出租摊位数(个)	营业面积(平方米)	成交额(万元)
全 国	**80**	**115154**	**110007**	**6691505**	**46739183**
北 京	2	950	510	34500	22490
天 津					
河 北	7	9508	9318	469886	1432135
山 西					
内蒙古					
辽 宁					
吉 林					
黑龙江	4	4043	3654	102137	101463
上 海					
江 苏	8	20226	20005	1626800	17883378
浙 江	18	45979	45147	2760038	19015202
安 徽	1	2600	2600	60000	95000
福 建	2	578	510	28980	344741
江 西					
山 东	11	5915	5636	408385	1923449
河 南	4	3031	2295	107900	99600
湖 北	2	959	959	13500	25548
湖 南	3	710	678	19400	79152
广 东	15	19275	17315	1007339	5633025
广 西					
海 南					
重 庆					
四 川					
贵 州					
云 南					
西 藏					
陕 西	2	1120	1120	26000	73000
甘 肃	1	260	260	26640	11000
青 海					
宁 夏					
新 疆					

2-2 续表 31

(服装市场)

地 区	市场数量(个)	总摊位数(个)	年末出租摊位数(个)	营业面积(平方米)	成交额(万元)
全 国	**335**	**434425**	**405727**	**14995167**	**41934140**
北 京	10	15392	15315	420083	331550
天 津	4	3430	3424	115378	437424
河 北	14	26549	18902	1111884	4855777
山 西	7	10862	10570	300676	240290
内蒙古	7	8127	7720	154160	367949
辽 宁	17	22109	21425	582157	1796914
吉 林	9	13281	13281	304106	621292
黑龙江	15	17140	15788	356810	884528
上 海	11	8997	8708	167617	802165
江 苏	11	32248	31834	1299611	8423590
浙 江	37	42560	41350	1671427	6254847
安 徽	6	4399	4282	194526	526806
福 建	9	7551	7486	243759	1694402
江 西	3	1648	1433	112484	72776
山 东	38	38621	37885	1071594	3517003
河 南	13	15527	15443	476443	904862
湖 北	16	15153	14334	961340	859081
湖 南	26	22219	22082	538415	855232
广 东	40	31970	29621	1005651	2871270
广 西	7	12402	12047	420469	367950
海 南	1	335	335	2828	9300
重 庆	3	1770	1478	110391	138719
四 川	12	14273	13944	641013	685456
贵 州	2	8527	8434	351736	781313
云 南	2	38292	28755	1528897	2418959
西 藏					
陕 西	7	8771	7666	226200	208128
甘 肃	2	5227	5227	422000	437000
青 海					
宁 夏					
新 疆	6	7045	6958	203512	569557

2-2 续表 32

(鞋帽市场)

地 区	市场数量(个)	总摊位数(个)	年末出租摊位数(个)	营业面积(平方米)	成交额(万元)
全 国	**44**	**27609**	**25427**	**1556978**	**4071954**
北 京					
天 津	1	465	465	39000	80717
河 北	2	820	820	32000	433000
山 西	2	510	510	16500	50871
内蒙古					
辽 宁	2	2750	1900	16500	327117
吉 林					
黑龙江	2	3260	3260	24000	106801
上 海					
江 苏	4	2800	2800	746669	345568
浙 江	1	1200	1200	6000	55800
安 徽	1	296	210	5000	13390
福 建	1	288	288	5029	13616
江 西	1	500	486	22500	16827
山 东	7	3199	2901	122292	572411
河 南	2	1331	790	23200	80500
湖 北	5	1215	1137	67400	114862
湖 南	3	1224	1134	62000	56039
广 东	8	5879	5654	259088	1101435
广 西					
海 南					
重 庆	1	536	536	80000	536000
四 川					
贵 州					
云 南					
西 藏					
陕 西	1	1336	1336	29800	167000
甘 肃					
青 海					
宁 夏					
新 疆					

2-2 续表 33

(其他纺织服装鞋帽市场)

地 区	市场数量 (个)	总摊位数 (个)	年末出租摊位数 (个)	营业面积 (平方米)	成交额 (万元)
全 国	**100**	**150461**	**139480**	**4094817**	**15220728**
北 京	1	1100	1100	20000	27206
天 津					
河 北	4	2984	2461	62703	397935
山 西	1	4000	1632	300000	22165
内蒙古	6	4627	4320	174652	416545
辽 宁	11	40714	36193	532636	6875726
吉 林	2	1459	1187	44000	20281
黑龙江	2	987	987	37580	30712
上 海	2	2385	2360	110000	189587
江 苏	10	19894	19609	506915	2628316
浙 江	8	6982	6880	94256	894703
安 徽	1	530	530	10000	27900
福 建					
江 西	2	876	857	14400	343282
山 东	9	7279	6927	517242	768550
河 南	6	8971	7838	554500	169324
湖 北	3	1914	1907	65000	64150
湖 南	6	10648	10325	253939	703534
广 东	3	2308	1844	123639	190264
广 西	3	1969	1969	50290	61102
海 南					
重 庆	3	1931	1836	59686	359550
四 川	6	12905	12882	157357	586118
贵 州	1	1263	1263	25000	13777
云 南	1	1460	1396	40000	24980
西 藏					
陕 西	1	450	450	10000	9850
甘 肃					
青 海	2	2748	2650	105000	79340
宁 夏	3	5829	5829	110000	131563
新 疆	3	4248	4248	116022	184268

2-2 续表 34

(日用品及文化用品市场)

地　区	市场数量(个)	总摊位数(个)	年末出租摊位数(个)	营业面积(平方米)	成交额(万元)
全　国	**104**	**72632**	**69469**	**3073376**	**11910178**
北　京	5	8230	7884	165279	447300
天　津					
河　北	1	7200	7200	40000	281870
山　西	2	1354	1135	113721	87595
内 蒙 古	1	718	646	41000	135489
辽　宁	4	3700	3647	55800	546213
吉　林	1	450	450	12700	70505
黑 龙 江	1	400	400	10000	100050
上　海	3	841	836	43650	3172951
江　苏	12	6165	6067	123144	326748
浙　江	13	9588	8513	303508	1095656
安　徽	1	129	129	6886	11340
福　建	2	630	629	199160	97985
江　西	1	420	348	8000	15300
山　东	16	11666	11468	531692	1788863
河　南	6	1510	1362	81358	156262
湖　北	6	2497	2497	203576	433936
湖　南	6	953	930	59150	259800
广　东	18	12864	12158	836746	2412084
广　西	1	1811	1811	204660	60400
海　南					
重　庆	3	1108	961	21346	209831
四　川					
贵　州					
云　南					
西　藏					
陕　西					
甘　肃	1	398	398	12000	200000
青　海					
宁　夏					
新　疆					

2-2　续表 35

(小商品市场)

地　区	市场数量（个）	总摊位数（个）	年末出租摊位数（个）	营业面积（平方米）	成交额（万元）
全　国	**35**	**39578**	**38885**	**1122319**	**3003086**
北　京	3	6948	6932	102879	270850
天　津					
河　北	1	7200	7200	40000	281870
山　西	1	452	452	25680	66947
内蒙古	1	718	646	41000	135489
辽　宁					
吉　林					
黑龙江					
上　海					
江　苏	5	4138	4107	56668	188037
浙　江	2	2132	2132	44600	180240
安　徽					
福　建	1	58	57	5000	43645
江　西	1	420	348	8000	15300
山　东	6	7905	7727	299232	1320339
河　南	2	802	710	15200	21262
湖　北	2	1480	1480	88800	88866
湖　南					
广　东	9	5514	5283	190600	329841
广　西	1	1811	1811	204660	60400
海　南					
重　庆					
四　川					
贵　州					
云　南					
西　藏					
陕　西					
甘　肃					
青　海					
宁　夏					
新　疆					

2-2 续表 36

(箱包市场)

地区	市场数量(个)	总摊位数(个)	年末出租摊位数(个)	营业面积(平方米)	成交额(万元)
全国	**6**	**5502**	**5123**	**526200**	**2132650**
北京					
天津					
河北					
山西					
内蒙古					
辽宁	1	1330	1330	2000	368500
吉林					
黑龙江					
上海					
江苏					
浙江					
安徽					
福建					
江西					
山东	2	322	318	16000	66400
河南	2	250	230	8200	28000
湖北					
湖南					
广东	1	3600	3245	500000	1669750
广西					
海南					
重庆					
四川					
贵州					
云南					
西藏					
陕西					
甘肃					
青海					
宁夏					
新疆					

2-2 续表 37

(玩具市场)

地区	市场数量（个）	总摊位数（个）	年末出租摊位数（个）	营业面积（平方米）	成交额（万元）
全国	**3**	**1124**	**1124**	**119410**	**219542**
北京					
天津					
河北					
山西					
内蒙古					
辽宁					
吉林					
黑龙江					
上海					
江苏					
浙江					
安徽					
福建					
江西					
山东	2	1009	1009	106660	140080
河南					
湖北					
湖南					
广东	1	115	115	12750	79462
广西					
海南					
重庆					
四川					
贵州					
云南					
西藏					
陕西					
甘肃					
青海					
宁夏					
新疆					

2-2 续表 38

(文具市场)

地　区	市场数量(个)	总摊位数(个)	年末出租摊位数(个)	营业面积(平方米)	成交额(万元)
全　国	**3**	**1708**	**1329**	**101694**	**260650**
北　京	1	1070	740	55400	157630
天　津					
河　北					
山　西					
内蒙古					
辽　宁					
吉　林					
黑龙江					
上　海					
江　苏					
浙　江	1	558	509	33294	65000
安　徽					
福　建					
江　西					
山　东					
河　南					
湖　北					
湖　南	1	80	80	13000	38020
广　东					
广　西					
海　南					
重　庆					
四　川					
贵　州					
云　南					
西　藏					
陕　西					
甘　肃					
青　海					
宁　夏					
新　疆					

2-2　续表 39

(图书、报刊杂志市场)

地　区	市场数量(个)	总摊位数(个)	年末出租摊位数(个)	营业面积(平方米)	成交额(万元)
全　国	**12**	**1821**	**1753**	**101289**	**406099**
北　京	1	212	212	7000	18820
天　津					
河　北					
山　西					
内蒙古					
辽　宁	1	62	62	6900	12000
吉　林					
黑龙江					
上　海	1	51	46	2500	16200
江　苏	2	208	161	15900	50161
浙　江	1	91	91	10000	20400
安　徽					
福　建					
江　西					
山　东	2	252	236	12800	31732
河　南	1	155	155	16000	80000
湖　北	1	277	277	4100	59700
湖　南	1	423	423	13100	81250
广　东	1	90	90	12989	35836
广　西					
海　南					
重　庆					
四　川					
贵　州					
云　南					
西　藏					
陕　西					
甘　肃					
青　海					
宁　夏					
新　疆					

2-2 续表 40

(音像制品及电子出版物市场)

地　区	市场数量（个）	总摊位数（个）	年末出租摊位数（个）	营业面积（平方米）	成交额（万元）
全　国	**4**	**991**	**950**	**39800**	**171087**
北　京					
天　津					
河　北					
山　西					
内蒙古					
辽　宁					
吉　林					
黑龙江	1	400	400	10000	100050
上　海					
江　苏	1	305	305	11000	17667
浙　江					
安　徽					
福　建					
江　西					
山　东					
河　南					
湖　北					
湖　南	1	183	165	7800	44570
广　东	1	103	80	11000	8800
广　西					
海　南					
重　庆					
四　川					
贵　州					
云　南					
西　藏					
陕　西					
甘　肃					
青　海					
宁　夏					
新　疆					

2-2　续表 41

（体育用品市场）

地　区	市场数量（个）	总摊位数（个）	年末出租摊位数（个）	营业面积（平方米）	成交额（万元）
全　国	**1**	**80**	**80**	**6700**	**12115**
北　京					
天　津					
河　北					
山　西					
内蒙古					
辽　宁					
吉　林					
黑龙江					
上　海					
江　苏					
浙　江					
安　徽					
福　建					
江　西					
山　东					
河　南					
湖　北					
湖　南					
广　东	1	80	80	6700	12115
广　西					
海　南					
重　庆					
四　川					
贵　州					
云　南					
西　藏					
陕　西					
甘　肃					
青　海					
宁　夏					
新　疆					

2-2 续表 42

(其他日用品及文化用品市场)

地　区	市场数量（个）	总摊位数（个）	年末出租摊位数（个）	营业面积（平方米）	成交额（万元）
全　国	**40**	**21828**	**20225**	**1055964**	**5704949**
北　京					
天　津					
河　北					
山　西	1	902	683	88041	20648
内蒙古					
辽　宁	2	2308	2255	46900	165713
吉　林	1	450	450	12700	70505
黑龙江					
上　海	2	790	790	41150	3156751
江　苏	4	1514	1494	39576	70883
浙　江	9	6807	5781	215614	830016
安　徽	1	129	129	6886	11340
福　建	1	572	572	194160	54340
江　西					
山　东	4	2178	2178	97000	230312
河　南	1	303	267	41958	27000
湖　北	3	740	740	110676	285370
湖　南	3	267	262	25250	95960
广　东	4	3362	3265	102707	276280
广　西					
海　南					
重　庆	3	1108	961	21346	209831
四　川					
贵　州					
云　南					
西　藏					
陕　西					
甘　肃	1	398	398	12000	200000
青　海					
宁　夏					
新　疆					

2-2 续表 43

（黄金、珠宝、玉器等首饰市场）

地区	市场数量（个）	总摊位数（个）	年末出租摊位数（个）	营业面积（平方米）	成交额（万元）
全国	**22**	**13063**	**12276**	**756302**	**3651203**
北京	1	848	848	28000	45800
天津					
河北					
山西					
内蒙古	1	631	631	21600	46995
辽宁	3	2045	2045	22000	56400
吉林					
黑龙江					
上海					
江苏	3	1951	1950	117676	642871
浙江	1	928	928	106973	701047
安徽					
福建	4	1739	1739	39738	1116086
江西					
山东	3	1987	1682	230000	560027
河南	2	354	346	12815	35156
湖北	1	30	30	2000	82467
湖南					
广东	3	2550	2077	175500	364354
广西					
海南					
重庆					
四川					
贵州					
云南					
西藏					
陕西					
甘肃					
青海					
宁夏					
新疆					

2-2 续表 44

(电器、通讯器材、电子设备市场)

地　区	市场数量(个)	总摊位数(个)	年末出租摊位数(个)	营业面积(平方米)	成交额(万元)
全　国	**162**	**76098**	**69732**	**2702337**	**12812838**
北　京	9	5254	4565	160050	956149
天　津					
河　北	2	359	348	54000	56052
山　西	3	637	572	33000	42260
内蒙古	1	240	235	12000	47609
辽　宁	5	2288	1908	82800	316338
吉　林	3	1407	1407	6430	290695
黑龙江	2	1547	1547	92559	308614
上　海	7	2950	2624	82128	394974
江　苏	9	3916	3632	98936	508323
浙　江	25	8411	7843	328141	1450149
安　徽	1	3902	3902	40000	893778
福　建	3	1364	1247	58000	181864
江　西	5	1638	1596	72294	314812
山　东	12	4134	4033	349300	1331283
河　南	5	3964	3898	317800	1337700
湖　北	9	2408	2160	93000	322906
湖　南	16	4151	3779	201432	813450
广　东	20	19074	16183	306271	1005016
广　西	2	655	655	24259	157500
海　南	1	335	335	10500	30060
重　庆	8	2581	2574	130839	1258880
四　川	4	1100	913	34000	481139
贵　州	2	519	519	39800	104460
云　南					
西　藏					
陕　西	4	1766	1766	40000	137187
甘　肃	1	450	450	9500	15600
青　海					
宁　夏	1	270	270	8200	12000
新　疆	2	778	771	17098	44040

2-2　续表 45

(家电市场)

地　区	市场数量 (个)	总摊位数 (个)	年末出租摊位数 (个)	营业面积 (平方米)	成交额 (万元)
全　国	**40**	**13700**	**12867**	**738395**	**3068091**
北　京					
天　津					
河　北					
山　西	1	197	132	15000	14260
内蒙古					
辽　宁	3	1218	990	35000	121432
吉　林					
黑龙江					
上　海	1	230	230	20000	84000
江　苏	1	400	400	11000	46200
浙　江	6	1136	1118	98138	314995
安　徽	1	3902	3902	40000	893778
福　建					
江　西	2	1239	1229	53994	69592
山　东	5	1330	1319	258800	555250
河　南	2	441	395	30800	372000
湖　北	2	510	272	4600	21988
湖　南	8	1372	1336	100232	343722
广　东	5	1435	1254	48131	163176
广　西					
海　南					
重　庆	2	134	134	18700	40331
四　川					
贵　州					
云　南					
西　藏					
陕　西	1	156	156	4000	27367
甘　肃					
青　海					
宁　夏					
新　疆					

2-2 续表 46

(通讯器材市场)

地　区	市场数量(个)	总摊位数(个)	年末出租摊位数(个)	营业面积(平方米)	成交额(万元)
全　国	**24**	**20531**	**17567**	**448021**	**1199723**
北　京					
天　津					
河　北	2	359	348	54000	56052
山　西					
内蒙古	1	240	235	12000	47609
辽　宁	1	570	418	30000	174200
吉　林	2	556	556	3630	49433
黑龙江					
上　海	1	958	958	17000	11900
江　苏	1	1732	1732	44283	60453
浙　江	4	1154	1039	47450	86967
安　徽					
福　建					
江　西	1	31	28	4000	48870
山　东					
河　南	1	360	340	7000	80000
湖　北	2	650	650	43000	174178
湖　南	2	248	207	2000	22900
广　东	6	13673	11056	183658	387161
广　西					
海　南					
重　庆					
四　川					
贵　州					
云　南					
西　藏					
陕　西					
甘　肃					
青　海					
宁　夏					
新　疆					

2-2 续表 47

(照相、摄像器材市场)

地 区	市场数量（个）	总摊位数（个）	年末出租摊位数（个）	营业面积（平方米）	成交额（万元）
全 国	**2**	**455**	**455**	**17600**	**55472**
北 京	1	285	285	13000	24215
天 津					
河 北					
山 西					
内蒙古					
辽 宁					
吉 林					
黑龙江					
上 海	1	170	170	4600	31257
江 苏					
浙 江					
安 徽					
福 建					
江 西					
山 东					
河 南					
湖 北					
湖 南					
广 东					
广 西					
海 南					
重 庆					
四 川					
贵 州					
云 南					
西 藏					
陕 西					
甘 肃					
青 海					
宁 夏					
新 疆					

2-2 续表 48

(计算机及辅助设备市场)

地 区	市场数量(个)	总摊位数(个)	年末出租摊位数(个)	营业面积(平方米)	成交额(万元)
全 国	**82**	**33969**	**31928**	**1302935**	**7661120**
北 京	6	4159	3615	129850	814524
天 津					
河 北					
山 西	2	440	440	18000	28000
内蒙古					
辽 宁	1	500	500	17800	20706
吉 林	1	851	851	2800	241262
黑龙江	2	1547	1547	92559	308614
上 海	4	1592	1266	40528	267817
江 苏	7	1784	1500	43653	401670
浙 江	13	3734	3510	126553	831157
安 徽					
福 建	3	1364	1247	58000	181864
江 西	1	100	80	4700	10338
山 东	6	2684	2594	84500	752033
河 南	2	3163	3163	280000	885700
湖 北	5	1248	1238	45400	126740
湖 南	5	1851	1649	87200	406805
广 东	6	2096	2071	46396	390602
广 西	2	655	655	24259	157500
海 南	1	335	335	10500	30060
重 庆	5	2240	2235	100139	1160649
四 川	4	1100	913	34000	481139
贵 州	1	138	138	3000	10080
云 南					
西 藏					
陕 西	3	1610	1610	36000	109820
甘 肃					
青 海					
宁 夏					
新 疆	2	778	771	17098	44040

2-2 续表 49

（其他电器、通讯器材、电子设备市场）

地区	市场数量（个）	总摊位数（个）	年末出租摊位数（个）	营业面积（平方米）	成交额（万元）
全国	**14**	**7443**	**6915**	**195386**	**828432**
北京	2	810	665	17200	117410
天津					
河北					
山西					
内蒙古					
辽宁					
吉林					
黑龙江					
上海					
江苏					
浙江	2	2387	2176	56000	217030
安徽					
福建					
江西	1	268	259	9600	186012
山东	1	120	120	6000	24000
河南					
湖北					
湖南	1	680	587	12000	40023
广东	3	1870	1802	28086	64077
广西					
海南					
重庆	1	207	205	12000	57900
四川					
贵州	1	381	381	36800	94380
云南					
西藏					
陕西					
甘肃	1	450	450	9500	15600
青海					
宁夏	1	270	270	8200	12000
新疆					

2-2 续表 50

(医药、医疗用品及器材市场)

地　区	市场数量(个)	总摊位数(个)	年末出租摊位数(个)	营业面积(平方米)	成交额(万元)
全　国	**26**	**35173**	**25501**	**1322490**	**8010022**
北　京					
天　津					
河　北	1	14000	6400	360000	1050000
山　西					
内蒙古	1	180	180	18000	31666
辽　宁	1	459	459	93900	300000
吉　林	2	1252	1252	50675	540000
黑龙江					
上　海	1	324	287	7800	60000
江　苏					
浙　江	2	817	587	37320	63153
安　徽	2	6296	5662	44500	3040407
福　建	1	40	40	1300	27831
江　西	1	700	360	19000	150000
山　东	1	800	800	60000	38748
河　南	2	3061	3061	123950	235604
湖　北					
湖　南	1	1216	1216	266400	501200
广　东	2	758	611	14971	109572
广　西	1	1116	800	23000	500000
海　南					
重　庆	1	172	172	90000	103200
四　川	1	2200	1900	50000	850000
贵　州					
云　南	2	858	858	34674	203197
西　藏					
陕　西	2	490	422	14000	35435
甘　肃					
青　海					
宁　夏	1	434	434	13000	170009
新　疆					

2-2 续表 51

(中药材市场)

地区	市场数量（个）	总摊位数（个）	年末出租摊位数（个）	营业面积（平方米）	成交额（万元）
全国	**25**	**35001**	**25329**	**1232490**	**7906822**
北京					
天津					
河北	1	14000	6400	360000	1050000
山西					
内蒙古	1	180	180	18000	31666
辽宁	1	459	459	93900	300000
吉林	2	1252	1252	50675	540000
黑龙江					
上海	1	324	287	7800	60000
江苏					
浙江	2	817	587	37320	63153
安徽	2	6296	5662	44500	3040407
福建	1	40	40	1300	27831
江西	1	700	360	19000	150000
山东	1	800	800	60000	38748
河南	2	3061	3061	123950	235604
湖北					
湖南	1	1216	1216	266400	501200
广东	2	758	611	14971	109572
广西	1	1116	800	23000	500000
海南					
重庆					
四川	1	2200	1900	50000	850000
贵州					
云南	2	858	858	34674	203197
西藏					
陕西	2	490	422	14000	35435
甘肃					
青海					
宁夏	1	434	434	13000	170009
新疆					

2-2 续表 52

(其他医药、医疗用品及器材市场)

地　区	市场数量(个)	总摊位数(个)	年末出租摊位数(个)	营业面积(平方米)	成交额(万元)
全　国	**1**	**172**	**172**	**90000**	**103200**
北　京					
天　津					
河　北					
山　西					
内 蒙 古					
辽　宁					
吉　林					
黑 龙 江					
上　海					
江　苏					
浙　江					
安　徽					
福　建					
江　西					
山　东					
河　南					
湖　北					
湖　南					
广　东					
广　西					
海　南					
重　庆	1	172	172	90000	103200
四　川					
贵　州					
云　南					
西　藏					
陕　西					
甘　肃					
青　海					
宁　夏					
新　疆					

2-2　续表 53

(家具、五金及装饰材料市场)

地　区	市场数量(个)	总摊位数(个)	年末出租摊位数(个)	营业面积(平方米)	成交额(万元)
全　国	**525**	**269632**	**248949**	**34270892**	**44999775**
北　京	19	8031	7686	910318	1063916
天　津	10	5798	5190	1019289	1492157
河　北	22	12567	12499	2890614	3656473
山　西	5	1906	1906	243000	161205
内蒙古	6	1691	1691	169600	335817
辽　宁	24	12487	11642	785628	1170485
吉　林	4	3534	3200	299282	120910
黑龙江	9	3792	3749	399596	284552
上　海	15	14571	14018	1594950	1123229
江　苏	82	46454	40398	6228580	9671657
浙　江	82	39529	36043	3991344	6669013
安　徽	16	4896	4379	1077020	690635
福　建	8	1798	1663	319890	576929
江　西	12	7138	6674	1091128	808366
山　东	57	28781	26796	3366069	5659355
河　南	19	9613	9308	1325100	1039973
湖　北	24	10536	8629	786085	1205696
湖　南	21	10427	10306	1234935	3190067
广　东	24	8666	7806	1997003	1084080
广　西	6	2842	2809	328340	197101
海　南					
重　庆	18	9448	9109	1066376	2495939
四　川	10	10652	10100	1278867	1096578
贵　州	2	670	670	56000	150000
云　南	12	3937	3849	587098	610434
西　藏					
陕　西	1	320	320	76772	16580
甘　肃	9	5282	4778	660295	240625
青　海	1	1000	483	25000	17277
宁　夏	4	1837	1819	250060	59166
新　疆	3	1429	1429	212653	111560

2-2 续表 54

(家具市场)

地 区	市场数量 (个)	总摊位数 (个)	年末出租摊位数 (个)	营业面积 (平方米)	成交额 (万元)
全 国	**138**	**66391**	**59890**	**10894506**	**10907507**
北 京	8	3793	3672	590684	497865
天 津					
河 北	6	6882	6882	1942000	2739437
山 西	2	300	300	70000	28500
内蒙古	2	640	640	45600	75990
辽 宁	10	3327	3112	341798	472045
吉 林	3	2788	2464	149282	86047
黑龙江	2	510	510	110000	49358
上 海	5	756	682	274710	113767
江 苏	22	12041	10939	2129189	1757920
浙 江	27	10142	8473	1261405	1727708
安 徽	3	293	286	167500	68160
福 建	1	108	76	30000	10102
江 西	5	2346	2087	560000	158012
山 东	12	4859	4670	561471	619714
河 南	2	1957	1957	678000	260228
湖 北	8	4607	2735	339294	422313
湖 南	3	389	388	61200	62564
广 东	2	662	632	107008	55596
广 西	3	1557	1557	78340	91264
海 南					
重 庆	1	1516	1516	400000	1053885
四 川	3	4338	4042	510905	140503
贵 州	1	400	400	30000	120000
云 南	3	810	790	247067	230039
西 藏					
陕 西					
甘 肃	2	694	404	105000	24800
青 海					
宁 夏	1	260	260	60000	10613
新 疆	1	416	416	44053	31077

2-2 续表 55

(装饰材料市场)

地区	市场数量(个)	总摊位数(个)	年末出租摊位数(个)	营业面积(平方米)	成交额(万元)
全国	**229**	**97537**	**91116**	**12684560**	**13626425**
北京	7	2020	1982	148132	218683
天津	4	1425	1419	109743	166877
河北	10	2865	2859	647114	474772
山西	3	1606	1606	173000	132705
内蒙古	4	1051	1051	124000	259827
辽宁	7	3624	3224	239800	383572
吉林	1	746	736	150000	34863
黑龙江	4	1359	1316	222616	69189
上海	6	8315	8043	783461	759657
江苏	34	13924	11737	1734532	2903562
浙江	30	11793	10736	1311104	1378364
安徽	9	3186	3122	744747	439615
福建	4	994	891	63600	329326
江西	4	3531	3419	476442	250548
山东	24	8897	8289	1177886	2107116
河南	8	4641	4381	323200	431234
湖北	13	4694	4674	366320	579644
湖南	12	4189	4119	385477	639959
广东	15	5674	5291	1741265	598659
广西	2	885	852	150000	25837
海南					
重庆	12	3443	3316	503096	705047
四川	3	2546	2515	436000	287700
贵州	1	270	270	26000	30000
云南	4	1791	1749	231193	246131
西藏					
陕西	1	320	320	76772	16580
甘肃	3	1015	1001	70000	86095
青海	1	1000	483	25000	17277
宁夏	2	1408	1390	174060	38109
新疆	1	325	325	70000	15477

2-2 续表 56

(灯具市场)

地　区	市场数量(个)	总摊位数(个)	年末出租摊位数(个)	营业面积(平方米)	成交额(万元)
全　国	**15**	**6768**	**6569**	**826823**	**1668599**
北　京	1	260	255	30000	13195
天　津	1	172	170	14000	31000
河　北	1	380	320	6800	12000
山　西					
内蒙古					
辽　宁	1	276	160	54000	42043
吉　林					
黑龙江					
上　海					
江　苏	4	2521	2521	367450	702207
浙　江	2	1142	1142	98000	268000
安　徽					
福　建					
江　西					
山　东	2	1178	1178	170000	373000
河　南					
湖　北					
湖　南					
广　东					
广　西					
海　南					
重　庆	1	121	121	20000	39882
四　川	1	208	208	50392	152000
贵　州					
云　南	1	510	494	16181	35272
西　藏					
陕　西					
甘　肃					
青　海					
宁　夏					
新　疆					

2-2 续表 57

(厨具、盥洗设备市场)

地 区	市场数量（个）	总摊位数（个）	年末出租摊位数（个）	营业面积（平方米）	成交额（万元）
全 国	**4**	**1304**	**1250**	**91840**	**191187**
北 京					
天 津					
河 北					
山 西					
内蒙古					
辽 宁					
吉 林					
黑龙江	1	150	160	5980	28095
上 海					
江 苏					
浙 江	1	500	500	1300	118940
安 徽					
福 建					
江 西					
山 东	1	360	306	21000	20126
河 南	1	284	284	63560	24026
湖 北					
湖 南					
广 东					
广 西					
海 南					
重 庆					
四 川					
贵 州					
云 南					
西 藏					
陕 西					
甘 肃					
青 海					
宁 夏					
新 疆					

2-2 续表 58

(五金材料市场)

地　区	市场数量(个)	总摊位数(个)	年末出租摊位数(个)	营业面积(平方米)	成交额(万元)
全　国	**75**	**50772**	**46496**	**3600572**	**8633333**
北　京	1	536	536	8794	15568
天　津	2	875	875	360959	234975
河　北	1	1200	1200	120000	106000
山　西					
内蒙古					
辽　宁	1	1200	1150	21453	28375
吉　林					
黑龙江	1	1300	1300	40000	25910
上　海	2	3200	2993	294179	128268
江　苏	12	11376	9156	739097	2606206
浙　江	14	9391	8795	381935	1596011
安　徽	2	405	405	38773	154780
福　建	1	200	200	3900	53030
江　西					
山　东	11	7507	7068	599890	1304308
河　南	8	2731	2686	260340	324485
湖　北	1	547	547	29271	52000
湖　南	3	1350	1300	208090	387132
广　东	7	2330	1883	148730	429825
广　西					
海　南					
重　庆	4	4368	4156	143280	697125
四　川	2	2060	2060	183200	465000
贵　州					
云　南	2	196	186	18681	24335
西　藏					
陕　西					
甘　肃					
青　海					
宁　夏					
新　疆					

2-2　续表 59

(其他装修市场)

地　区	市场数量（个）	总摊位数（个）	年末出租摊位数（个）	营业面积（平方米）	成交额（万元）
全　国	**64**	**46860**	**43628**	**6172591**	**9972724**
北　京	2	1422	1241	132708	318605
天　津	3	3326	2726	534587	1059305
河　北	4	1240	1238	174700	324264
山　西					
内 蒙 古					
辽　宁	5	4060	3996	128577	244450
吉　林					
黑 龙 江	1	463	463	21000	112000
上　海	2	2300	2300	242600	121537
江　苏	10	6592	6045	1258312	1701762
浙　江	8	6561	6397	937600	1579990
安　徽	2	1012	566	126000	28080
福　建	2	496	496	222390	184471
江　西	3	1261	1168	54686	399806
山　东	7	5930	5285	835822	1235091
河　南					
湖　北	2	688	673	51200	151739
湖　南	3	4499	4499	580168	2100412
广　东					
广　西	1	400	400	100000	80000
海　南					
重　庆					
四　川	1	1500	1275	98370	51375
贵　州					
云　南	2	630	630	73976	74657
西　藏					
陕　西					
甘　肃	4	3573	3373	485295	129730
青　海					
宁　夏	1	169	169	16000	10444
新　疆	1	688	688	98600	65006

2-2 续表 60

(汽车、摩托车及零配件市场)

地 区	市场数量(个)	总摊位数(个)	年末出租摊位数(个)	营业面积(平方米)	成交额(万元)
全 国	**273**	**83761**	**72488**	**13180029**	**51818098**
北 京	16	5162	4724	979311	4968356
天 津	3	1727	1720	355534	2601087
河 北	11	3933	3843	756560	898593
山 西	2	464	439	113000	33960
内 蒙 古	1	43	43	2600	19335
辽 宁	7	3496	3072	413790	2928915
吉 林	3	5885	2898	585870	2493045
黑 龙 江	2	1220	1220	41000	41126
上 海	13	1967	1964	223937	2215933
江 苏	24	4557	3854	1359627	3471810
浙 江	45	8602	6375	1094454	8414057
安 徽	8	2956	1592	330262	1118531
福 建	6	609	591	102960	737907
江 西	6	2680	2409	229500	684405
山 东	31	9095	8893	1080443	3283785
河 南	12	3413	3270	575260	1622329
湖 北	9	2881	2410	492000	2645564
湖 南	13	8185	7398	502094	2610159
广 东	28	4971	4895	1264473	5043319
广 西	4	629	566	616121	474993
海 南					
重 庆	8	3806	3342	540637	3161961
四 川	5	1916	1916	240404	633658
贵 州	3	432	428	59000	91450
云 南	5	1643	1358	543457	392960
西 藏					
陕 西	2	1396	1396	36542	625183
甘 肃	1	96	96	10440	26750
青 海	1	145	145	14000	12000
宁 夏	1	1150	950	229000	28259
新 疆	3	702	681	387753	538668

2-2　续表 61

(汽车市场)

地　区	市场数量(个)	总摊位数(个)	年末出租摊位数(个)	营业面积(平方米)	成交额(万元)
全　国	**181**	**43297**	**34763**	**9917165**	**41898821**
北　京	9	1554	1279	676861	4441407
天　津	3	1727	1720	355534	2601087
河　北	6	1232	1226	417660	436236
山　西	1	38	13	43000	18960
内蒙古	1	43	43	2600	19335
辽　宁	4	1928	1868	247790	2282612
吉　林	3	5885	2898	585870	2493045
黑龙江	2	1220	1220	41000	41126
上　海	9	379	376	119748	1689732
江　苏	18	2272	1823	1052827	2844361
浙　江	38	5589	3362	855313	7389788
安　徽	5	1789	959	276000	961344
福　建	5	379	361	96260	697464
江　西	4	1364	1199	161000	229237
山　东	14	4281	4271	745970	2043721
河　南	6	408	408	330166	581229
湖　北	6	601	430	221000	1141834
湖　南	5	1702	1337	235904	2200540
广　东	17	1775	1752	1050172	4549470
广　西	3	283	244	606221	461313
海　南					
重　庆	7	3134	2670	500637	2666961
四　川	5	1916	1916	240404	633658
贵　州	1	82	78	6000	37900
云　南	3	743	558	383333	280807
西　藏					
陕　西	1	976	976	35142	576727
甘　肃					
青　海	1	145	145	14000	12000
宁　夏	1	1150	950	229000	28259
新　疆	3	702	681	387753	538668

2-2 续表 62

(摩托车市场)

地　区	市场数量(个)	总摊位数(个)	年末出租摊位数(个)	营业面积(平方米)	成交额(万元)
全　国	**13**	**4888**	**4221**	**307528**	**947254**
北　京					
天　津					
河　北	1	898	814	50000	38536
山　西					
内蒙古					
辽　宁					
吉　林					
黑龙江					
上　海					
江　苏					
浙　江	1	220	220	15226	32280
安　徽	2	967	433	47162	137187
福　建					
江　西					
山　东					
河　南	2	1176	1176	106000	85300
湖　北	1	100	100	2000	59280
湖　南	3	413	388	26800	59241
广　东					
广　西	1	346	322	9900	13680
海　南					
重　庆	1	672	672	40000	495000
四　川					
贵　州					
云　南					
西　藏					
陕　西					
甘　肃	1	96	96	10440	26750
青　海					
宁　夏					
新　疆					

2-2 续表 63

(机动车零配件市场)

地 区	市场数量（个）	总摊位数（个）	年末出租摊位数（个）	营业面积（平方米）	成交额（万元）
全 国	**79**	**35576**	**33504**	**2955336**	**8972023**
北 京	7	3608	3445	302450	526949
天 津					
河 北	4	1803	1803	288900	423821
山 西	1	426	426	70000	15000
内蒙古					
辽 宁	3	1568	1204	166000	646303
吉 林					
黑龙江					
上 海	4	1588	1588	104189	526201
江 苏	6	2285	2031	306800	627449
浙 江	6	2793	2793	223915	991989
安 徽	1	200	200	7100	20000
福 建	1	230	230	6700	40443
江 西	2	1316	1210	68500	455168
山 东	17	4814	4622	334473	1240064
河 南	4	1829	1686	139094	955800
湖 北	2	2180	1880	269000	1444450
湖 南	5	6070	5673	239390	350378
广 东	11	3196	3143	214301	493849
广 西					
海 南					
重 庆					
四 川					
贵 州	2	350	350	53000	53550
云 南	2	900	800	160124	112153
西 藏					
陕 西	1	420	420	1400	48456
甘 肃					
青 海					
宁 夏					
新 疆					

2-2 续表 64

(花鸟鱼虫市场)

地区	市场数量(个)	总摊位数(个)	年末出租摊位数(个)	营业面积(平方米)	成交额(万元)
全国	**28**	**20587**	**19654**	**6584109**	**3982867**
北京	1	210	210	3000	18250
天津	1	800	800	40000	16350
河北	1	470	456	19290	51500
山西					
内蒙古					
辽宁	2	2200	2200	16000	38000
吉林					
黑龙江					
上海	1	380	360	35800	16200
江苏	4	3510	3152	419000	1221631
浙江	3	1494	1139	103854	192866
安徽	2	1600	1600	248000	110000
福建	2	398	398	31855	72668
江西					
山东	2	1600	1600	139960	408720
河南	2	1158	1158	34000	875488
湖北					
湖南	1	410	410	108000	14200
广东	3	2372	2336	5251350	502507
广西					
海南					
重庆					
四川	1	485	485	20000	45487
贵州					
云南	1	3000	2850	14000	367000
西藏					
陕西					
甘肃					
青海					
宁夏					
新疆	1	500	500	100000	32000

2-2 续表 65

(花卉市场)

地区	市场数量(个)	总摊位数(个)	年末出租摊位数(个)	营业面积(平方米)	成交额(万元)
全国	**24**	**18344**	**17502**	**6521708**	**3859587**
北京	1	210	210	3000	18250
天津					
河北	1	470	456	19290	51500
山西					
内蒙古					
辽宁	1	1200	1200	4000	26000
吉林					
黑龙江					
上海	1	380	360	35800	16200
江苏	4	3510	3152	419000	1221631
浙江	2	1194	930	99828	158216
安徽	2	1600	1600	248000	110000
福建	1	255	255	25480	12388
江西					
山东	2	1600	1600	139960	408720
河南	2	1158	1158	34000	875488
湖北					
湖南	1	410	410	108000	14200
广东	3	2372	2336	5251350	502507
广西					
海南					
重庆					
四川	1	485	485	20000	45487
贵州					
云南	1	3000	2850	14000	367000
西藏					
陕西					
甘肃					
青海					
宁夏					
新疆	1	500	500	100000	32000

2-2 续表 66

(观赏鱼市场)

地　区	市场数量(个)	总摊位数(个)	年末出租摊位数(个)	营业面积(平方米)	成交额(万元)
全　国	**1**	**1000**	**1000**	**12000**	**12000**
北　京					
天　津					
河　北					
山　西					
内蒙古					
辽　宁	1	1000	1000	12000	12000
吉　林					
黑龙江					
上　海					
江　苏					
浙　江					
安　徽					
福　建					
江　西					
山　东					
河　南					
湖　北					
湖　南					
广　东					
广　西					
海　南					
重　庆					
四　川					
贵　州					
云　南					
西　藏					
陕　西					
甘　肃					
青　海					
宁　夏					
新　疆					

2-2 续表 67

(其他花鸟鱼虫市场)

地区	市场数量(个)	总摊位数(个)	年末出租摊位数(个)	营业面积(平方米)	成交额(万元)
全国	**3**	**1243**	**1152**	**50401**	**111280**
北京					
天津	1	800	800	40000	16350
河北					
山西					
内蒙古					
辽宁					
吉林					
黑龙江					
上海					
江苏					
浙江	1	300	209	4026	34650
安徽					
福建	1	143	143	6375	60280
江西					
山东					
河南					
湖北					
湖南					
广东					
广西					
海南					
重庆					
四川					
贵州					
云南					
西藏					
陕西					
甘肃					
青海					
宁夏					
新疆					

2-2 续表 68

(旧货市场)

地　区	市场数量(个)	总摊位数(个)	年末出租摊位数(个)	营业面积(平方米)	成交额(万元)
全　国	**20**	**8604**	**8161**	**371205**	**863903**
北　京	1	3196	3196	14968	62629
天　津					
河　北	1	242	242	15000	18000
山　西					
内蒙古					
辽　宁					
吉　林	1	475	475	32000	13861
黑龙江					
上　海					
江　苏	1	75	71	37000	19000
浙　江	8	2140	1820	139520	556720
安　徽					
福　建	1	28	26	2500	10983
江　西	1	656	656	15000	14121
山　东	2	516	460	47000	48037
河　南	1	507	446	13120	15000
湖　北					
湖　南					
广　东	1	630	630	3000	12500
广　西					
海　南					
重　庆					
四　川					
贵　州					
云　南	2	139	139	52097	93052
西　藏					
陕　西					
甘　肃					
青　海					
宁　夏					
新　疆					

2-2　续表 69

(古玩、古董、字画市场)

地　区	市场数量 (个)	总摊位数 (个)	年末出租摊位数 (个)	营业面积 (平方米)	成交额 (万元)
全　国	**3**	**1165**	**1102**	**18620**	**38483**
北　京					
天　津					
河　北					
山　西					
内蒙古					
辽　宁					
吉　林					
黑龙江					
上　海					
江　苏					
浙　江					
安　徽					
福　建	1	28	26	2500	10983
江　西					
山　东					
河　南	1	507	446	13120	15000
湖　北					
湖　南					
广　东	1	630	630	3000	12500
广　西					
海　南					
重　庆					
四　川					
贵　州					
云　南					
西　藏					
陕　西					
甘　肃					
青　海					
宁　夏					
新　疆					

2-2 续表 70

(其他旧货市场)

地　区	市场数量 (个)	总摊位数 (个)	年末出租摊位数 (个)	营业面积 (平方米)	成交额 (万元)
全　国	**17**	**7439**	**7059**	**352585**	**825420**
北　京	1	3196	3196	14968	62629
天　津					
河　北	1	242	242	15000	18000
山　西					
内蒙古					
辽　宁					
吉　林	1	475	475	32000	13861
黑龙江					
上　海					
江　苏	1	75	71	37000	19000
浙　江	8	2140	1820	139520	556720
安　徽					
福　建					
江　西	1	656	656	15000	14121
山　东	2	516	460	47000	48037
河　南					
湖　北					
湖　南					
广　东					
广　西					
海　南					
重　庆					
四　川					
贵　州					
云　南	2	139	139	52097	93052
西　藏					
陕　西					
甘　肃					
青　海					
宁　夏					
新　疆					

2-2 续表 71

(其他专业市场)

地 区	市场数量 (个)	总摊位数 (个)	年末出租摊位数 (个)	营业面积 (平方米)	成交额 (万元)
全 国	**45**	**26759**	**21112**	**1913024**	**4056832**
北 京	2	169	169	81130	27721
天 津					
河 北	3	2915	2865	195800	990126
山 西					
内蒙古	1	510	510	12000	88322
辽 宁	1	3400	3400	80000	49000
吉 林					
黑龙江					
上 海	5	1149	1115	52800	505941
江 苏	4	1065	896	41550	233200
浙 江	7	1565	1504	159450	762890
安 徽	2	1463	1463	125500	56135
福 建					
江 西	1	871	871	203468	40651
山 东	7	3439	3094	319550	232242
河 南	5	2340	2257	340800	811539
湖 北					
湖 南					
广 东	3	1036	985	31386	50631
广 西					
海 南	1	37	37	8900	13800
重 庆					
四 川	1	1200	680	18000	78600
贵 州	1	600	574	200000	88113
云 南	1	5000	692	42690	27921
西 藏					
陕 西					
甘 肃					
青 海					
宁 夏					
新 疆					

2-3 商品交易市场情况(按营业状态分)

(常年营业)

地　区	市场数量(个)	总摊位数(个)	年末出租摊位数(个)	营业面积(平方米)	成交额(万元)
全　国	**4973**	**3612680**	**3291636**	**257580847**	**812925687**
北　京	138	130442	115458	7112453	25366585
天　津	77	53944	51119	5231306	25657864
河　北	262	330378	298775	25923295	43491362
山　西	39	32999	29506	2520676	4955882
内蒙古	68	41619	37951	6326490	6926658
辽　宁	215	193510	178740	8038915	37027815
吉　林	65	61709	55385	3084981	6401777
黑龙江	95	68712	64620	3115399	9095022
上　海	179	80069	75296	7576958	67807902
江　苏	568	382591	343831	30156626	139848504
浙　江	725	479436	430773	28654532	130636468
安　徽	131	104184	93351	8916217	21837638
福　建	158	62802	54999	3335667	15372755
江　西	93	70421	64150	3576687	12827300
山　东	527	369712	350744	35001168	72172562
河　南	173	134780	124514	10424437	19914506
湖　北	175	88888	81056	5604349	14571385
湖　南	310	190198	179734	9624759	24788620
广　东	365	214758	191176	19948017	50572728
广　西	88	73209	68551	4251620	10446787
海　南	8	4499	4459	94373	180826
重　庆	129	93544	85298	6216028	29873359
四　川	112	108414	102610	5834361	15168120
贵　州	33	20978	20086	1194274	3705490
云　南	54	70210	55026	3838702	7259021
西　藏					
陕　西	39	29868	28389	1012716	2702636
甘　肃	43	36077	30351	2256249	4189772
青　海	9	8081	6000	519357	381839
宁　夏	29	21979	20868	3028359	2263031
新　疆	66	54669	48820	5161876	7481473

2-3　续表 1

(季节性营业)

地　区	市场数量（个）	总摊位数（个）	年末出租摊位数（个）	营业面积（平方米）	成交额（万元）
全　国	**95**	**42537**	**39224**	**4649326**	**6672278**
北　京	2	2656	1047	265000	111412
天　津					
河　北	15	7447	7207	759233	802932
山　西	1	460	460	18600	23529
内蒙古	6	552	552	447428	232360
辽　宁	6	1807	1807	98590	926010
吉　林	1	526	526	4000	31542
黑龙江	2	132	132	456250	284044
上　海					
江　苏	5	1591	1167	105714	124545
浙　江	5	1160	1111	105994	360631
安　徽	4	776	771	175190	71860
福　建	1	40	40	1300	27831
江　西	1	300	300	4000	26600
山　东	28	14324	13807	1498712	2067414
河　南	5	2600	2415	103850	388011
湖　北					
湖　南	2	1830	1760	26965	62610
广　东	5	2895	2681	306000	484800
广　西	3	572	572	120500	263022
海　南					
重　庆					
四　川					
贵　州					
云　南	1	24	24	70000	77213
西　藏					
陕　西					
甘　肃					
青　海					
宁　夏					
新　疆	2	2845	2845	82000	305912

2-3 续表 2

(其他)

地　区	市场数量 (个)	总摊位数 (个)	年末出租摊位数 (个)	营业面积 (平方米)	成交额 (万元)
全　国	**7**	**4303**	**3927**	**114866**	**574723**
北　京					
天　津					
河　北	1	402	387	21800	11650
山　西					
内蒙古					
辽　宁					
吉　林					
黑龙江					
上　海	1	91	91	36066	91236
江　苏	2	2000	1990	14000	100080
浙　江					
安　徽					
福　建					
江　西	1	376	368	13500	317635
山　东					
河　南					
湖　北	1	360	360	10500	19309
湖　南	1	1074	731	19000	34813
广　东					
广　西					
海　南					
重　庆					
四　川					
贵　州					
云　南					
西　藏					
陕　西					
甘　肃					
青　海					
宁　夏					
新　疆					

2-4 商品交易市场情况(按经营方式分)

(批发为主)

地区	市场数量(个)	总摊位数(个)	年末出租摊位数(个)	营业面积(平方米)	成交额(万元)
全国	**2905**	**2400253**	**2179681**	**199846030**	**693908114**
北京	64	85070	71752	4629018	17031032
天津	55	40192	38291	4227261	24605984
河北	208	276224	250123	23528797	41128465
山西	28	28452	25013	2191868	4685996
内蒙古	44	22142	19822	5874396	5387140
辽宁	102	87641	81057	4669151	31471825
吉林	25	26043	24789	1704027	3851166
黑龙江	42	35091	34163	2354354	7339908
上海	100	49692	46580	5879186	63772640
江苏	293	229243	201101	21729039	120872463
浙江	386	333111	300838	21971045	109572355
安徽	84	74151	67777	7164625	19424862
福建	68	29720	25978	2036518	11011422
江西	54	45852	41628	2627918	11361017
山东	386	275198	259393	30160814	64754557
河南	122	92748	84993	7867630	16623307
湖北	91	55193	50131	3641802	10801910
湖南	150	101107	95417	6759156	16939467
广东	240	153322	139002	17883265	44164759
广西	46	37548	34685	2839652	8507841
海南	3	784	784	63628	35913
重庆	69	64287	59584	4317827	24389391
四川	67	84950	80500	3790258	12234869
贵州	24	17235	16668	953833	3456647
云南	29	56918	42615	2897865	5978121
西藏					
陕西	25	18237	16908	714774	1739262
甘肃	31	25178	23046	1956844	3873218
青海	7	6819	4738	392707	343416
宁夏	16	9518	8729	1021179	1929510
新疆	46	38587	33576	3997593	6619651

2-4 续表

(零售为主)

地　区	市场数量(个)	总摊位数(个)	年末出租摊位数(个)	营业面积(平方米)	成交额(万元)
全　国	**2170**	**1259267**	**1155106**	**62499009**	**126264574**
北　京	76	48028	44753	2748435	8446965
天　津	22	13752	12828	1004045	1051880
河　北	70	62003	56246	3175531	3177479
山　西	12	5007	4953	347408	293415
内蒙古	30	20029	18681	899522	1771878
辽　宁	119	107676	99490	3468354	6482000
吉　林	41	36192	31122	1384954	2582153
黑龙江	55	33753	30589	1217295	2039158
上　海	80	30468	28807	1733838	4126498
江　苏	282	156939	145887	8547301	19200666
浙　江	344	147485	131046	6789481	21424744
安　徽	51	30809	26345	1926782	2484636
福　建	91	33122	29061	1300449	4389164
江　西	41	25245	23190	966269	1810518
山　东	169	108838	105158	6339066	9485419
河　南	56	44632	41936	2660657	3679210
湖　北	85	34055	31285	1973047	3788784
湖　南	163	91995	86808	2911568	7946576
广　东	130	64331	54855	2370752	6892769
广　西	45	36233	34438	1532468	2201968
海　南	5	3715	3675	30745	144913
重　庆	60	29257	25714	1898201	5483968
四　川	45	23464	22110	2044103	2933251
贵　州	9	3743	3418	240441	248843
云　南	26	13316	12435	1010837	1358113
西　藏					
陕　西	14	11631	11481	297942	963374
甘　肃	12	10899	7305	299405	316554
青　海	2	1262	1262	126650	38423
宁　夏	13	12461	12139	2007180	333521
新　疆	22	18927	18089	1246283	1167734

2-5　商品交易市场情况(按经营环境分)

(露天式)

地　区	市场数量（个）	总摊位数（个）	年末出租摊位数（个）	营业面积（平方米）	成交额（万元）
全　国	**880**	**568180**	**515482**	**65836752**	**140678927**
北　京	21	28754	19135	2625096	8802179
天　津	15	16962	15099	1889278	3462390
河　北	100	123047	117440	9787530	10346680
山　西	7	2195	2158	297286	822910
内蒙古	30	11744	10425	4561885	4102141
辽　宁	42	22607	21691	2106593	7303693
吉　林	9	9660	7298	775046	760078
黑龙江	10	6862	6706	1339847	2687758
上　海	13	4602	4500	368949	3393825
江　苏	74	26976	24882	3276399	16046761
浙　江	71	37398	36347	3281249	14032155
安　徽	22	14977	14215	1119140	2783684
福　建	10	1483	1448	102560	1017596
江　西	12	11181	10908	878220	2693153
山　东	174	94218	89589	13728220	22981617
河　南	46	24088	21929	3468571	4635122
湖　北	26	13805	13225	938989	3492432
湖　南	28	17289	15363	1851923	3989248
广　东	48	19991	17494	5195427	5904413
广　西	11	2225	2113	1424441	5065656
海　南	1	412	412	51900	12813
重　庆	17	9013	7935	730489	4256502
四　川	25	15793	15420	1864818	3690486
贵　州	6	1524	1460	136650	1010843
云　南	14	10535	6035	695334	2340659
西　藏					
陕　西	7	6869	6869	220808	660235
甘　肃	13	13159	8814	595540	1901044
青　海	3	1526	1009	139507	87077
宁　夏	8	7195	6354	834071	924676
新　疆	17	12090	9209	1550986	1471101

2-5 续表 1

(封闭式)

地 区	市场数量 (个)	总摊位数 (个)	年末出租摊位数 (个)	营业面积 (平方米)	成交额 (万元)
全 国	**3526**	**2622520**	**2391085**	**156987668**	**544840171**
北 京	106	88002	82764	4161308	13560641
天 津	52	32010	31094	2749422	19641144
河 北	136	173799	153595	14442519	30875414
山 西	26	26810	23608	1962447	3812120
内蒙古	39	28848	26557	1953938	2659990
辽 宁	169	165292	151832	5128672	27491893
吉 林	52	47244	44356	1704481	4287270
黑龙江	86	61952	58016	2224023	6661308
上 海	124	55940	52227	3174837	51854433
江 苏	416	310253	279064	22180098	91981962
浙 江	568	395729	351868	21874316	93438160
安 徽	86	65140	58452	4919848	14786626
福 建	136	56966	49198	3073478	13875188
江 西	70	42989	38468	2264319	6849788
山 东	327	236605	225318	17176084	44273867
河 南	98	76763	70550	5730150	12468828
湖 北	121	64657	57688	4042962	10167045
湖 南	242	143560	136052	5991534	17201035
广 东	267	161425	141756	9980004	29210488
广 西	60	60852	57318	2436426	4378486
海 南	6	4050	4010	33573	154213
重 庆	96	72508	66890	4581170	17751040
四 川	74	80308	75768	3391805	9389460
贵 州	17	15829	15571	878533	2076098
云 南	37	57648	47113	2921956	4821692
西 藏					
陕 西	25	18457	17159	619226	1906748
甘 肃	21	17939	17209	1479415	1982512
青 海	5	4015	3814	279850	192972
宁 夏	18	13641	13379	2109050	1134754
新 疆	46	43289	40391	3522224	5954996

2-5 续表 2

(其他)

地区	市场数量(个)	总摊位数(个)	年末出租摊位数(个)	营业面积(平方米)	成交额(万元)
全国	**669**	**468820**	**428220**	**39520619**	**134653590**
北京	13	16342	14606	591049	3115177
天津	10	4972	4926	592606	2554330
河北	42	41381	35334	2474279	3083850
山西	7	4454	4200	279543	344381
内蒙古	5	1579	1521	258095	396887
辽宁	10	7418	7024	902240	3158239
吉林	5	5331	4257	609454	1385971
黑龙江	1	30	30	7779	30000
上海	43	19618	18660	4069238	12650880
江苏	85	48953	43042	4819843	32044406
浙江	91	47469	43669	3604961	23526784
安徽	27	24843	21455	3052419	4339188
福建	13	4393	4393	160929	507802
江西	13	16927	15442	451648	3628594
山东	54	53213	49644	5595576	6984492
河南	34	36529	34450	1329566	3198567
湖北	29	10786	10503	632898	931217
湖南	43	32253	30810	1827267	3695760
广东	55	36237	34607	5078586	15942627
广西	20	10704	9692	511253	1265667
海南	1	37	37	8900	13800
重庆	16	12023	10473	904369	7865817
四川	13	12313	11422	577738	2088174
贵州	10	3625	3055	179091	618549
云南	4	2051	1902	291412	173883
西藏					
陕西	7	4542	4361	172682	135653
甘肃	9	4979	4328	181294	306216
青海	1	2540	1177	100000	101790
宁夏	3	1143	1135	85238	203601
新疆	5	2135	2065	170666	361288

2-6 商品交易市场成交情况(按摊位分)

地区	粮油、食品、饮料、烟酒类		粮油、食品类		#粮油类	
	摊位数(个)	成交额(万元)	摊位数(个)	成交额(万元)	摊位数(个)	成交额(万元)
全国	**1093817**	**206306072**	**1001723**	**189355193**	**88667**	**26313158**
北京	39770	14690217	36150	13413305	3296	1892465
天津	22314	5156312	20919	4704279	1840	696054
河北	136111	11386797	127346	10641766	7739	1165964
山西	6496	1544769	6112	1285401	735	182631
内蒙古	10315	1105922	9731	1060950	714	152783
辽宁	36828	6886576	34577	6521154	3212	642083
吉林	11868	1388440	10746	1367355	2309	510300
黑龙江	14209	4285303	13001	4219066	1113	435671
上海	23278	7300040	21748	7075233	1563	844663
江苏	96283	24241050	88645	21591568	7602	3290593
浙江	135828	27650939	128957	25609475	7910	3219008
安徽	30852	5781682	27367	5188083	3294	750440
福建	27530	5259058	24686	4749663	1692	343942
江西	21611	6086577	19378	5582127	2970	1412301
山东	159856	24415303	146776	22530539	10687	2899887
河南	37216	5945628	31980	5482120	4313	1060392
湖北	27236	4504170	24042	4164692	2581	294037
湖南	61284	8041842	51997	6813204	7344	1132790
广东	55408	17830138	52508	16386695	5403	2303493
广西	23719	2850994	22303	2622906	2289	229728
海南	2607	87898	2214	77996	180	1722
重庆	24824	6150864	21935	5627150	2735	475731
四川	35708	5611473	33334	5287397	2493	841892
贵州	5081	1251735	4051	938629	1015	514121
云南	10540	1314281	8826	1241370	484	284599
西藏						
陕西	9816	1344998	7404	1260945	761	300326
甘肃	8518	1355579	7593	1210867	746	212835
青海	1095	171996	965	153536	425	79929
宁夏	5508	423106	5247	400164	310	9325
新疆	12108	2242385	11185	2147558	912	133453

2-6　续表 1

地　区	#肉禽蛋类		#水产品类		#蔬菜类	
	摊位数（个）	成交额（万元）	摊位数（个）	成交额（万元）	摊位数（个）	成交额（万元）
全　国	**134630**	**26796363**	**156584**	**37887989**	**425897**	**52386956**
北　京	4774	1468832	3895	2088403	12091	3445890
天　津	1218	383655	1498	1375866	13284	1235520
河　北	7704	1116226	4610	483938	86271	5445557
山　西	193	48808	221	36545	3422	640163
内蒙古	1081	171580	950	59935	4989	498296
辽　宁	5221	781914	6328	2242950	12387	1439526
吉　林	1306	44784	1842	106112	3214	519613
黑龙江	2295	577169	1730	143374	4404	1839778
上　海	3469	1444369	4174	2361401	9394	1413550
江　苏	17794	4631907	16474	5331724	31694	4269021
浙　江	17416	3788111	41419	6657549	41203	5453006
安　徽	6133	1189981	3089	902559	9369	1234816
福　建	4833	658064	6295	2082188	6981	957104
江　西	4258	923225	1685	353906	6969	1232459
山　东	9560	1066909	33657	5327935	67257	8746503
河　南	2468	220184	2227	489559	13179	1863082
湖　北	3272	347241	3580	1266188	8466	918306
湖　南	9358	1040917	4718	1278533	16491	1775163
广　东	12502	3233411	9252	2689082	16164	3118957
广　西	6213	831068	2217	171707	7836	754041
海　南	546	31467	500	29757	724	12842
重　庆	3429	694849	2217	1525100	7649	1046071
四　川	3748	1094717	1276	391343	20841	1986552
贵　州	587	58281	126	5109	1409	106367
云　南	1790	197495	517	48631	3861	458523
西　藏						
陕　西	1160	95316	477	39855	4025	750375
甘　肃	639	205187	661	174040	4039	367559
青　海	10	279	5	301	462	68004
宁　夏	433	101863	179	12071	3477	180806
新　疆	1220	348554	765	212328	4345	609506

2-6 续表 2

地区	#干鲜果品类		饮料类		烟酒类	
	摊位数(个)	成交额(万元)	摊位数(个)	成交额(万元)	摊位数(个)	成交额(万元)
全国	**155291**	**38226126**	**48964**	**8918110**	**43130**	**8032769**
北京	8668	3819927	1705	492191	1915	784721
天津	2420	848047	637	177636	758	274397
河北	19923	2252832	3877	263030	4888	482001
山西	1463	360198	68	9169	316	250199
内蒙古	1505	116800	215	7878	369	37094
辽宁	4676	694994	1132	183146	1119	182276
吉林	808	123068	599	13212	523	7873
黑龙江	2841	1189296	627	39452	581	26785
上海	1994	904430	1174	167974	356	56833
江苏	11823	2906248	4318	1557102	3320	1092380
浙江	16806	5481694	4729	1291794	2142	749670
安徽	4644	1039608	2113	322490	1372	271109
福建	2553	424877	2333	364243	511	145152
江西	3347	1269575	1085	196227	1148	308223
山东	21335	3781707	5261	870410	7819	1014354
河南	7939	1631546	2709	269276	2527	194232
湖北	4860	1129291	2265	232161	929	107317
湖南	10635	1313318	3784	353940	5503	874698
广东	7971	4922448	1881	1122481	1019	320962
广西	3471	624230	724	153732	692	74356
海南	264	2208	148	3555	245	6347
重庆	3718	1216455	1357	253564	1532	270150
四川	4022	861794	1217	160589	1157	163487
贵州	754	249239	641	154557	389	158549
云南	1164	234362	1158	55382	556	17529
西藏						
陕西	940	71558	2119	78992	293	5061
甘肃	1001	207811	349	41426	576	103286
青海	63	5023	72	9168	58	9292
宁夏	836	95888	157	20742	104	2200
新疆	2847	447654	510	52591	413	42236

2-6　续表 3

地　区	服装、鞋帽、针纺织品类		服装类		鞋帽类	
	摊位数（个）	成交额（万元）	摊位数（个）	成交额（万元）	摊位数（个）	成交额（万元）
全　国	**940241**	**126321888**	**571265**	**54330729**	**146792**	**13877214**
北　京	28660	898502	20522	587329	3239	122612
天　津	9840	779717	7282	580320	2082	177297
河　北	51640	7932839	32725	4840024	7649	1027271
山　西	14725	745757	11651	487135	2394	214143
内蒙古	13851	713106	9271	514463	2778	143099
辽　宁	76647	9254574	45820	5679014	13852	1287987
吉　林	18759	761057	13687	642796	2160	59273
黑龙江	30250	1404353	16646	978147	6282	197412
上　海	12637	1008587	9523	864509	1277	18183
江　苏	86209	29857309	41331	8131465	14433	2013851
浙　江	131300	29840859	60486	8159149	12497	1403394
安　徽	21249	1646562	11457	1015870	3837	323298
福　建	13176	2519282	11162	2012828	1098	103182
江　西	15740	2236322	9562	1250435	3091	425000
山　东	83479	9271795	50239	4333018	15250	1773481
河　南	41376	1838180	24121	1236889	10551	286198
湖　北	20207	1278528	15577	938566	2525	230925
湖　南	51719	2516548	35821	1586703	8612	471644
广　东	68557	10627939	40152	3332874	8815	1340233
广　西	24632	653345	17402	478138	3464	79942
海　南	1211	43697	997	41124	185	2254
重　庆	20188	3751979	12236	1739608	4086	998119
四　川	30564	1687876	21383	1112055	4636	348662
贵　州	8178	740349	6096	541887	1373	137137
云　南	21767	2251660	16756	1845120	3536	264951
西　藏						
陕　西	12215	462394	8700	218598	1763	162693
甘　肃	8365	592861	6424	521273	744	21606
青　海	2348	72404	1556	53327	330	8258
宁　夏	6356	165008	3661	97235	1162	23969
新　疆	14396	768499	9019	510830	3091	211140

2-6 续表 4

地　区	针纺织品类		化妆品类		金银珠宝类	
	摊位数(个)	成交额(万元)	摊位数(个)	成交额(万元)	摊位数(个)	成交额(万元)
全　国	**222184**	**58113945**	**28889**	**2740653**	**15911**	**4074173**
北　京	4899	188561	881	62588	612	34489
天　津	476	22100	380	29233	166	8029
河　北	11266	2065544	1972	304185	790	29088
山　西	680	44479	237	30860	9	355
内蒙古	1802	55544	728	27977	74	36824
辽　宁	16975	2287573	2253	305429	2191	80770
吉　林	2912	58988	391	8938	37	1206
黑龙江	7322	228794	1265	46898	63	32859
上　海	1837	125895	42	2690	11	377
江　苏	30445	19711993	2021	224268	3070	703234
浙　江	58317	20278316	2155	313215	963	715055
安　徽	5955	307394	1126	97895	228	20458
福　建	916	403272	122	19593	1880	1128898
江　西	3087	560887	856	113624	55	6091
山　东	17990	3165296	3182	356479	1996	594541
河　南	6704	315093	1942	105398	459	105832
湖　北	2105	109037	491	93332	43	86511
湖　南	7286	458201	1526	118603	181	15012
广　东	19590	5954832	2071	154338	2174	371982
广　西	3766	95265	881	22002	34	505
海　南	29	319	50	866		
重　庆	3866	1014252	576	57620	21	7914
四　川	4545	227159	1387	75003	76	9740
贵　州	709	61325	75	17134	5	120
云　南	1475	141589	433	27849	514	17307
西　藏						
陕　西	1752	81103	188	4499		
甘　肃	1197	49982	422	59362	32	3613
青　海	462	10819	187	9789		
宁　夏	1533	43804	315	15053	42	1241
新　疆	2286	46529	734	35933	185	62122

2-6　续表 5

地　　区	日用品类		#洗涤用品类		#儿童玩具类	
	摊位数（个）	成交额（万元）	摊位数（个）	成交额（万元）	摊位数（个）	成交额（万元）
全　　国	**183087**	**28230366**	**43063**	**4494197**	**30624**	**3203349**
北　　京	13097	989202	3239	437817	1230	41639
天　　津	1981	232963	174	33959	73	3960
河　　北	16574	2913444	5341	1377723	9342	1297294
山　　西	2057	373372	317	13836	313	13298
内 蒙 古	1338	144793	427	18344	292	5396
辽　　宁	12727	2054898	2005	150237	1054	64315
吉　　林	2003	83053	219	6406	106	2032
黑 龙 江	3625	158243	2035	45580	655	37805
上　　海	1585	3227247	136	43830	25	12770
江　　苏	22067	4412162	2850	250801	2376	258995
浙　　江	24384	4708322	4063	288429	2949	400550
安　　徽	3768	242041	1398	105017	446	37074
福　　建	1859	273525	284	25181	68	5714
江　　西	3210	409012	1114	129218	448	40952
山　　东	20868	2259475	5458	242175	3564	238784
河　　南	5814	438732	2120	94614	1352	95505
湖　　北	3640	413153	1131	118700	298	41255
湖　　南	7117	525921	3486	252620	1084	125014
广　　东	14163	2492474	1946	120870	1365	204837
广　　西	2969	94620	387	15160	1425	20783
海　　南	54	1365	41	1240	5	65
重　　庆	5034	719703	1670	328613	661	134675
四　　川	1962	342628	971	66951	262	23300
贵　　州	1644	198323	310	157105	54	3004
云　　南	4206	137315	341	10878	488	29809
西　　藏						
陕　　西	349	3359	121	1982	39	732
甘　　肃	1249	205518	433	85444	183	50609
青　　海	241	11720	140	5645	56	3525
宁　　夏	892	32528	141	5813	43	825
新　　疆	2610	131255	765	60009	368	8833

2-6 续表 6

地区	五金、电料类		体育、娱乐用品类		书报杂志类	
	摊位数（个）	成交额（万元）	摊位数（个）	成交额（万元）	摊位数（个）	成交额（万元）
全国	**106198**	**18002291**	**12407**	**1562742**	**5377**	**749938**
北京	1841	124833	1126	191061	240	19615
天津	2855	638620	58	11457	26	296
河北	4275	1122579	1286	361376	276	54116
山西	697	155663	96	7279		
内蒙古	750	150596	298	22273	86	562
辽宁	4593	323531	512	22261	671	23338
吉林	1950	58689	32	881	24	747
黑龙江	1587	55028	113	15153	32	901
上海	3845	200999	198	32466	52	17386
江苏	15343	3621625	877	50860	445	67460
浙江	18044	3728355	1390	205129	146	35897
安徽	2936	392373	615	34370	395	181651
福建	756	155461	62	2918	11	117
江西	1210	309030	105	5194	92	10514
山东	10274	1861726	1300	173000	621	51471
河南	4905	745145	913	55810	426	88168
湖北	3035	461892	189	29161	325	60807
湖南	6079	1250629	1009	139180	530	70711
广东	4990	1031540	543	68076	145	39161
广西	1100	48254	353	12299	17	192
海南	5	110	6	168		
重庆	4175	703868	419	47160	57	964
四川	4957	600378	181	7783	115	2105
贵州	158	5173	16	447	12	147
云南	554	34700	16	120	8	85
西藏						
陕西	468	23347	68	2094	6	64
甘肃	1781	48646	211	42100	327	1221
青海	170	7298	25	3471		
宁夏	193	7073	11	346	30	9268
新疆	2672	135130	379	18849	262	12974

2-6 续表 7

地区	电子出版物及音像制品类		家用电器和音像器材类		中西药品类	
	摊位数（个）	成交额（万元）	摊位数（个）	成交额（万元）	摊位数（个）	成交额（万元）
全国	**9170**	**1846473**	**35434**	**7813080**	**27529**	**8504600**
北京	47	4829	2175	338053	24	1533
天津	28	1707	158	16287	5	250
河北	1462	1031172	492	67128	6593	1065359
山西	34	2953	187	15647		
内蒙古	107	985	391	36162	282	36192
辽宁	610	108297	2041	411613	396	283138
吉林	644	86742	417	24078	1432	548381
黑龙江	369	76979	438	646340	20	8138
上海	32	3632	328	90418	291	60663
江苏	603	127794	2201	655630	122	197033
浙江	137	38415	4000	607705	966	242203
安徽	243	7582	2404	744703	4846	3051562
福建	58	4557	612	84324	145	32591
江西	240	14949	1671	277020	469	171868
山东	665	25663	3359	857641	1018	60686
河南	701	22842	2505	627322	2970	236350
湖北	131	7276	619	70394	33	21218
湖南	1430	176258	3043	1062098	1505	418472
广东	572	46258	2346	337494	805	124744
广西	100	2990	489	18208	921	507274
海南			3	150	5	165
重庆	83	15073	721	383118	285	113434
四川	24	4417	536	62824	1922	853075
贵州	18	99	510	70548	56	1022
云南	112	1722	1597	32971	915	206111
西藏						
陕西	13	254	305	31874	427	35511
甘肃	279	15404	534	139102	435	47442
青海	1	20	78	742	3	70
宁夏	98	2658	31	495	446	170164
新疆	329	14946	1243	102991	192	9951

2-6 续表 8

地区					文化办公用品类	
	#西药类		#中草药及中成药类			
	摊位数（个）	成交额（万元）	摊位数（个）	成交额（万元）	摊位数（个）	成交额（万元）
全　国	**1307**	**309224**	**25171**	**7830676**	**62948**	**12187557**
北　京	14	893	6	231	4276	694911
天　津	5	250			515	46329
河　北	123	13107	6466	1052236	2329	447151
山　西					613	35099
内蒙古	51	3234	189	31816	703	83076
辽　宁	44	5353	338	276603	3571	1027241
吉　林	20	754	1357	541821	1026	152909
黑龙江	6	3006	3	2216	2119	402051
上　海	3	606	287	60000	1286	279860
江　苏	58	144106	36	3412	4254	734489
浙　江	7	341	596	78124	9161	1577004
安　徽	42	21767	4786	3024912	968	74639
福　建	26	1696	106	28472	1024	126439
江　西	17	4392	433	164254	1166	248788
山　东	139	17761	861	40603	5518	1126920
河　南	169	6412	2767	229520	4248	937472
湖　北	16	8192	13	1220	2500	490490
湖　南	90	24568	1272	387801	2858	637882
广　东	39	5698	753	117660	3375	502423
广　西	17	4617	875	502189	1053	168458
海　南	5	165			331	29962
重　庆	70	5620	41	3161	3076	1262969
四　川	11	1705	1908	851020	1099	500201
贵　州	1	14	55	1008	700	95785
云　南	46	2529	869	203582	773	19208
西　藏						
陕　西			422	35435	1611	111222
甘　肃	201	28102	234	19340	741	265419
青　海					112	3217
宁　夏	8	94	437	170014	392	14490
新　疆	79	4242	61	4026	1550	91453

2-6　续表 9

地　区	家具类		通讯器材类		煤炭及制品类	
	摊位数（个）	成交额（万元）	摊位数（个）	成交额（万元）	摊位数（个）	成交额（万元）
全　国	**84760**	**15564420**	**26443**	**2640047**	**2832**	**8255020**
北　京	4265	708940	1461	349015	1	4
天　津	769	12123	82	32145	856	3388828
河　北	8473	2920392	944	134757	349	771509
山　西	348	37655	14	386	12	85323
内蒙古	1224	148295	282	53413	94	1211521
辽　宁	6038	626303	1202	202916	8	230
吉　林	2889	138096	694	71326		
黑龙江	1005	128593	117	39951		
上　海	2183	221111	974	12749	10	11725
江　苏	12110	2215799	1393	88519	124	1057551
浙　江	10506	2419764	2161	253496	76	1414092
安　徽	1649	496544	59	6139	8	302
福　建	280	56729	253	21828		
江　西	2236	245003	141	80913		
山　东	6819	1396707	668	68930	75	15018
河　南	2200	422258	599	369613	93	1546
湖　北	3005	479006	759	181025	101	76350
湖　南	2531	483991	984	116462	39	2292
广　东	608	76376	11518	435776	1	120
广　西	1545	134421	59	3181		
海　南						
重　庆	2638	1365556	319	70700		
四　川	4879	232148	26	495		
贵　州	479	132300	12	756		
云　南	749	198799	1017	13751	7	130
西　藏						
陕　西	6	120	193	2451		
甘　肃	1887	91438	72	9201	8	878
青　海	224	11661	3	34		
宁　夏	253	15948	145	3806	711	30685
新　疆	2962	148344	292	16313	259	186916

2-6 续表 10

地　区	木材及制品类		石油及制品类		化工材料及制品类	
	摊位数（个）	成交额（万元）	摊位数（个）	成交额（万元）	摊位数（个）	成交额（万元）
全　国	**29721**	**8111872**	**1150**	**18666469**	**36018**	**29839835**
北　京	932	44448			222	17673
天　津	193	34001	2	286	442	2103362
河　北	966	145389	29	6813	8607	1683253
山　西	186	16461			4	1523
内蒙古	209	244776	23	838	66	32717
辽　宁	1241	121604	200	6000000	428	91779
吉　林	440	21859			1140	57703
黑龙江	138	14614			32	4077
上　海	1498	357225	536	12602500	1084	899362
江　苏	5586	1223017	12	3749	6059	11134671
浙　江	4003	1227053			4235	7067778
安　徽	878	463850	6	78	736	202201
福　建	400	61311	3	78	385	96549
江　西	446	38797			352	37366
山　东	5718	2761732	40	27218	3347	786841
河　南	379	203211	61	1652	1748	220499
湖　北	799	164471	4	620	256	30281
湖　南	1995	170709	16	7095	1154	125976
广　东	1264	516452	18	798	3427	4392798
广　西	385	72271			299	237972
海　南						
重　庆	400	120009	13	330	289	80739
四　川	184	16254			166	240673
贵　州	35	3991			2	205
云　南	119	9156	1	630	116	60722
西　藏						
陕　西	180	5000			30	2000
甘　肃	443	29695			17	301
青　海	13	1120				
宁　夏	2	36	10	1740	28	1891
新　疆	689	23360	176	12044	1347	228923

2-6　续表 11

地　区	#化肥类		金属材料类		建筑及装潢材料类	
	摊位数(个)	成交额(万元)	摊位数(个)	成交额(万元)	摊位数(个)	成交额(万元)
全　国	**4194**	**1191235**	**102650**	**182774387**	**224602**	**38379103**
北　京			355	49201	5880	730580
天　津	5	7360	2993	8754830	3228	880658
河　北	314	119657	13723	3318113	6639	1117994
山　西			240	848678	2360	557867
内蒙古	64	31831	746	1395096	1604	477903
辽　宁	12	930	5395	4040439	7740	1276786
吉　林	1112	50157	1393	141014	2454	185289
黑龙江	30	2450	1005	1672589	6220	271790
上　海	5	642	6131	37408696	12248	1176773
江　苏	298	206640	19500	42776129	40966	6318441
浙　江	3	1938	15765	25708958	23729	5333685
安　徽	386	180643	2819	5337011	8998	1345772
福　建			349	2411175	2943	1790557
江　西	35	1739	1061	636570	7074	1077089
山　东	484	249708	6819	14848733	21988	5147828
河　南	411	20066	2262	2966811	6989	1407476
湖　北	81	9550	3167	1756044	11057	1426976
湖　南	91	32754	1944	2266902	18384	2325260
广　东	1	11	2428	4810284	5899	807049
广　西	64	52071	1057	4435172	5225	532038
海　南						
重　庆	104	11641	3452	8269185	6794	2002983
四　川			2655	1951971	6068	1169588
贵　州			1326	874480	679	156797
云　南	41	37644	955	1481962	2745	383455
西　藏						
陕　西			9	41	816	42968
甘　肃	6	93	2002	1038161	1645	179842
青　海					754	21899
宁　夏	23	1521	1815	1169351	1442	45655
新　疆	624	172189	1284	2406791	2034	188105

2-6 续表 12

地区	机电产品及设备类		#农机类		汽车类	
	摊位数(个)	成交额(万元)	摊位数(个)	成交额(万元)	摊位数(个)	成交额(万元)
全国	**53582**	**13569174**	**5340**	**1795745**	**67765**	**52268826**
北京	453	230263			4724	4968356
天津	473	138300			1732	2634847
河北	5810	1227899	2039	800905	3857	1181741
山西	140	71160			462	410879
内蒙古	184	203004	64	144478	43	19335
辽宁	942	90405	23	37080	3113	2997094
吉林	674	37698	115	15959	3224	2542253
黑龙江	37	920			1220	41126
上海	913	102645			1969	2224743
江苏	9153	2319519	590	54670	3866	3611905
浙江	7337	2736427	11	3300	6504	8470359
安徽	2099	309718	330	88851	559	896949
福建	108	9059			591	737907
江西	694	339749	266	106529	2234	680290
山东	4468	1414799	695	254072	8613	3287178
河南	1288	187122	308	73088	2437	1546562
湖北	650	185426	197	107534	2357	2686719
湖南	4883	950206	74	4987	5842	2779708
广东	1395	423668	184	36183	4898	5046197
广西	1595	224597	5	800	244	461313
海南						
重庆	3909	1174897	9	1244	2512	2663549
四川	3810	950311	10	122	1916	633658
贵州					428	91450
云南	582	27543	118	10800	1051	368982
西藏						
陕西	2	26			1396	625183
甘肃	186	32150				
青海	21	1898			145	12000
宁夏	470	93044	177	43103	951	28601
新疆	1306	86721	125	12040	877	619942

2-6 续表 13

地区	种子饲料类		棉麻类		其他类	
	摊位数（个）	成交额（万元）	摊位数（个）	成交额（万元）	摊位数（个）	成交额（万元）
全　国	**7497**	**1336678**	**5681**	**5726178**	**171078**	**24700846**
北　京	6	160	87	950	5370	328574
天　津	132	53568	650	637088	1241	66628
河　北	2571	102835	41	2290	30560	4977725
山　西	5	820			1044	36905
内蒙古	134	23160	80	3512	4891	986980
辽　宁	248	180347	3	64	10949	1544192
吉　林	246	8150	203	1135	3971	113675
黑龙江	86	12458	10	281	792	60421
上　海	2	185	17	584	4237	656475
江　苏	311	77085	732	1455607	13681	2898223
浙　江	191	58950	688	1817419	28215	4826020
安　徽	329	19109	69	4500	6283	551807
福　建	209	256452			2283	352178
江　西	148	17448	133	4755	3874	124566
山　东	682	122575	2506	1719347	10672	1588370
河　南	248	11889	156	59327	4994	1757672
湖　北	91	11348			721	75496
湖　南	420	101304	99	9580	5653	573402
广　东	33	752			7219	920691
广　西	276	60554			2170	169149
海　南					187	16445
重　庆	413	162008	31	2043	5069	746694
四　川	134	12393	25	5710	4216	197416
贵　州	2	3	47	401	623	64225
云　南	124	12731			6149	735044
西　藏						
陕　西	20	439			271	4792
甘　肃	8	98	55	820	1134	30921
青　海					580	52500
宁　夏	92	5311	31	419	604	25114
新　疆	336	24546	18	346	3425	218546

（二）东中西部及东北地区

2-7 商品交易市场总体情况

地　区	市场数量（个）	总摊位数（个）	年末出租摊位数（个）	营业面积（平方米）	成交额（万元）
全　国	**5075**	**3659520**	**3334787**	**262345039**	**820172688**
东部地区	**3072**	**2141237**	**1946158**	**166148214**	**575290087**
北　京	140	133098	116505	7377453	25477997
天　津	77	53944	51119	5231306	25657864
河　北	278	338227	306369	26704328	44305944
上　海	180	80160	75387	7613024	67899138
江　苏	575	386182	346988	30276340	140073129
浙　江	730	480596	431884	28760526	130997099
福　建	159	62842	55039	3336967	15400586
山　东	555	384036	364551	36499880	74239976
广　东	370	217653	193857	20254017	51057528
海　南	8	4499	4459	94373	180826
东北地区	**384**	**326396**	**301210**	**14798135**	**53766210**
辽　宁	221	195317	180547	8137505	37953825
吉　林	66	62235	55911	3088981	6433319
黑龙江	97	68844	64752	3571649	9379066
中部地区	**937**	**629246**	**579476**	**41038730**	**99839698**
山　西	40	33459	29966	2539276	4979411
安　徽	135	104960	94122	9091407	21909498
江　西	95	71097	64818	3594187	13171535
河　南	178	137380	126929	10528287	20302517
湖　北	176	89248	81416	5614849	14590694
湖　南	313	193102	182225	9670724	24886043
西部地区	**682**	**562641**	**507943**	**40359960**	**91276693**
内蒙古	74	42171	38503	6773918	7159018
广　西	91	73781	69123	4372120	10709809
重　庆	129	93544	85298	6216028	29873359
四　川	112	108414	102610	5834361	15168120
贵　州	33	20978	20086	1194274	3705490
云　南	55	70234	55050	3908702	7336234
西　藏					
陕　西	39	29868	28389	1012716	2702636
甘　肃	43	36077	30351	2256249	4189772
青　海	9	8081	6000	519357	381839
宁　夏	29	21979	20868	3028359	2263031
新　疆	68	57514	51665	5243876	7787385

2-8 商品交易市场情况(按市场类别分)

(综合市场)

地 区	市场数量 (个)	总摊位数 (个)	年末出租摊位数 (个)	营业面积 (平方米)	成交额 (万元)
全 国	**1368**	**1276011**	**1173555**	**58996440**	**161028457**
东部地区	**809**	**694451**	**632773**	**35104392**	**98964665**
北 京	39	57000	53127	3099862	12833362
天 津	21	19922	18374	1020888	1963239
河 北	68	108783	105010	7664209	14036597
上 海	41	19956	19020	572626	3579227
江 苏	174	130772	117097	5620726	20906381
浙 江	230	186548	168206	9260003	28611776
福 建	65	32876	26636	961264	3002936
山 东	84	79675	73722	5215968	8021349
广 东	82	55127	47829	1616701	5882132
海 南	5	3792	3752	72145	127666
东北地区	**115**	**114081**	**107225**	**3391837**	**10373510**
辽 宁	66	64710	62039	2092318	6776971
吉 林	19	23963	21457	593767	793883
黑 龙 江	30	25408	23729	705752	2802656
中部地区	**277**	**270826**	**252413**	**12578887**	**33375370**
山 西	6	10210	9778	999663	3077343
安 徽	44	54294	50041	3994046	7961907
江 西	35	41897	38061	1132834	6569716
河 南	34	51093	48538	2135668	5051667
湖 北	42	27922	25976	1354331	2949785
湖 南	116	85410	80019	2962345	7764952
西部地区	**167**	**196653**	**181144**	**7921324**	**18314912**
内 蒙 古	6	8822	8571	581247	635611
广 西	25	29059	26819	765463	1766989
重 庆	40	50519	46260	2192453	8399983
四 川	30	39754	38860	803595	3260632
贵 州	3	2191	1896	35277	58892
云 南	13	9437	8886	183172	476531
西 藏					
陕 西	6	7260	7079	174470	98255
甘 肃	12	13780	10351	447480	784620
青 海	2	944	944	231650	61703
宁 夏	5	3599	3495	119520	215195
新 疆	25	31288	27983	2386997	2556501

2-8 续表 1

(生产资料综合市场)

地　区	市场数量（个）	总摊位数（个）	年末出租摊位数（个）	营业面积（平方米）	成交额（万元）
全　国	**57**	**59886**	**54428**	**7341888**	**13673462**
东部地区	**29**	**23228**	**21569**	**3151839**	**7505190**
北　京					
天　津	1	427	427	65000	38000
河　北	2	660	660	150050	105204
上　海	1	350	350	10000	26000
江　苏	9	13410	12067	1584370	1887202
浙　江	10	6927	6682	987669	5285915
福　建	1	94	94	30000	13059
山　东	5	1360	1289	324750	149810
广　东					
海　南					
东北地区	**10**	**12297**	**9147**	**426737**	**520349**
辽　宁	5	3440	2737	207353	259886
吉　林	5	8857	6410	219384	260463
黑龙江					
中部地区	**8**	**13997**	**13452**	**2422044**	**4004623**
山　西					
安　徽	2	8342	8342	1820000	2961441
江　西					
河　南					
湖　北	4	5425	4880	593774	1014761
湖　南	2	230	230	8270	28421
西部地区	**10**	**10364**	**10260**	**1341268**	**1643300**
内蒙古	1	25	25	20000	23198
广　西	1	200	200	15000	189000
重　庆	1	1600	1600	260000	693184
四　川	2	1954	1854	200000	233200
贵　州					
云　南	1	173	169	10920	12946
西　藏					
陕　西					
甘　肃					
青　海	1	350	350	110000	40000
宁　夏					
新　疆	3	6062	6062	725348	451772

2-8　续表 2

（工业消费品综合市场）

地　区	市场数量（个）	总摊位数（个）	年末出租摊位数（个）	营业面积（平方米）	成交额（万元）
全　国	**314**	**467851**	**439732**	**21455552**	**54396716**
东部地区	**155**	**264784**	**247983**	**14039537**	**34407528**
北　京	10	12887	12533	185603	840531
天　津	4	7504	7293	171994	465351
河　北	23	55560	54972	4037811	9806546
上　海	2	1600	1533	20000	56652
江　苏	24	35966	32069	968711	5897312
浙　江	31	83415	79501	5614197	9733666
福　建	5	5750	3378	207060	317574
山　东	33	42944	41118	2337580	5325226
广　东	23	19158	15586	496581	1964670
海　南					
东北地区	**49**	**49848**	**47771**	**1326091**	**2975623**
辽　宁	28	26467	25796	685076	1851420
吉　林	6	10026	9967	246000	366860
黑龙江	15	13355	12008	395015	757343
中部地区	**70**	**89341**	**83809**	**2966637**	**10855988**
山　西	2	1630	1376	65000	27240
安　徽	6	12486	11512	628950	886001
江　西	6	14282	13090	286080	2750858
河　南	19	26469	24277	891742	3071277
湖　北	11	8127	7768	360945	985926
湖　南	26	26347	25786	733920	3134686
西部地区	**40**	**63878**	**60169**	**3123287**	**6157577**
内蒙古	2	4819	4568	220000	39853
广　西	2	6772	6047	213000	168304
重　庆	9	25044	23898	1138948	3832597
四　川	7	6319	5758	226507	803340
贵　州					
云　南					
西　藏					
陕　西	1	980	980	25000	22091
甘　肃	10	8230	7427	436940	698137
青　海					
宁　夏	1	476	476	40000	51174
新　疆	8	11238	11015	822892	542081

2-8 续表 3

(农产品综合市场)

地 区	市场数量(个)	总摊位数(个)	年末出租摊位数(个)	营业面积(平方米)	成交额(万元)
全 国	**702**	**470260**	**429245**	**17795198**	**63251069**
东部地区	**498**	**300417**	**268113**	**11716294**	**41116457**
北 京	21	26299	24140	2455119	8686919
天 津	7	5136	4494	251199	677967
河 北	26	34643	32900	2348042	2747055
上 海	34	16254	15385	483196	3390945
江 苏	123	66295	58895	1961990	8886806
浙 江	170	82883	71049	1938427	9692772
福 建	45	19467	16658	325858	1430580
山 东	23	18288	16703	1106448	1939516
广 东	47	29591	26368	838815	3623617
海 南	2	1561	1521	7200	40280
东北地区	**29**	**19040**	**18643**	**807032**	**3269703**
辽 宁	16	9386	9154	492360	1239868
吉 林	3	1949	1949	71795	70207
黑龙江	10	7705	7540	242877	1959628
中部地区	**102**	**73384**	**69691**	**3539749**	**10738877**
山 西	2	2307	2307	267040	285660
安 徽	19	14370	13985	414915	2652566
江 西	13	12213	11776	386755	2373642
河 南	8	7903	7764	928488	1828214
湖 北	19	9935	9044	206580	535189
湖 南	41	26656	24815	1335971	3063606
西部地区	**73**	**77419**	**72798**	**1732123**	**8126032**
内蒙古	1	1012	1012	97752	58390
广 西	15	11766	11302	329848	1159724
重 庆	22	17643	14904	472862	3398302
四 川	15	28960	28730	269035	1981183
贵 州	1	912	773	1950	13343
云 南	7	5852	5743	82880	211844
西 藏					
陕 西	2	2136	1955	57000	24750
甘 肃	1	1000	886	10000	16820
青 海					
宁 夏	2	1625	1521	31020	36759
新 疆	7	6513	5972	379776	1224917

2-8　续表 4

(其他综合市场)

地　区	市场数量（个）	总摊位数（个）	年末出租摊位数（个）	营业面积（平方米）	成交额（万元）
全　国	**295**	**278014**	**250150**	**12403802**	**29707210**
东部地区	**127**	**106022**	**95108**	**6196722**	**15935490**
北　京	8	17814	16454	459140	3305912
天　津	9	6855	6160	532695	781921
河　北	17	17920	16478	1128306	1377792
上　海	4	1752	1752	59430	105630
江　苏	18	15101	14066	1105655	4235061
浙　江	19	13323	10974	719710	3899423
福　建	14	7565	6506	398346	1241723
山　东	23	17083	14612	1447190	606797
广　东	12	6378	5875	281305	293845
海　南	3	2231	2231	64945	87386
东北地区	**27**	**32896**	**31664**	**831977**	**3607835**
辽　宁	17	25417	24352	707529	3425797
吉　林	5	3131	3131	56588	96353
黑龙江	5	4348	4181	67860	85685
中部地区	**97**	**94104**	**85461**	**3650457**	**7775882**
山　西	2	6273	6095	667623	2764443
安　徽	17	19096	16202	1130181	1461899
江　西	16	15402	13195	459999	1445216
河　南	7	16721	16497	315438	152176
湖　北	8	4435	4284	193032	413909
湖　南	47	32177	29188	884184	1538239
西部地区	**44**	**44992**	**37917**	**1724646**	**2388003**
内蒙古	2	2966	2966	243495	514170
广　西	7	10321	9270	207615	249961
重　庆	8	6232	5858	320643	475900
四　川	6	2521	2518	108053	242909
贵　州	2	1279	1123	33327	45549
云　南	5	3412	2974	89372	251741
西　藏					
陕　西	3	4144	4144	92470	51414
甘　肃	1	4550	2038	540	69663
青　海	1	594	594	121650	21703
宁　夏	2	1498	1498	48500	127262
新　疆	7	7475	4934	458981	337731

2-8 续表 5

(专业市场)

地区	市场数量(个)	总摊位数(个)	年末出租摊位数(个)	营业面积(平方米)	成交额(万元)
全国	**3707**	**2383509**	**2161232**	**203348599**	**659144231**
东部地区	**2263**	**1446786**	**1313385**	**131043822**	**476325422**
北京	101	76098	63378	4277591	12644635
天津	56	34022	32745	4210418	23694625
河北	210	229444	201359	19040119	30269347
上海	139	60204	56367	7040398	64319911
江苏	401	255410	229891	24655614	119166748
浙江	500	294048	263678	19500523	102385323
福建	94	29966	28403	2375703	12397650
山东	471	304361	290829	31283912	66218627
广东	288	162526	146028	18637316	45175396
海南	3	707	707	22228	53160
东北地区	**269**	**212315**	**193985**	**11406298**	**43392700**
辽宁	155	130607	118508	6045187	31176854
吉林	47	38272	34454	2495214	5639436
黑龙江	67	43436	41023	2865897	6576410
中部地区	**660**	**358420**	**327063**	**28459843**	**66464328**
山西	34	23249	20188	1539613	1902068
安徽	91	50666	44081	5097361	13947591
江西	60	29200	26757	2461353	6601819
河南	144	86287	78391	8392619	15250850
湖北	134	61326	55440	4260518	11640909
湖南	197	107692	102206	6708379	17121091
西部地区	**515**	**365988**	**326799**	**32438636**	**72961781**
内蒙古	68	33349	29932	6192671	6523407
广西	66	44722	42304	3606657	8942820
重庆	89	43025	39038	4023575	21473376
四川	82	68660	63750	5030766	11907488
贵州	30	18787	18190	1158997	3646598
云南	42	60797	46164	3725530	6859703
西藏					
陕西	33	22608	21310	838246	2604381
甘肃	31	22297	20000	1808769	3405152
青海	7	7137	5056	287707	320136
宁夏	24	18380	17373	2908839	2047836
新疆	43	26226	23682	2856879	5230884

2-8 续表 6

(生产资料市场)

地　区	市场数量（个）	总摊位数（个）	年末出租摊位数（个）	营业面积（平方米）	成交额（万元）
全　国	**764**	**318061**	**285028**	**65483789**	**268081307**
东部地区	**486**	**202403**	**179440**	**42049313**	**206141528**
北　京	13	5207	4827	502642	714427
天　津	21	4694	4624	1519927	14361504
河　北	43	25704	24566	7891825	6262013
上　海	48	14397	13305	4067242	51813420
江　苏	122	65768	54123	7859682	59011254
浙　江	109	41237	37090	5678149	37762800
福　建	13	2969	2627	655362	4087772
山　东	89	30420	28245	10566699	21583661
广　东	28	12007	10033	3307785	10544677
海　南					
东北地区	**45**	**19060**	**17848**	**3452826**	**13547007**
辽　宁	26	9926	8916	1871126	10862768
吉　林	10	3290	3258	553700	252085
黑龙江	9	5844	5674	1028000	2432154
中部地区	**120**	**50265**	**44926**	**8044508**	**17797346**
山　西	3	182	157	115000	656323
安　徽	17	7308	6062	1840530	5000780
江　西	8	4193	3943	281415	1311093
河　南	20	6043	4581	2536989	3884236
湖　北	24	7465	7148	738673	2051255
湖　南	48	25074	23035	2531901	4893659
西部地区	**113**	**46333**	**42814**	**11937142**	**30595426**
内蒙古	15	2542	2459	3941420	3288441
广　西	19	7222	7026	1216860	5421891
重　庆	25	10766	9522	1492136	10172905
四　川	17	9247	8529	1655744	3856162
贵　州	7	1860	1760	214914	1000295
云　南	6	1565	1515	469595	1561658
西　藏					
陕　西	2	786	726	47280	34388
甘　肃	5	2064	2064	234266	1108149
青　海					
宁　夏	8	3982	3786	1887805	1311374
新　疆	9	6299	5427	777122	2840163

2-8 续表 7

(农业生产用具市场)

地　区	市场数量 (个)	总摊位数 (个)	年末出租摊位数 (个)	营业面积 (平方米)	成交额 (万元)
全　国	**19**	**6343**	**5216**	**1476522**	**1664105**
东部地区	**11**	**4445**	**4087**	**1138872**	**1233006**
北　京					
天　津					
河　北	4	3088	2848	809000	942343
上　海					
江　苏	1	550	470	45857	57125
浙　江					
福　建					
山　东	5	627	589	169000	197418
广　东	1	180	180	115015	36120
海　南					
东北地区					
辽　宁					
吉　林					
黑龙江					
中部地区	**5**	**1640**	**871**	**141500**	**343018**
山　西					
安　徽	1	791	310	51000	86000
江　西	1	301	133	8000	81400
河　南	1	360	240	56000	70000
湖　北	2	188	188	26500	105618
湖　南					
西部地区	**3**	**258**	**258**	**196150**	**88081**
内蒙古	2	60	60	180006	37978
广　西					
重　庆					
四　川					
贵　州					
云　南					
西　藏					
陕　西					
甘　肃					
青　海					
宁　夏	1	198	198	16144	50103
新　疆					

2-8 续表 8

(农用生产资料市场)

地区	市场数量(个)	总摊位数(个)	年末出租摊位数(个)	营业面积(平方米)	成交额(万元)
全国	**35**	**6894**	**6353**	**1118107**	**1765167**
东部地区	**17**	**3928**	**3665**	**491406**	**1004561**
北京					
天津					
河北	3	2112	2103	308800	113265
上海					
江苏	3	476	360	30270	172770
浙江	2	199	174	8380	50191
福建	2	347	236	22250	269690
山东	6	793	791	77750	387671
广东	1	1	1	43956	10974
海南					
东北地区	**3**	**736**	**726**	**132500**	**66742**
辽宁					
吉林	2	586	586	12500	50042
黑龙江	1	150	140	120000	16700
中部地区	**4**	**228**	**226**	**45840**	**88620**
山西					
安徽	2	166	166	8840	21860
江西					
河南					
湖北					
湖南	2	62	60	37000	66760
西部地区	**11**	**2002**	**1736**	**448361**	**605244**
内蒙古	2	162	162	226674	48560
广西	4	585	585	76900	204542
重庆	1	372	298	35017	152000
四川					
贵州					
云南	1	65	65	23680	57230
西藏					
陕西					
甘肃					
青海					
宁夏					
新疆	3	818	626	86090	142912

2-8 续表 9

(煤炭市场)

地　区	市场数量(个)	总摊位数(个)	年末出租摊位数(个)	营业面积(平方米)	成交额(万元)
全　国	**18**	**2428**	**2353**	**7017507**	**7238282**
东部地区	**12**	**1327**	**1253**	**3654207**	**5668287**
北　京					
天　津	4	856	856	2300	3388828
河　北	5	359	286	3045054	752482
上　海	1	10	10	1500	11725
江　苏	1	33	33	200000	126000
浙　江	1	69	68	405353	1389252
福　建					
山　东					
广　东					
海　南					
东北地区					
辽　宁					
吉　林					
黑龙江					
中部地区	**3**	**15**	**15**	**5800**	**158823**
山　西	2	12	12	3200	85323
安　徽					
江　西					
河　南					
湖　北	1	3	3	2600	73500
湖　南					
西部地区	**3**	**1086**	**1085**	**3357500**	**1411172**
内蒙古	1	29	28	2000100	1200000
广　西					
重　庆					
四　川					
贵　州					
云　南					
西　藏					
陕　西					
甘　肃					
青　海					
宁　夏	1	1012	1012	1355400	36052
新　疆	1	45	45	2000	175120

2-8 续表 10

(木材市场)

地　　区	市场数量(个)	总摊位数(个)	年末出租摊位数(个)	营业面积(平方米)	成交额(万元)
全　　国	**59**	**20495**	**18897**	**5525968**	**5942381**
东部地区	**48**	**17594**	**16203**	**4011815**	**5433787**
北　　京	1	600	600	40000	11342
天　　津					
河　　北					
上　　海	7	941	767	149426	297724
江　　苏	10	4926	4809	748107	807934
浙　　江	12	5529	4621	711432	1320407
福　　建					
山　　东	14	4496	4397	2152440	2532395
广　　东	4	1102	1009	210410	463985
海　　南					
东北地区	**2**	**375**	**372**	**227800**	**53821**
辽　　宁	1	200	200	2800	39260
吉　　林	1	175	172	225000	14561
黑 龙 江					
中部地区	**5**	**1881**	**1732**	**453653**	**145814**
山　　西					
安　　徽	1	161	161	310000	12500
江　　西					
河　　南					
湖　　北	1	400	350	35000	40000
湖　　南	3	1320	1221	108653	93314
西部地区	**4**	**645**	**590**	**832700**	**308959**
内 蒙 古	1	132	132	666700	223063
广　　西	2	263	263	126000	75696
重　　庆	1	250	195	40000	10200
四　　川					
贵　　州					
云　　南					
西　　藏					
陕　　西					
甘　　肃					
青　　海					
宁　　夏					
新　　疆					

2-8 续表 11

(建材市场)

地 区	市场数量 (个)	总摊位数 (个)	年末出租摊位数 (个)	营业面积 (平方米)	成交额 (万元)
全 国	**210**	**102665**	**91258**	**15926548**	**15288396**
东部地区	**113**	**55941**	**48795**	**9773902**	**8778612**
北 京	9	3682	3392	385851	391064
天 津	1	400	400	450000	144600
河 北	7	1533	1436	315710	141866
上 海	10	4305	4243	2847040	584863
江 苏	39	26503	21603	2866696	2782991
浙 江	19	6714	6016	818434	1430014
福 建	5	1609	1378	360476	1260369
山 东	21	10091	9296	1488685	1782141
广 东	2	1104	1031	241010	260704
海 南					
东北地区	**16**	**8219**	**7786**	**1417591**	**920085**
辽 宁	9	3164	2791	726391	726769
吉 林	4	819	819	153200	94336
黑 龙 江	3	4236	4176	538000	98980
中部地区	**54**	**27253**	**24452**	**3197431**	**3295753**
山 西					
安 徽	5	2962	2197	826000	326554
江 西	5	3193	3111	220494	639542
河 南	7	3151	2089	1123786	690438
湖 北	11	4033	3816	363973	464274
湖 南	26	13914	13239	663178	1174945
西部地区	**27**	**11252**	**10225**	**1537624**	**2293946**
内 蒙 古	3	862	780	149000	181729
广 西	5	3375	3336	214700	364610
重 庆	5	2363	1601	303577	672797
四 川	6	2893	2817	671773	846882
贵 州	3	390	390	48464	124830
云 南	1	150	150	42300	10450
西 藏					
陕 西	2	786	726	47280	34388
甘 肃	1	55	55	11066	43260
青 海					
宁 夏	1	378	370	49464	15000
新 疆					

2-8 续表 12

(化工材料及制品市场)

地区	市场数量(个)	总摊位数(个)	年末出租摊位数(个)	营业面积(平方米)	成交额(万元)
全国	**41**	**22234**	**18760**	**2059774**	**26234215**
东部地区	**34**	**19827**	**17145**	**1923250**	**25733779**
北京					
天津	3	434	434	10050	2095306
河北	3	802	755	83934	321872
上海	2	964	964	20000	883600
江苏	8	7143	5673	341380	11046178
浙江	9	3930	3500	497900	6589043
福建	1	110	110	13000	42309
山东	4	2698	2368	234626	430121
广东	4	3746	3341	722360	4325350
海南					
东北地区					
辽宁					
吉林					
黑龙江					
中部地区	**6**	**2041**	**1603**	**113100**	**270436**
山西					
安徽	1	337	337	3700	22734
江西					
河南	2	348	348	36800	161200
湖北					
湖南	3	1356	918	72600	86502
西部地区	**1**	**366**	**12**	**23424**	**230000**
内蒙古					
广西					
重庆					
四川	1	366	12	23424	230000
贵州					
云南					
西藏					
陕西					
甘肃					
青海					
宁夏					
新疆					

2-8 续表 13

(金属材料市场)

地　区	市场数量(个)	总摊位数(个)	年末出租摊位数(个)	营业面积(平方米)	成交额(万元)
全　国	**289**	**106900**	**95844**	**26584891**	**182017208**
东部地区	**197**	**74701**	**65480**	**17590383**	**139733977**
北　京	1	268	260	23235	22837
天　津	13	3004	2934	1057577	8732770
河　北	17	14567	13995	2637252	3278963
上　海	21	5790	4994	898576	37291018
江　苏	53	23197	18572	3412152	43352263
浙　江	47	16958	15809	2859651	25016690
福　建	3	297	297	166636	2399390
山　东	31	7386	6504	5253970	14987994
广　东	11	3234	2115	1281334	4652052
海　南					
东北地区	**19**	**8026**	**7526**	**1540392**	**6359559**
辽　宁	13	5694	5323	1108392	4031745
吉　林	1	874	845	62000	11340
黑龙江	5	1458	1358	370000	2316474
中部地区	**31**	**9120**	**8735**	**3299026**	**12606959**
山　西	1	170	145	111800	571000
安　徽	6	1691	1691	354022	4454900
江　西	2	699	699	52921	590151
河　南	10	2184	1904	1320403	2962598
湖　北	8	2776	2726	271600	1336493
湖　南	4	1600	1570	1188280	2691817
西部地区	**42**	**15053**	**14103**	**4155090**	**23316713**
内蒙古	4	477	477	546740	1301156
广　西	5	1049	1030	636260	4422300
重　庆	9	3706	3363	684542	8506291
四　川	7	2700	2450	783183	2207537
贵　州	4	1470	1370	166450	875465
云　南	3	890	840	362615	1474978
西　藏					
陕　西					
甘　肃	4	2009	2009	223200	1064889
青　海					
宁　夏	4	2098	1910	432071	1174597
新　疆	2	654	654	320029	2289500

2-8 续表 14

（机械设备市场）

地 区	市场数量（个）	总摊位数（个）	年末出租摊位数（个）	营业面积（平方米）	成交额（万元）
全 国	**51**	**28525**	**25895**	**2883519**	**6107674**
东部地区	**29**	**12336**	**11135**	**1410831**	**3750755**
北 京	1	377	300	33000	210000
天 津					
河 北	2	883	883	192075	98800
上 海	2	496	466	84000	87553
江 苏	5	1840	1513	110220	604807
浙 江	11	4650	3919	160865	1421884
福 建					
山 东	5	2941	2920	336971	1033835
广 东	3	1149	1134	493700	293876
海 南					
东北地区					
辽 宁					
吉 林					
黑龙江					
中部地区	**8**	**6888**	**6097**	**703598**	**810147**
山 西					
安 徽	1	1200	1200	286968	76232
江 西					
河 南					
湖 北					
湖 南	7	5688	4897	416630	733915
西部地区	**14**	**9301**	**8663**	**769090**	**1546772**
内蒙古	1	220	220	58000	84255
广 西	2	1200	1200	63000	195000
重 庆	5	2737	2737	295000	611152
四 川	3	3288	3250	177364	571743
贵 州					
云 南	1	460	460	41000	19000
西 藏					
陕 西					
甘 肃					
青 海					
宁 夏	1	296	296	34726	35622
新 疆	1	1100	500	100000	30000

2-8 续表 15

(其他生产资料市场)

地　　区	市场数量(个)	总摊位数(个)	年末出租摊位数(个)	营业面积(平方米)	成交额(万元)
全　　国	**42**	**21577**	**20452**	**2890953**	**21823879**
东部地区	**25**	**12304**	**11677**	**2054647**	**14804764**
北　　京	1	280	275	20556	79184
天　　津					
河　　北	2	2360	2260	500000	612422
上　　海	5	1891	1861	66700	12656937
江　　苏	2	1100	1090	105000	61186
浙　　江	8	3188	2983	216134	545319
福　　建	2	606	606	93000	116014
山　　东	3	1388	1380	853257	232086
广　　东	2	1491	1222	200000	501616
海　　南					
东北地区	**5**	**1704**	**1438**	**134543**	**6146800**
辽　　宁	3	868	602	33543	6064994
吉　　林	2	836	836	101000	81806
黑 龙 江					
中部地区	**4**	**1199**	**1195**	**84560**	**77776**
山　　西					
安　　徽					
江　　西					
河　　南					
湖　　北	1	65	65	39000	31370
湖　　南	3	1134	1130	45560	46406
西部地区	**8**	**6370**	**6142**	**617203**	**794539**
内 蒙 古	1	600	600	114200	211700
广　　西	1	750	612	100000	159743
重　　庆	4	1338	1328	134000	220465
四　　川					
贵　　州					
云　　南					
西　　藏					
陕　　西					
甘　　肃					
青　　海					
宁　　夏					
新　　疆	2	3682	3602	269003	202631

2-8　续表 16

（农产品市场）

地　区	市场数量（个）	总摊位数（个）	年末出租摊位数（个）	营业面积（平方米）	成交额（万元）
全　国	**1020**	**628303**	**563645**	**41586693**	**125952637**
东部地区	**635**	**440693**	**399734**	**27841778**	**87307886**
北　京	20	22210	12205	951310	3935020
天　津	13	14735	14160	847990	4119887
河　北	95	120546	109794	5123157	9615820
上　海	29	10374	9437	568974	3786311
江　苏	85	34743	31213	2995121	10887601
浙　江	122	62995	57723	2428422	15847102
福　建	36	9244	8851	499670	3095985
山　东	157	134149	128669	11609096	22251898
广　东	78	31697	27682	2818038	13768262
海　南					
东北地区	**77**	**32533**	**28802**	**2756779**	**8821414**
辽　宁	49	22037	18875	1426350	5542474
吉　林	10	6891	6715	585614	1079637
黑龙江	18	3605	3212	744815	2199303
中部地区	**170**	**77690**	**68937**	**5031219**	**14982468**
山　西	8	3212	3200	301416	597013
安　徽	29	11870	9267	1078525	2034771
江　西	18	6756	6189	289869	2149440
河　南	40	23124	20398	1774690	3786936
湖　北	30	14110	12301	743145	3610388
湖　南	45	18618	17582	843574	2803920
西部地区	**138**	**77387**	**66172**	**5956917**	**14840869**
内蒙古	27	13812	11337	1625339	1724573
广　西	14	10241	9563	630495	1367595
重　庆	16	9245	8078	405075	2880090
四　川	23	12282	10775	592381	3202668
贵　州	9	3413	3104	150551	848384
云　南	8	4211	4060	367553	1116277
西　藏					
陕　西	10	4661	4596	281652	1235154
甘　肃	10	7614	5821	368628	1123428
青　海	2	3068	1602	139200	181719
宁　夏	6	4878	4285	410774	335465
新　疆	13	3962	2951	985269	825516

2-8 续表 17

(粮油市场)

地　区	市场数量(个)	总摊位数(个)	年末出租摊位数(个)	营业面积(平方米)	成交额(万元)
全　国	**111**	**46121**	**41288**	**4257698**	**14369982**
东部地区	**71**	**31012**	**29388**	**2579433**	**9619221**
北　京	3	1803	1735	170000	1244501
天　津	2	801	801	61076	287330
河　北	9	9752	9295	680678	606935
上　海	4	653	626	39200	459304
江　苏	7	1053	912	310950	1378069
浙　江	16	2358	2212	313105	1649365
福　建	3	405	362	72100	205003
山　东	17	11075	11043	699924	2442096
广　东	10	3112	2402	232400	1346618
海　南					
东北地区	**7**	**2991**	**2991**	**843550**	**1113416**
辽　宁	4	1243	1243	207000	251121
吉　林	1	1608	1608	177946	478866
黑龙江	2	140	140	458604	383429
中部地区	**18**	**7438**	**5607**	**518076**	**2016007**
山　西	1	145	145	17000	65000
安　徽	4	2750	1782	269500	244480
江　西	2	42	42	4900	462055
河　南	5	2955	2346	106355	840458
湖　北	2	620	500	55000	88028
湖　南	4	926	792	65321	315986
西部地区	**15**	**4680**	**3302**	**316639**	**1621338**
内蒙古	4	1553	403	146012	86506
广　西					
重　庆	1	1000	1000	8000	68530
四　川	2	320	290	24000	192420
贵　州	2	381	381	16000	440000
云　南	1	22	22	4931	201456
西　藏					
陕　西	1	230	230	5496	276653
甘　肃	2	465	455	63000	204024
青　海	1	528	425	39200	79929
宁　夏					
新　疆	1	181	96	10000	71820

2-8 续表 18

(肉禽蛋市场)

地区	市场数量(个)	总摊位数(个)	年末出租摊位数(个)	营业面积(平方米)	成交额(万元)
全国	**114**	**35387**	**30009**	**2427328**	**8952160**
东部地区	**66**	**16181**	**14643**	**1104903**	**5936569**
北京	2	594	340	30901	41395
天津					
河北	5	1480	1313	235812	707916
上海	4	507	442	14300	105608
江苏	18	3848	3478	148430	1778101
浙江	14	2120	2022	166304	1504660
福建	4	1261	1261	24369	234033
山东	6	3090	2975	121100	145515
广东	13	3281	2812	363687	1419341
海南					
东北地区	**8**	**3334**	**1566**	**80272**	**656532**
辽宁	5	2749	1025	53117	181958
吉林					
黑龙江	3	585	541	27155	474574
中部地区	**18**	**5670**	**5162**	**227245**	**1033996**
山西					
安徽	8	2390	1948	111225	527882
江西	5	1819	1819	51560	418042
河南	1	643	643	35200	28658
湖北	1	1	1	10000	23887
湖南	3	817	751	19260	35527
西部地区	**22**	**10202**	**8638**	**1014908**	**1325063**
内蒙古	3	674	665	30000	69165
广西	5	5346	5172	89759	396708
重庆	2	1171	881	20903	62432
四川	7	2375	1304	77801	523355
贵州					
云南					
西藏					
陕西					
甘肃					
青海					
宁夏	2	411	391	87774	84483
新疆	3	225	225	708671	188920

2-8 续表 19

(水产品市场)

地　区	市场数量(个)	总摊位数(个)	年末出租摊位数(个)	营业面积(平方米)	成交额(万元)
全　国	**157**	**108031**	**99622**	**4780288**	**27390123**
东部地区	**125**	**94400**	**86600**	**3793841**	**20337834**
北　京	3	1938	1746	77000	1253638
天　津	3	954	954	253950	1567433
河　北	5	2986	2986	89518	279195
上　海	5	2526	2378	217780	1949569
江　苏	25	9442	7679	763159	2742679
浙　江	35	33397	29810	633642	4030345
福　建	9	2493	2323	70579	1580253
山　东	23	36687	35285	1421022	4910024
广　东	17	3977	3439	267191	2024698
海　南					
东北地区	**11**	**4448**	**4272**	**428479**	**1977163**
辽　宁	8	2719	2709	280700	1835159
吉　林	1	1289	1289	90000	89650
黑龙江	2	440	274	57779	52354
中部地区	**15**	**6908**	**6667**	**402912**	**3069486**
山　西					
安　徽	1	260	247	36000	86860
江　西	1	910	813	43000	179102
河　南	4	1391	1286	150581	353300
湖　北	3	2850	2850	71580	1581029
湖　南	6	1497	1471	101751	869195
西部地区	**6**	**2275**	**2083**	**155056**	**2005640**
内蒙古					
广　西	1	500	436	2100	20788
重　庆	3	1284	1156	146556	1873840
四　川					
贵　州					
云　南					
西　藏					
陕　西					
甘　肃	1	91	91	1200	11012
青　海					
宁　夏					
新　疆	1	400	400	5200	100000

2-8 续表 20

(蔬菜市场)

地 区	市场数量 (个)	总摊位数 (个)	年末出租摊位数 (个)	营业面积 (平方米)	成交额 (万元)
全 国	**313**	**254015**	**228107**	**15368740**	**32645153**
东部地区	**192**	**182507**	**165276**	**10574857**	**20886255**
北 京	5	10066	2410	190400	311944
天 津	5	11136	10856	386006	526243
河 北	54	77570	73153	3024829	4988805
上 海	6	2655	2621	123809	577386
江 苏	15	6235	5904	354644	1650270
浙 江	23	10758	9932	534954	2711880
福 建	9	1594	1551	209984	643000
山 东	66	58839	55566	5407731	8737210
广 东	9	3654	3283	342500	739517
海 南					
东北地区	**24**	**9560**	**9464**	**673121**	**2185475**
辽 宁	14	6293	6283	422316	999950
吉 林	4	2236	2236	183800	434758
黑 龙 江	6	1031	945	67005	750767
中部地区	**51**	**26727**	**23322**	**1983414**	**4601927**
山 西	5	2725	2725	239630	496285
安 徽	8	2384	2379	358200	477267
江 西	3	1142	1142	81306	434031
河 南	18	12304	10481	910858	1800190
湖 北	9	3363	1888	117500	408359
湖 南	8	4804	4707	275920	985795
西部地区	**46**	**35221**	**30045**	**2137348**	**4971496**
内 蒙 古	7	7071	6142	457790	487991
广 西	3	1509	1509	212591	464524
重 庆	4	1393	1060	33376	250829
四 川	9	6270	6072	356168	1426541
贵 州	2	940	787	10851	63307
云 南	2	1064	1064	176672	430073
西 藏					
陕 西	7	3733	3668	227474	904577
甘 肃	5	6080	4297	228428	402137
青 海	1	2540	1177	100000	101790
宁 夏	2	3107	3107	255000	167981
新 疆	4	1514	1162	78998	271746

2-8 续表 21

(干鲜果品市场)

地　区	市场数量(个)	总摊位数(个)	年末出租摊位数(个)	营业面积(平方米)	成交额(万元)
全　国	**147**	**74879**	**65041**	**5879020**	**18887975**
东部地区	**83**	**51357**	**43312**	**3695084**	**14005898**
北　京	3	2819	1279	270774	167011
天　津					
河　北	12	13618	8557	413854	1081571
上　海	3	569	568	44467	369521
江　苏	10	7147	6868	463790	1216301
浙　江	17	7329	7274	419535	2927096
福　建	3	226	226	51500	90644
山　东	25	13062	12765	881879	3086802
广　东	10	6587	5775	1149285	5066952
海　南					
东北地区	**12**	**2562**	**2181**	**336277**	**733791**
辽　宁	7	1510	1328	192037	212299
吉　林	2	250	146	59968	42715
黑龙江	3	802	707	84272	478777
中部地区	**36**	**15054**	**14439**	**1156407**	**2748117**
山　西	2	342	330	44786	35728
安　徽	2	255	250	49250	70170
江　西	4	1603	1453	93851	604126
河　南	9	4195	4010	329626	465156
湖　北	8	5218	5073	412175	1283341
湖　南	11	3441	3323	226719	289596
西部地区	**16**	**5906**	**5109**	**691252**	**1400169**
内蒙古	1	20	20	180000	10860
广　西	1	140	100	73260	98210
重　庆	2	770	770	21500	179354
四　川	4	1839	1631	99010	478002
贵　州	2	389	389	29000	158892
云　南	1	500	500	90000	200000
西　藏					
陕　西	2	698	698	48682	53924
甘　肃	1	338	338	34800	106255
青　海					
宁　夏					
新　疆	2	1212	663	115000	114672

2-8　续表 22

（棉麻土畜、烟叶市场）

地　区	市场数量（个）	总摊位数（个）	年末出租摊位数（个）	营业面积（平方米）	成交额（万元）
全　国	**34**	**22347**	**21297**	**4582460**	**9084450**
东部地区	**21**	**17482**	**16944**	**3804301**	**7810235**
北　京					
天　津	1	650	650	1000	637088
河　北	5	11830	11430	448756	1763191
上　海					
江　苏	1	2098	2098	425984	1839864
浙　江	5	880	811	173981	1891141
福　建					
山　东	9	2024	1955	2754580	1678951
广　东					
海　南					
东北地区	**3**	**1400**	**1200**	**137000**	**410815**
辽　宁	3	1400	1200	137000	410815
吉　林					
黑龙江					
中部地区	**2**	**420**	**410**	**49850**	**99206**
山　西					
安　徽	1	340	334	16850	41206
江　西					
河　南	1	80	76	33000	58000
湖　北					
湖　南					
西部地区	**8**	**3045**	**2743**	**591309**	**764194**
内蒙古	8	3045	2743	591309	764194
广　西					
重　庆					
四　川					
贵　州					
云　南					
西　藏					
陕　西					
甘　肃					
青　海					
宁　夏					
新　疆					

2-8 续表 23

(其他农产品市场)

地　　区	市场数量 (个)	总摊位数 (个)	年末出租摊位数 (个)	营业面积 (平方米)	成交额 (万元)
全　　国	**144**	**87523**	**78281**	**4291159**	**14622794**
东部地区	**77**	**47754**	**43571**	**2289359**	**8711874**
北　　京	4	4990	4695	212235	916531
天　　津	2	1194	899	145958	1101793
河　　北	5	3310	3060	229710	188207
上　　海	7	3464	2802	129418	324923
江　　苏	9	4920	4274	528164	282317
浙　　江	12	6153	5662	186901	1132615
福　　建	8	3265	3128	71138	343052
山　　东	11	9372	9080	322860	1251300
广　　东	19	11086	9971	462975	3171136
海　　南					
东北地区	**12**	**8238**	**7128**	**258080**	**1744222**
辽　　宁	8	6123	5087	134180	1651172
吉　　林	2	1508	1436	73900	33648
黑 龙 江	2	607	605	50000	59402
中部地区	**30**	**15473**	**13330**	**693315**	**1413729**
山　　西					
安　　徽	5	3491	2327	237500	586906
江　　西	3	1240	920	15252	52084
河　　南	2	1556	1556	209070	241174
湖　　北	7	2053	1989	76890	225744
湖　　南	13	7133	6538	154603	307821
西部地区	**25**	**16058**	**14252**	**1050405**	**2752969**
内 蒙 古	4	1449	1364	220228	305857
广　　西	4	2746	2346	252785	387365
重　　庆	4	3627	3211	174740	445105
四　　川	1	1478	1478	35402	582350
贵　　州	3	1703	1547	94700	186185
云　　南	4	2625	2474	95950	284748
西　　藏					
陕　　西					
甘　　肃	1	640	640	41200	400000
青　　海					
宁　　夏	2	1360	787	68000	83001
新　　疆	2	430	405	67400	78358

2-8　续表 24

(食品、饮料及烟酒市场)

地　区	市场数量（个）	总摊位数（个）	年末出租摊位数（个）	营业面积（平方米）	成交额（万元）
全　国	**159**	**103187**	**84576**	**4765886**	**15038566**
东部地区	**101**	**70046**	**55568**	**3463336**	**10731568**
北　京	1	139	139	7000	23821
天　津	3	2373	2362	273300	585499
河　北	3	1647	1645	17400	270053
上　海	4	1869	1353	85500	239200
江　苏	22	12038	10287	1195303	3891801
浙　江	19	20021	9536	597667	2649318
福　建	6	2730	2308	187500	338881
山　东	29	22760	21740	864590	2250595
广　东	14	6469	6198	235076	482400
海　南					
东北地区	**8**	**4942**	**4689**	**116737**	**590736**
辽　宁	3	2996	2826	66500	366504
吉　林	2	348	331	20837	137125
黑龙江	3	1598	1532	29400	87107
中部地区	**24**	**12022**	**10604**	**418839**	**1781326**
山　西	1	122	67	3300	10386
安　徽	4	2421	2403	36612	328118
江　西	1	1124	935	102295	680746
河　南	5	2340	1940	94694	196341
湖　北	5	2158	1928	94799	225056
湖　南	8	3857	3331	87139	340679
西部地区	**26**	**16177**	**13715**	**766974**	**1934936**
内蒙古	1	228	160	20300	20666
广　西	9	5835	5058	92163	334288
重　庆	3	1662	1430	27089	156301
四　川	2	2400	1626	343000	391622
贵　州	3	1503	1438	61996	568806
云　南	2	692	692	45469	43265
西　藏					
陕　西	1	1512	1512	50000	62476
甘　肃	1	906	906	65000	242600
青　海	1	176	176	4507	29800
宁　夏					
新　疆	3	1263	717	57450	85112

2-8 续表 25

(食品饮料市场)

地　区	市场数量(个)	总摊位数(个)	年末出租摊位数(个)	营业面积(平方米)	成交额(万元)
全　国	**55**	**34570**	**29945**	**1697619**	**3919548**
东部地区	**33**	**19155**	**17457**	**1009366**	**2443841**
北　京					
天　津	1	212	212	500	72846
河　北	1	880	880	9100	177608
上　海	1	390	386	13500	13500
江　苏	8	3348	2367	518300	557285
浙　江	5	2119	1862	64393	640596
福　建					
山　东	8	7644	7437	254727	774745
广　东	9	4562	4313	148846	207261
海　南					
东北地区	**3**	**3190**	**2980**	**67500**	**358852**
辽　宁	2	2640	2470	60500	344872
吉　林					
黑龙江	1	550	510	7000	13980
中部地区	**9**	**4347**	**3924**	**145384**	**349021**
山　西					
安　徽	1	308	290	6000	15000
江　西					
河　南	3	2073	1673	85884	170600
湖　北	2	612	612	18500	50196
湖　南	3	1354	1349	35000	113225
西部地区	**10**	**7878**	**5584**	**475369**	**767834**
内蒙古	1	228	160	20300	20666
广　西	2	2563	1889	45020	146817
重　庆	3	1662	1430	27089	156301
四　川	2	2400	1626	343000	391622
贵　州					
云　南					
西　藏					
陕　西					
甘　肃					
青　海					
宁　夏					
新　疆	2	1025	479	39960	52428

2-8　续表 26

(茶叶市场)

地　区	市场数量(个)	总摊位数(个)	年末出租摊位数(个)	营业面积(平方米)	成交额(万元)
全　国	**27**	**21517**	**11437**	**761639**	**1913295**
东部地区	**18**	**16880**	**6977**	**564470**	**1414458**
北　京	1	139	139	7000	23821
天　津					
河　北					
上　海	1	290	281	15000	34380
江　苏	1	420	420	39960	23000
浙　江	6	12124	2243	142260	603041
福　建	3	1719	1719	63000	230747
山　东	3	1162	1149	220000	310330
广　东	3	1026	1026	77250	189139
海　南					
东北地区					
辽　宁					
吉　林					
黑龙江					
中部地区	**4**	**2195**	**2083**	**91000**	**321146**
山　西					
安　徽	1	680	680	15000	163000
江　西					
河　南	1	180	180	3000	14200
湖　北	2	1335	1223	73000	143946
湖　南					
西部地区	**5**	**2442**	**2377**	**106169**	**177691**
内蒙古					
广　西	1	118	118	6500	53950
重　庆					
四　川					
贵　州	1	120	55	4200	18000
云　南	2	692	692	45469	43265
西　藏					
陕　西	1	1512	1512	50000	62476
甘　肃					
青　海					
宁　夏					
新　疆					

2-8 续表 27

(烟酒市场)

地　区	市场数量(个)	总摊位数(个)	年末出租摊位数(个)	营业面积(平方米)	成交额(万元)
全　国	**13**	**5796**	**4728**	**214281**	**836721**
东部地区	**11**	**4341**	**3666**	**193530**	**772069**
北　京					
天　津					
河　北	1	100	98	5000	78850
上　海					
江　苏	1	200	180	3200	21195
浙　江	1	94	94	24000	79500
福　建					
山　东	8	3947	3294	161330	592524
广　东					
海　南					
东北地区					
辽　宁					
吉　林					
黑龙江					
中部地区	**2**	**1455**	**1062**	**20751**	**64652**
山　西					
安　徽					
江　西					
河　南					
湖　北					
湖　南	2	1455	1062	20751	64652
西部地区					
内蒙古					
广　西					
重　庆					
四　川					
贵　州					
云　南					
西　藏					
陕　西					
甘　肃					
青　海					
宁　夏					
新　疆					

2-8　续表 28

(其他食品饮料及烟酒市场)

地　区	市场数量（个）	总摊位数（个）	年末已租摊位数（个）	营业面积（平方米）	成交额（万元）
全　国	**64**	**41304**	**38466**	**2092347**	**8369002**
东部地区	**39**	**29670**	**27468**	**1695970**	**6101200**
北　京					
天　津	2	2161	2150	272800	512653
河　北	1	667	667	3300	13595
上　海	2	1189	686	57000	191320
江　苏	12	8070	7320	633843	3290321
浙　江	7	5684	5337	367014	1326181
福　建	3	1011	589	124500	108134
山　东	10	10007	9860	228533	572996
广　东	2	881	859	8980	86000
海　南					
东北地区	**5**	**1752**	**1709**	**49237**	**231884**
辽　宁	1	356	356	6000	21632
吉　林	2	348	331	20837	137125
黑龙江	2	1048	1022	22400	73127
中部地区	**9**	**4025**	**3535**	**161704**	**1046507**
山　西	1	122	67	3300	10386
安　徽	2	1433	1433	15612	150118
江　西	1	1124	935	102295	680746
河　南	1	87	87	5810	11541
湖　北	1	211	93	3299	30914
湖　南	3	1048	920	31388	162802
西部地区	**11**	**5857**	**5754**	**185436**	**989411**
内蒙古					
广　西	6	3154	3051	40643	133521
重　庆					
四　川					
贵　州	2	1383	1383	57796	550806
云　南					
西　藏					
陕　西					
甘　肃	1	906	906	65000	242600
青　海	1	176	176	4507	29800
宁　夏					
新　疆	1	238	238	17490	32684

2-8 续表 29

(纺织、服装、鞋帽市场)

地　区	市场数量(个)	总摊位数(个)	年末出租摊位数(个)	营业面积(平方米)	成交额(万元)
全　国	**559**	**727649**	**680641**	**27338467**	**107966005**
东部地区	**299**	**367667**	**348610**	**16090593**	**83150856**
北　京	13	17442	16925	474583	381246
天　津	5	3895	3889	154378	518141
河　北	27	39861	31501	1676473	7118847
上　海	13	11382	11068	277617	991752
江　苏	33	75168	74248	4179995	29280852
浙　江	64	96721	94577	4531721	26220552
福　建	12	8417	8284	277768	2052759
山　东	65	55014	53349	2119513	6781413
广　东	66	59432	54434	2395717	9795994
海　南	1	335	335	2828	9300
东北地区	**64**	**105743**	**97675**	**1999926**	**10764834**
辽　宁	30	65573	59518	1131293	8999757
吉　林	11	14740	14468	348106	641573
黑龙江	23	25430	23689	520527	1123504
中部地区	**114**	**109123**	**102032**	**4179123**	**5421191**
山　西	10	15372	12712	617176	313326
安　徽	9	7825	7622	269526	663096
江　西	6	3024	2776	149384	432885
河　南	25	28860	26366	1162043	1254286
湖　北	26	19241	18337	1107240	1063641
湖　南	38	34801	34219	873754	1693957
西部地区	**82**	**145116**	**132324**	**5068825**	**8629124**
内蒙古	13	12754	12040	328812	784494
广　西	10	14371	14016	470759	429052
重　庆	7	4237	3850	250077	1034269
四　川	18	27178	26826	798370	1271574
贵　州	3	9790	9697	376736	795090
云　南	3	39752	30151	1568897	2443939
西　藏					
陕　西	11	11677	10572	292000	457978
甘　肃	3	5487	5487	448640	448000
青　海	2	2748	2650	105000	79340
宁　夏	3	5829	5829	110000	131563
新　疆	9	11293	11206	319534	753825

2-8 续表 30

(布料及纺织品市场)

地 区	市场数量 (个)	总摊位数 (个)	年末出租摊位数 (个)	营业面积 (平方米)	成交额 (万元)
全 国	**80**	**115154**	**110007**	**6691505**	**46739183**
东部地区	**63**	**102431**	**98441**	**6335928**	**46254420**
北 京	2	950	510	34500	22490
天 津					
河 北	7	9508	9318	469886	1432135
上 海					
江 苏	8	20226	20005	1626800	17883378
浙 江	18	45979	45147	2760038	19015202
福 建	2	578	510	28980	344741
山 东	11	5915	5636	408385	1923449
广 东	15	19275	17315	1007339	5633025
海 南					
东北地区	**4**	**4043**	**3654**	**102137**	**101463**
辽 宁					
吉 林					
黑龙江	4	4043	3654	102137	101463
中部地区	**10**	**7300**	**6532**	**200800**	**299300**
山 西					
安 徽	1	2600	2600	60000	95000
江 西					
河 南	4	3031	2295	107900	99600
湖 北	2	959	959	13500	25548
湖 南	3	710	678	19400	79152
西部地区	**3**	**1380**	**1380**	**52640**	**84000**
内蒙古					
广 西					
重 庆					
四 川					
贵 州					
云 南					
西 藏					
陕 西	2	1120	1120	26000	73000
甘 肃	1	260	260	26640	11000
青 海					
宁 夏					
新 疆					

2-8 续表 31

(服装市场)

地　区	市场数量(个)	总摊位数(个)	年末出租摊位数(个)	营业面积(平方米)	成交额(万元)
全　国	**335**	**434425**	**405727**	**14995167**	**41934140**
东部地区	**175**	**207653**	**194860**	**7109832**	**29197328**
北　京	10	15392	15315	420083	331550
天　津	4	3430	3424	115378	437424
河　北	14	26549	18902	1111884	4855777
上　海	11	8997	8708	167617	802165
江　苏	11	32248	31834	1299611	8423590
浙　江	37	42560	41350	1671427	6254847
福　建	9	7551	7486	243759	1694402
山　东	38	38621	37885	1071594	3517003
广　东	40	31970	29621	1005651	2871270
海　南	1	335	335	2828	9300
东北地区	**41**	**52530**	**50494**	**1243073**	**3302734**
辽　宁	17	22109	21425	582157	1796914
吉　林	9	13281	13281	304106	621292
黑龙江	15	17140	15788	356810	884528
中部地区	**71**	**69808**	**68144**	**2583884**	**3459047**
山　西	7	10862	10570	300676	240290
安　徽	6	4399	4282	194526	526806
江　西	3	1648	1433	112484	72776
河　南	13	15527	15443	476443	904862
湖　北	16	15153	14334	961340	859081
湖　南	26	22219	22082	538415	855232
西部地区	**48**	**104434**	**92229**	**4058378**	**5975031**
内蒙古	7	8127	7720	154160	367949
广　西	7	12402	12047	420469	367950
重　庆	3	1770	1478	110391	138719
四　川	12	14273	13944	641013	685456
贵　州	2	8527	8434	351736	781313
云　南	2	38292	28755	1528897	2418959
西　藏					
陕　西	7	8771	7666	226200	208128
甘　肃	2	5227	5227	422000	437000
青　海					
宁　夏					
新　疆	6	7045	6958	203512	569557

2-8　续表 32

（鞋帽市场）

地　区	市场数量（个）	总摊位数（个）	年末出租摊位数（个）	营业面积（平方米）	成交额（万元）
全　国	**44**	**27609**	**25427**	**1556978**	**4071954**
东部地区	**24**	**14651**	**14128**	**1210078**	**2602547**
北　京					
天　津	1	465	465	39000	80717
河　北	2	820	820	32000	433000
上　海					
江　苏	4	2800	2800	746669	345568
浙　江	1	1200	1200	6000	55800
福　建	1	288	288	5029	13616
山　东	7	3199	2901	122292	572411
广　东	8	5879	5654	259088	1101435
海　南					
东北地区	**4**	**6010**	**5160**	**40500**	**433918**
辽　宁	2	2750	1900	16500	327117
吉　林					
黑龙江	2	3260	3260	24000	106801
中部地区	**14**	**5076**	**4267**	**196600**	**332489**
山　西	2	510	510	16500	50871
安　徽	1	296	210	5000	13390
江　西	1	500	486	22500	16827
河　南	2	1331	790	23200	80500
湖　北	5	1215	1137	67400	114862
湖　南	3	1224	1134	62000	56039
西部地区	**2**	**1872**	**1872**	**109800**	**703000**
内蒙古					
广　西					
重　庆	1	536	536	80000	536000
四　川					
贵　州					
云　南					
西　藏					
陕　西	1	1336	1336	29800	167000
甘　肃					
青　海					
宁　夏					
新　疆					

2-8 续表 33

(其他纺织服装鞋帽市场)

地　区	市场数量 (个)	总摊位数 (个)	年末出租摊位数 (个)	营业面积 (平方米)	成交额 (万元)
全　国	**100**	**150461**	**139480**	**4094817**	**15220728**
东部地区	**37**	**42932**	**41181**	**1434755**	**5096561**
北　京	1	1100	1100	20000	27206
天　津					
河　北	4	2984	2461	62703	397935
上　海	2	2385	2360	110000	189587
江　苏	10	19894	19609	506915	2628316
浙　江	8	6982	6880	94256	894703
福　建					
山　东	9	7279	6927	517242	768550
广　东	3	2308	1844	123639	190264
海　南					
东北地区	**15**	**43160**	**38367**	**614216**	**6926719**
辽　宁	11	40714	36193	532636	6875726
吉　林	2	1459	1187	44000	20281
黑龙江	2	987	987	37580	30712
中部地区	**19**	**26939**	**23089**	**1197839**	**1330355**
山　西	1	4000	1632	300000	22165
安　徽	1	530	530	10000	27900
江　西	2	876	857	14400	343282
河　南	6	8971	7838	554500	169324
湖　北	3	1914	1907	65000	64150
湖　南	6	10648	10325	253939	703534
西部地区	**29**	**37430**	**36843**	**848007**	**1867093**
内蒙古	6	4627	4320	174652	416545
广　西	3	1969	1969	50290	61102
重　庆	3	1931	1836	59686	359550
四　川	6	12905	12882	157357	586118
贵　州	1	1263	1263	25000	13777
云　南	1	1460	1396	40000	24980
西　藏					
陕　西	1	450	450	10000	9850
甘　肃					
青　海	2	2748	2650	105000	79340
宁　夏	3	5829	5829	110000	131563
新　疆	3	4248	4248	116022	184268

2-8　续表 34

（日用品及文化用品市场）

地　区	市场数量（个）	总摊位数（个）	年末出租摊位数（个）	营业面积（平方米）	成交额（万元）
全　国	**104**	**72632**	**69469**	**3073376**	**11910178**
东部地区	**70**	**57184**	**54755**	**2243179**	**9623457**
北　京	5	8230	7884	165279	447300
天　津					
河　北	1	7200	7200	40000	281870
上　海	3	841	836	43650	3172951
江　苏	12	6165	6067	123144	326748
浙　江	13	9588	8513	303508	1095656
福　建	2	630	629	199160	97985
山　东	16	11666	11468	531692	1788863
广　东	18	12864	12158	836746	2412084
海　南					
东北地区	**6**	**4550**	**4497**	**78500**	**716768**
辽　宁	4	3700	3647	55800	546213
吉　林	1	450	450	12700	70505
黑龙江	1	400	400	10000	100050
中部地区	**22**	**6863**	**6401**	**472691**	**964233**
山　西	2	1354	1135	113721	87595
安　徽	1	129	129	6886	11340
江　西	1	420	348	8000	15300
河　南	6	1510	1362	81358	156262
湖　北	6	2497	2497	203576	433936
湖　南	6	953	930	59150	259800
西部地区	**6**	**4035**	**3816**	**279006**	**605720**
内蒙古	1	718	646	41000	135489
广　西	1	1811	1811	204660	60400
重　庆	3	1108	961	21346	209831
四　川					
贵　州					
云　南					
西　藏					
陕　西					
甘　肃	1	398	398	12000	200000
青　海					
宁　夏					
新　疆					

2-8 续表 35

(小商品市场)

地　区	市场数量(个)	总摊位数(个)	年末出租摊位数(个)	营业面积(平方米)	成交额(万元)
全　国	**35**	**39578**	**38885**	**1122319**	**3003086**
东部地区	**27**	**33895**	**33438**	**738979**	**2614822**
北　京	3	6948	6932	102879	270850
天　津					
河　北	1	7200	7200	40000	281870
上　海					
江　苏	5	4138	4107	56668	188037
浙　江	2	2132	2132	44600	180240
福　建	1	58	57	5000	43645
山　东	6	7905	7727	299232	1320339
广　东	9	5514	5283	190600	329841
海　南					
东北地区					
辽　宁					
吉　林					
黑龙江					
中部地区	**6**	**3154**	**2990**	**137680**	**192375**
山　西	1	452	452	25680	66947
安　徽					
江　西	1	420	348	8000	15300
河　南	2	802	710	15200	21262
湖　北	2	1480	1480	88800	88866
湖　南					
西部地区	**2**	**2529**	**2457**	**245660**	**195889**
内蒙古	1	718	646	41000	135489
广　西	1	1811	1811	204660	60400
重　庆					
四　川					
贵　州					
云　南					
西　藏					
陕　西					
甘　肃					
青　海					
宁　夏					
新　疆					

2-8　续表 36

(箱包市场)

地　区	市场数量（个）	总摊位数（个）	年末出租摊位数（个）	营业面积（平方米）	成交额（万元）
全　国	**6**	**5502**	**5123**	**526200**	**2132650**
东部地区	**3**	**3922**	**3563**	**516000**	**1736150**
北　京					
天　津					
河　北					
上　海					
江　苏					
浙　江					
福　建					
山　东	2	322	318	16000	66400
广　东	1	3600	3245	500000	1669750
海　南					
东北地区	**1**	**1330**	**1330**	**2000**	**368500**
辽　宁	1	1330	1330	2000	368500
吉　林					
黑 龙 江					
中部地区	**2**	**250**	**230**	**8200**	**28000**
山　西					
安　徽					
江　西					
河　南	2	250	230	8200	28000
湖　北					
湖　南					
西部地区					
内 蒙 古					
广　西					
重　庆					
四　川					
贵　州					
云　南					
西　藏					
陕　西					
甘　肃					
青　海					
宁　夏					
新　疆					

2-8 续表 37

(玩具市场)

地　区	市场数量 (个)	总摊位数 (个)	年末出租摊位数 (个)	营业面积 (平方米)	成交额 (万元)
全　国	**3**	**1124**	**1124**	**119410**	**219542**
东部地区	**3**	**1124**	**1124**	**119410**	**219542**
北　京					
天　津					
河　北					
上　海					
江　苏					
浙　江					
福　建					
山　东	2	1009	1009	106660	140080
广　东	1	115	115	12750	79462
海　南					
东北地区					
辽　宁					
吉　林					
黑 龙 江					
中部地区					
山　西					
安　徽					
江　西					
河　南					
湖　北					
湖　南					
西部地区					
内 蒙 古					
广　西					
重　庆					
四　川					
贵　州					
云　南					
西　藏					
陕　西					
甘　肃					
青　海					
宁　夏					
新　疆					

2-8 续表 38

(文具市场)

地 区	市场数量(个)	总摊位数(个)	年末出租摊位数(个)	营业面积(平方米)	成交额(万元)
全 国	**3**	**1708**	**1329**	**101694**	**260650**
东部地区	**2**	**1628**	**1249**	**88694**	**222630**
北 京	1	1070	740	55400	157630
天 津					
河 北					
上 海					
江 苏					
浙 江	1	558	509	33294	65000
福 建					
山 东					
广 东					
海 南					
东北地区					
辽 宁					
吉 林					
黑 龙 江					
中部地区	**1**	**80**	**80**	**13000**	**38020**
山 西					
安 徽					
江 西					
河 南					
湖 北					
湖 南	1	80	80	13000	38020
西部地区					
内 蒙 古					
广 西					
重 庆					
四 川					
贵 州					
云 南					
西 藏					
陕 西					
甘 肃					
青 海					
宁 夏					
新 疆					

2-8 续表 39

(图书、报刊杂志市场)

地 区	市场数量(个)	总摊位数(个)	年末出租摊位数(个)	营业面积(平方米)	成交额(万元)
全 国	**12**	**1821**	**1753**	**101289**	**406099**
东部地区	**8**	**904**	**836**	**61189**	**173149**
北 京	1	212	212	7000	18820
天 津					
河 北					
上 海	1	51	46	2500	16200
江 苏	2	208	161	15900	50161
浙 江	1	91	91	10000	20400
福 建					
山 东	2	252	236	12800	31732
广 东	1	90	90	12989	35836
海 南					
东北地区	**1**	**62**	**62**	**6900**	**12000**
辽 宁	1	62	62	6900	12000
吉 林					
黑 龙 江					
中部地区	**3**	**855**	**855**	**33200**	**220950**
山 西					
安 徽					
江 西					
河 南	1	155	155	16000	80000
湖 北	1	277	277	4100	59700
湖 南	1	423	423	13100	81250
西部地区					
内 蒙 古					
广 西					
重 庆					
四 川					
贵 州					
云 南					
西 藏					
陕 西					
甘 肃					
青 海					
宁 夏					
新 疆					

2-8　续表 40

(音像制品及电子出版物市场)

地　区	市场数量 (个)	总摊位数 (个)	年末出租摊位数 (个)	营业面积 (平方米)	成交额 (万元)
全　国	**4**	**991**	**950**	**39800**	**171087**
东部地区	**2**	**408**	**385**	**22000**	**26467**
北　京					
天　津					
河　北					
上　海					
江　苏	1	305	305	11000	17667
浙　江					
福　建					
山　东					
广　东	1	103	80	11000	8800
海　南					
东北地区	**1**	**400**	**400**	**10000**	**100050**
辽　宁					
吉　林					
黑龙江	1	400	400	10000	100050
中部地区	**1**	**183**	**165**	**7800**	**44570**
山　西					
安　徽					
江　西					
河　南					
湖　北					
湖　南	1	183	165	7800	44570
西部地区					
内蒙古					
广　西					
重　庆					
四　川					
贵　州					
云　南					
西　藏					
陕　西					
甘　肃					
青　海					
宁　夏					
新　疆					

2-8 续表 41

(体育用品市场)

地　　区	市场数量(个)	总摊位数(个)	年末出租摊位数(个)	营业面积(平方米)	成交额(万元)
全　　国	**1**	**80**	**80**	**6700**	**12115**
东部地区	**1**	**80**	**80**	**6700**	**12115**
北　　京					
天　　津					
河　　北					
上　　海					
江　　苏					
浙　　江					
福　　建					
山　　东					
广　　东	1	80	80	6700	12115
海　　南					
东北地区					
辽　　宁					
吉　　林					
黑 龙 江					
中部地区					
山　　西					
安　　徽					
江　　西					
河　　南					
湖　　北					
湖　　南					
西部地区					
内 蒙 古					
广　　西					
重　　庆					
四　　川					
贵　　州					
云　　南					
西　　藏					
陕　　西					
甘　　肃					
青　　海					
宁　　夏					
新　　疆					

2-8 续表 42

(其他日用品及文化用品市场)

地 区	市场数量 (个)	总摊位数 (个)	年末出租摊位数 (个)	营业面积 (平方米)	成交额 (万元)
全 国	**40**	**21828**	**20225**	**1055964**	**5704949**
东部地区	**24**	**15223**	**14080**	**690207**	**4618582**
北 京					
天 津					
河 北					
上 海	2	790	790	41150	3156751
江 苏	4	1514	1494	39576	70883
浙 江	9	6807	5781	215614	830016
福 建	1	572	572	194160	54340
山 东	4	2178	2178	97000	230312
广 东	4	3362	3265	102707	276280
海 南					
东北地区	**3**	**2758**	**2705**	**59600**	**236218**
辽 宁	2	2308	2255	46900	165713
吉 林	1	450	450	12700	70505
黑龙江					
中部地区	**9**	**2341**	**2081**	**272811**	**440318**
山 西	1	902	683	88041	20648
安 徽	1	129	129	6886	11340
江 西					
河 南	1	303	267	41958	27000
湖 北	3	740	740	110676	285370
湖 南	3	267	262	25250	95960
西部地区	**4**	**1506**	**1359**	**33346**	**409831**
内蒙古					
广 西					
重 庆	3	1108	961	21346	209831
四 川					
贵 州					
云 南					
西 藏					
陕 西					
甘 肃	1	398	398	12000	200000
青 海					
宁 夏					
新 疆					

2-8 续表 43

(黄金、珠宝、玉器等首饰市场)

地　　区	市场数量(个)	总摊位数(个)	年末出租摊位数(个)	营业面积(平方米)	成交额(万元)
全　　国	**22**	**13063**	**12276**	**756302**	**3651203**
东部地区	**15**	**10003**	**9224**	**697887**	**3430185**
北　　京	1	848	848	28000	45800
天　　津					
河　　北					
上　　海					
江　　苏	3	1951	1950	117676	642871
浙　　江	1	928	928	106973	701047
福　　建	4	1739	1739	39738	1116086
山　　东	3	1987	1682	230000	560027
广　　东	3	2550	2077	175500	364354
海　　南					
东北地区	**3**	**2045**	**2045**	**22000**	**56400**
辽　　宁	3	2045	2045	22000	56400
吉　　林					
黑 龙 江					
中部地区	**3**	**384**	**376**	**14815**	**117623**
山　　西					
安　　徽					
江　　西					
河　　南	2	354	346	12815	35156
湖　　北	1	30	30	2000	82467
湖　　南					
西部地区	**1**	**631**	**631**	**21600**	**46995**
内 蒙 古	1	631	631	21600	46995
广　　西					
重　　庆					
四　　川					
贵　　州					
云　　南					
西　　藏					
陕　　西					
甘　　肃					
青　　海					
宁　　夏					
新　　疆					

2-8 续表 44

(电器、通讯器材、电子设备市场)

地 区	市场数量(个)	总摊位数(个)	年末出租摊位数(个)	营业面积(平方米)	成交额(万元)
全 国	**162**	**76098**	**69732**	**2702337**	**12812838**
东部地区	**88**	**45797**	**40810**	**1447326**	**5913870**
北 京	9	5254	4565	160050	956149
天 津					
河 北	2	359	348	54000	56052
上 海	7	2950	2624	82128	394974
江 苏	9	3916	3632	98936	508323
浙 江	25	8411	7843	328141	1450149
福 建	3	1364	1247	58000	181864
山 东	12	4134	4033	349300	1331283
广 东	20	19074	16183	306271	1005016
海 南	1	335	335	10500	30060
东北地区	**10**	**5242**	**4862**	**181789**	**915647**
辽 宁	5	2288	1908	82800	316338
吉 林	3	1407	1407	6430	290695
黑 龙 江	2	1547	1547	92559	308614
中部地区	**39**	**16700**	**15907**	**757526**	**3724906**
山 西	3	637	572	33000	42260
安 徽	1	3902	3902	40000	893778
江 西	5	1638	1596	72294	314812
河 南	5	3964	3898	317800	1337700
湖 北	9	2408	2160	93000	322906
湖 南	16	4151	3779	201432	813450
西部地区	**25**	**8359**	**8153**	**315696**	**2258415**
内 蒙 古	1	240	235	12000	47609
广 西	2	655	655	24259	157500
重 庆	8	2581	2574	130839	1258880
四 川	4	1100	913	34000	481139
贵 州	2	519	519	39800	104460
云 南					
西 藏					
陕 西	4	1765	1766	40000	137187
甘 肃	1	450	450	9500	15600
青 海					
宁 夏	1	270	270	8200	12000
新 疆	2	778	771	17098	44040

2-8 续表 45

(家电市场)

地 区	市场数量 (个)	总摊位数 (个)	年末出租摊位数 (个)	营业面积 (平方米)	成交额 (万元)
全 国	**40**	**13700**	**12867**	**738395**	**3068091**
东部地区	**18**	**4531**	**4321**	**436069**	**1163621**
北 京					
天 津					
河 北					
上 海	1	230	230	20000	84000
江 苏	1	400	400	11000	46200
浙 江	6	1136	1118	98138	314995
福 建					
山 东	5	1330	1319	258800	555250
广 东	5	1435	1254	48131	163176
海 南					
东北地区	**3**	**1218**	**990**	**35000**	**121432**
辽 宁	3	1218	990	35000	121432
吉 林					
黑 龙 江					
中部地区	**16**	**7661**	**7266**	**244626**	**1715340**
山 西	1	197	132	15000	14260
安 徽	1	3902	3902	40000	893778
江 西	2	1239	1229	53994	69592
河 南	2	441	395	30800	372000
湖 北	2	510	272	4600	21988
湖 南	8	1372	1336	100232	343722
西部地区	**3**	**290**	**290**	**22700**	**67698**
内 蒙 古					
广 西					
重 庆	2	134	134	18700	40331
四 川					
贵 州					
云 南					
西 藏					
陕 西	1	156	156	4000	27367
甘 肃					
青 海					
宁 夏					
新 疆					

2-8　续表 46

(通讯器材市场)

地　区	市场数量（个）	总摊位数（个）	年末出租摊位数（个）	营业面积（平方米）	成交额（万元）
全　国	**24**	**20531**	**17567**	**448021**	**1199723**
东部地区	**14**	**17876**	**15133**	**346391**	**602533**
北　京					
天　津					
河　北	2	359	348	54000	56052
上　海	1	958	958	17000	11900
江　苏	1	1732	1732	44283	60453
浙　江	4	1154	1039	47450	86967
福　建					
山　东					
广　东	6	13673	11056	183658	387161
海　南					
东北地区	**3**	**1126**	**974**	**33630**	**223633**
辽　宁	1	570	418	30000	174200
吉　林	2	556	556	3630	49433
黑龙江					
中部地区	**6**	**1289**	**1225**	**56000**	**325948**
山　西					
安　徽					
江　西	1	31	28	4000	48870
河　南	1	360	340	7000	80000
湖　北	2	650	650	43000	174178
湖　南	2	248	207	2000	22900
西部地区	**1**	**240**	**235**	**12000**	**47609**
内蒙古	1	240	235	12000	47609
广　西					
重　庆					
四　川					
贵　州					
云　南					
西　藏					
陕　西					
甘　肃					
青　海					
宁　夏					
新　疆					

2-8 续表 47

(照相、摄像器材市场)

地　区	市场数量(个)	总摊位数(个)	年末出租摊位数(个)	营业面积(平方米)	成交额(万元)
全　国	**2**	**455**	**455**	**17600**	**55472**
东部地区	**2**	**455**	**455**	**17600**	**55472**
北　京	1	285	285	13000	24215
天　津					
河　北					
上　海	1	170	170	4600	31257
江　苏					
浙　江					
福　建					
山　东					
广　东					
海　南					
东北地区					
辽　宁					
吉　林					
黑龙江					
中部地区					
山　西					
安　徽					
江　西					
河　南					
湖　北					
湖　南					
西部地区					
内蒙古					
广　西					
重　庆					
四　川					
贵　州					
云　南					
西　藏					
陕　西					
甘　肃					
青　海					
宁　夏					
新　疆					

2-8　续表 48

(计算机及辅助设备市场)

地　区	市场数量（个）	总摊位数（个）	年末出租摊位数（个）	营业面积（平方米）	成交额（万元）
全　国	**82**	**33969**	**31928**	**1302935**	**7661120**
东部地区	**46**	**17748**	**16138**	**539980**	**3669727**
北　京	6	4159	3615	129850	814524
天　津					
河　北					
上　海	4	1592	1266	40528	267817
江　苏	7	1784	1500	43653	401670
浙　江	13	3734	3510	126553	831157
福　建	3	1364	1247	58000	181864
山　东	6	2684	2594	84500	752033
广　东	6	2096	2071	46396	390602
海　南	1	335	335	10500	30060
东北地区	**4**	**2898**	**2898**	**113159**	**570582**
辽　宁	1	500	500	17800	20706
吉　林	1	851	851	2800	241262
黑龙江	2	1547	1547	92559	308614
中部地区	**15**	**6802**	**6570**	**435300**	**1457583**
山　西	2	440	440	18000	28000
安　徽					
江　西	1	100	80	4700	10338
河　南	2	3163	3163	280000	885700
湖　北	5	1248	1238	45400	126740
湖　南	5	1851	1649	87200	406805
西部地区	**17**	**6521**	**6322**	**214496**	**1963228**
内蒙古					
广　西	2	655	655	24259	157500
重　庆	5	2240	2235	100139	1160649
四　川	4	1100	913	34000	481139
贵　州	1	138	138	3000	10080
云　南					
西　藏					
陕　西	3	1610	1610	36000	109820
甘　肃					
青　海					
宁　夏					
新　疆	2	773	771	17098	44040

2-8 续表 49

(其他电器、通讯器材、电子设备市场)

地区	市场数量(个)	总摊位数(个)	年末出租摊位数(个)	营业面积(平方米)	成交额(万元)
全国	**14**	**7443**	**6915**	**195386**	**828432**
东部地区	**8**	**5187**	**4763**	**107286**	**422517**
北京	2	810	665	17200	117410
天津					
河北					
上海					
江苏					
浙江	2	2387	2176	56000	217030
福建					
山东	1	120	120	6000	24000
广东	3	1870	1802	28086	64077
海南					
东北地区					
辽宁					
吉林					
黑龙江					
中部地区	**2**	**948**	**846**	**21600**	**226035**
山西					
安徽					
江西	1	268	259	9600	186012
河南					
湖北					
湖南	1	680	587	12000	40023
西部地区	**4**	**1308**	**1306**	**66500**	**179880**
内蒙古					
广西					
重庆	1	207	205	12000	57900
四川					
贵州	1	381	381	36800	94380
云南					
西藏					
陕西					
甘肃	1	450	450	9500	15600
青海					
宁夏	1	270	270	8200	12000
新疆					

2-8　续表 50

（医药、医疗用品及器材市场）

地　区	市场数量（个）	总摊位数（个）	年末出租摊位数（个）	营业面积（平方米）	成交额（万元）
全　国	**26**	**35173**	**25501**	**1322490**	**8010022**
东部地区	**8**	**16739**	**8725**	**481391**	**1349304**
北　京					
天　津					
河　北	1	14000	6400	360000	1050000
上　海	1	324	287	7800	60000
江　苏					
浙　江	2	817	587	37320	63153
福　建	1	40	40	1300	27831
山　东	1	800	800	60000	38748
广　东	2	758	611	14971	109572
海　南					
东北地区	**3**	**1711**	**1711**	**144575**	**840000**
辽　宁	1	459	459	93900	300000
吉　林	2	1252	1252	50675	540000
黑龙江					
中部地区	**6**	**11273**	**10299**	**453850**	**3927211**
山　西					
安　徽	2	6296	5662	44500	3040407
江　西	1	700	360	19000	150000
河　南	2	3061	3061	123950	235604
湖　北					
湖　南	1	1216	1216	266400	501200
西部地区	**9**	**5450**	**4766**	**242674**	**1893507**
内蒙古	1	180	180	18000	31666
广　西	1	1116	800	23000	500000
重　庆	1	172	172	90000	103200
四　川	1	2200	1900	50000	850000
贵　州					
云　南	2	858	858	34674	203197
西　藏					
陕　西	2	490	422	14000	35435
甘　肃					
青　海					
宁　夏	1	434	434	13000	170009
新　疆					

2-8 续表 51

(中药材市场)

地　区	市场数量(个)	总摊位数(个)	年末出租摊位数(个)	营业面积(平方米)	成交额(万元)
全　国	**25**	**35001**	**25329**	**1232490**	**7906822**
东部地区	**8**	**16739**	**8725**	**481391**	**1349304**
北　京					
天　津					
河　北	1	14000	6400	360000	1050000
上　海	1	324	287	7800	60000
江　苏					
浙　江	2	817	587	37320	63153
福　建	1	40	40	1300	27831
山　东	1	800	800	60000	38748
广　东	2	758	611	14971	109572
海　南					
东北地区	**3**	**1711**	**1711**	**144575**	**840000**
辽　宁	1	459	459	93900	300000
吉　林	2	1252	1252	50675	540000
黑龙江					
中部地区	**6**	**11273**	**10299**	**453850**	**3927211**
山　西					
安　徽	2	6296	5662	44500	3040407
江　西	1	700	360	19000	150000
河　南	2	3061	3061	123950	235604
湖　北					
湖　南	1	1216	1216	266400	501200
西部地区	**8**	**5278**	**4594**	**152674**	**1790307**
内蒙古	1	180	180	18000	31666
广　西	1	1116	800	23000	500000
重　庆					
四　川	1	2200	1900	50000	850000
贵　州					
云　南	2	858	858	34674	203197
西　藏					
陕　西	2	490	422	14000	35435
甘　肃					
青　海					
宁　夏	1	434	434	13000	170009
新　疆					

2-8 续表 52

(其他医药、医疗用品及器材市场)

地 区	市场数量(个)	总摊位数(个)	年末出租摊位数(个)	营业面积(平方米)	成交额(万元)
全 国	**1**	**172**	**172**	**90000**	**103200**
东部地区					
北 京					
天 津					
河 北					
上 海					
江 苏					
浙 江					
福 建					
山 东					
广 东					
海 南					
东北地区					
辽 宁					
吉 林					
黑 龙 江					
中部地区					
山 西					
安 徽					
江 西					
河 南					
湖 北					
湖 南					
西部地区	**1**	**172**	**172**	**90000**	**103200**
内 蒙 古					
广 西					
重 庆	1	172	172	90000	103200
四 川					
贵 州					
云 南					
西 藏					
陕 西					
甘 肃					
青 海					
宁 夏					
新 疆					

2-8 续表 53

(家具、五金及装饰材料市场)

地 区	市场数量(个)	总摊位数(个)	年末出租摊位数(个)	营业面积(平方米)	成交额(万元)
全 国	**525**	**269632**	**248949**	**34270892**	**44999775**
东部地区	**319**	**166195**	**152099**	**22318057**	**30996809**
北 京	19	8031	7686	910318	1063916
天 津	10	5798	5190	1019289	1492157
河 北	22	12567	12499	2890614	3656473
上 海	15	14571	14018	1594950	1123229
江 苏	82	46454	40398	6228580	9671657
浙 江	82	39529	36043	3991344	6669013
福 建	8	1798	1663	319890	576929
山 东	57	28781	26796	3366069	5659355
广 东	24	8566	7806	1997003	1084080
海 南					
东北地区	**37**	**19813**	**18591**	**1484506**	**1575947**
辽 宁	24	12487	11642	785628	1170485
吉 林	4	3534	3200	299282	120910
黑龙江	9	3792	3749	399596	284552
中部地区	**97**	**44516**	**41202**	**5757268**	**7095942**
山 西	5	1906	1906	243000	161205
安 徽	16	4896	4379	1077020	690635
江 西	12	7138	6674	1091128	808366
河 南	19	9613	9308	1325100	1039973
湖 北	24	10536	8629	786085	1205696
湖 南	21	10427	10306	1234935	3190067
西部地区	**72**	**39108**	**37057**	**4711061**	**5331077**
内蒙古	6	1691	1691	169600	335817
广 西	6	2842	2809	328340	197101
重 庆	18	9448	9109	1066376	2495939
四 川	10	10652	10100	1278867	1096578
贵 州	2	670	670	56000	150000
云 南	12	3937	3849	587098	610434
西 藏					
陕 西	1	320	320	76772	16580
甘 肃	9	5282	4778	660295	240625
青 海	1	1000	483	25000	17277
宁 夏	4	1837	1819	250060	59166
新 疆	3	1429	1429	212653	111560

2-8 续表 54

(家具市场)

地 区	市场数量（个）	总摊位数（个）	年末出租摊位数（个）	营业面积（平方米）	成交额（万元）
全 国	**138**	**66391**	**59890**	**10894506**	**10907507**
东部地区	**83**	**39243**	**36026**	**6896467**	**7522109**
北 京	8	3793	3672	590684	497865
天 津					
河 北	6	6882	6882	1942000	2739437
上 海	5	756	682	274710	113767
江 苏	22	12041	10939	2129189	1757920
浙 江	27	10142	8473	1261405	1727708
福 建	1	108	76	30000	10102
山 东	12	4859	4670	561471	619714
广 东	2	662	632	107008	55596
海 南					
东北地区	**15**	**6625**	**6086**	**601080**	**607450**
辽 宁	10	3327	3112	341798	472045
吉 林	3	2788	2464	149282	86047
黑 龙 江	2	510	510	110000	49358
中部地区	**23**	**9892**	**7753**	**1875994**	**999777**
山 西	2	300	300	70000	28500
安 徽	3	293	286	167500	68160
江 西	5	2346	2087	560000	158012
河 南	2	1957	1957	678000	260228
湖 北	8	4607	2735	339294	422313
湖 南	3	389	388	61200	62564
西部地区	**17**	**10631**	**10025**	**1520965**	**1778171**
内 蒙 古	2	640	640	45600	75990
广 西	3	1557	1557	78340	91264
重 庆	1	1516	1516	400000	1053885
四 川	3	4338	4042	510905	140503
贵 州	1	400	400	30000	120000
云 南	3	810	790	247067	230039
西 藏					
陕 西					
甘 肃	2	694	404	105000	24800
青 海					
宁 夏	1	260	260	60000	10613
新 疆	1	416	416	44053	31077

2-8 续表 55

(装饰材料市场)

地 区	市场数量(个)	总摊位数(个)	年末出租摊位数(个)	营业面积(平方米)	成交额(万元)
全 国	**229**	**97537**	**91116**	**12684560**	**13626425**
东部地区	**134**	**55907**	**51247**	**7716837**	**8937016**
北 京	7	2020	1982	148132	218683
天 津	4	1425	1419	109743	166877
河 北	10	2865	2859	647114	474772
上 海	6	8315	8043	783461	759657
江 苏	34	13924	11737	1734532	2903562
浙 江	30	11793	10736	1311104	1378364
福 建	4	994	891	63600	329326
山 东	24	8897	8289	1177886	2107116
广 东	15	5674	5291	1741265	598659
海 南					
东北地区	**12**	**5729**	**5276**	**612416**	**487624**
辽 宁	7	3624	3224	239800	383572
吉 林	1	746	736	150000	34863
黑 龙 江	4	1359	1316	222616	69189
中部地区	**49**	**21847**	**21321**	**2469186**	**2473705**
山 西	3	1606	1606	173000	132705
安 徽	9	3186	3122	744747	439615
江 西	4	3531	3419	476442	250548
河 南	8	4641	4381	323200	431234
湖 北	13	4694	4674	366320	579644
湖 南	12	4189	4119	385477	639959
西部地区	**34**	**14054**	**13272**	**1886121**	**1728080**
内 蒙 古	4	1051	1051	124000	259827
广 西	2	885	852	150000	25837
重 庆	12	3443	3316	503096	705047
四 川	3	2546	2515	436000	287700
贵 州	1	270	270	26000	30000
云 南	4	1791	1749	231193	246131
西 藏					
陕 西	1	320	320	76772	16580
甘 肃	3	1015	1001	70000	86095
青 海	1	1000	483	25000	17277
宁 夏	2	1408	1390	174060	38109
新 疆	1	325	325	70000	15477

2-8 续表 56

(灯具市场)

地 区	市场数量（个）	总摊位数（个）	年末出租摊位数（个）	营业面积（平方米）	成交额（万元）
全 国	**15**	**6768**	**6569**	**826823**	**1668599**
东部地区	**11**	**5653**	**5586**	**686250**	**1399402**
北 京	1	260	255	30000	13195
天 津	1	172	170	14000	31000
河 北	1	380	320	6800	12000
上 海					
江 苏	4	2521	2521	367450	702207
浙 江	2	1142	1142	98000	268000
福 建					
山 东	2	1178	1178	170000	373000
广 东					
海 南					
东北地区	**1**	**276**	**160**	**54000**	**42043**
辽 宁	1	276	160	54000	42043
吉 林					
黑 龙 江					
中部地区					
山 西					
安 徽					
江 西					
河 南					
湖 北					
湖 南					
西部地区	**3**	**839**	**823**	**86573**	**227154**
内 蒙 古					
广 西					
重 庆	1	121	121	20000	39882
四 川	1	208	208	50392	152000
贵 州					
云 南	1	510	494	16181	35272
西 藏					
陕 西					
甘 肃					
青 海					
宁 夏					
新 疆					

2-8 续表 57

(厨具、盥洗设备市场)

地　区	市场数量(个)	总摊位数(个)	年末出租摊位数(个)	营业面积(平方米)	成交额(万元)
全　国	**4**	**1304**	**1250**	**91840**	**191187**
东部地区	**2**	**860**	**806**	**22300**	**139066**
北　京					
天　津					
河　北					
上　海					
江　苏					
浙　江	1	500	500	1300	118940
福　建					
山　东	1	360	306	21000	20126
广　东					
海　南					
东北地区	**1**	**160**	**160**	**5980**	**28095**
辽　宁					
吉　林					
黑龙江	1	160	160	5980	28095
中部地区	**1**	**284**	**284**	**63560**	**24026**
山　西					
安　徽					
江　西					
河　南	1	284	284	63560	24026
湖　北					
湖　南					
西部地区					
内蒙古					
广　西					
重　庆					
四　川					
贵　州					
云　南					
西　藏					
陕　西					
甘　肃					
青　海					
宁　夏					
新　疆					

2-8 续表 58

(五金材料市场)

地 区	市场数量（个）	总摊位数（个）	年末出租摊位数（个）	营业面积（平方米）	成交额（万元）
全 国	**75**	**50772**	**46496**	**3600572**	**8633333**
东部地区	**51**	**36615**	**32706**	**2657484**	**6474191**
北 京	1	536	536	8794	15568
天 津	2	875	875	360959	234975
河 北	1	1200	1200	120000	106000
上 海	2	3200	2993	294179	128268
江 苏	12	11376	9156	739097	2606206
浙 江	14	9391	8795	381935	1596011
福 建	1	200	200	3900	53030
山 东	11	7507	7068	599890	1304308
广 东	7	2330	1883	148730	429825
海 南					
东北地区	**2**	**2500**	**2450**	**61453**	**54285**
辽 宁	1	1200	1150	21453	28375
吉 林					
黑 龙 江	1	1300	1300	40000	25910
中部地区	**14**	**5033**	**4938**	**536474**	**918397**
山 西					
安 徽	2	405	405	38773	154780
江 西					
河 南	8	2731	2686	260340	324485
湖 北	1	547	547	29271	52000
湖 南	3	1350	1300	208090	387132
西部地区	**8**	**6624**	**6402**	**345161**	**1186460**
内 蒙 古					
广 西					
重 庆	4	4368	4156	143280	697125
四 川	2	2060	2060	183200	465000
贵 州					
云 南	2	196	186	18681	24335
西 藏					
陕 西					
甘 肃					
青 海					
宁 夏					
新 疆					

2-8 续表 59

(其他装修市场)

地　区	市场数量(个)	总摊位数(个)	年末出租摊位数(个)	营业面积(平方米)	成交额(万元)
全　国	**64**	**46860**	**43628**	**6172591**	**9972724**
东部地区	**38**	**27917**	**25728**	**4338719**	**6525025**
北　京	2	1422	1241	132708	318605
天　津	3	3326	2726	534587	1059305
河　北	4	1240	1238	174700	324264
上　海	2	2300	2300	242600	121537
江　苏	10	6592	6045	1258312	1701762
浙　江	8	6561	6397	937600	1579990
福　建	2	496	496	222390	184471
山　东	7	5980	5285	835822	1235091
广　东					
海　南					
东北地区	**6**	**4523**	**4459**	**149577**	**356450**
辽　宁	5	4060	3996	128577	244450
吉　林					
黑龙江	1	463	463	21000	112000
中部地区	**10**	**7460**	**6906**	**812054**	**2680037**
山　西					
安　徽	2	1012	566	126000	28080
江　西	3	1261	1168	54686	399806
河　南					
湖　北	2	688	673	51200	151739
湖　南	3	4499	4499	580168	2100412
西部地区	**10**	**6960**	**6535**	**872241**	**411212**
内蒙古					
广　西	1	400	400	100000	80000
重　庆					
四　川	1	1500	1275	98370	51375
贵　州					
云　南	2	630	630	73976	74657
西　藏					
陕　西					
甘　肃	4	3573	3373	485295	129730
青　海					
宁　夏	1	169	169	16000	10444
新　疆	1	688	688	98600	65006

2-8 续表 60

(汽车、摩托车及零配件市场)

地　　区	市场数量 (个)	总摊位数 (个)	年末出租摊位数 (个)	营业面积 (平方米)	成交额 (万元)
全　　国	**273**	**83761**	**72488**	**13180029**	**51818098**
东部地区	**177**	**40623**	**36859**	**7217299**	**31634847**
北　　京	16	5162	4724	979311	4968356
天　　津	3	1727	1720	355534	2601087
河　　北	11	3933	3843	756560	898593
上　　海	13	1967	1964	223937	2215933
江　　苏	24	4557	3854	1359627	3471810
浙　　江	45	8602	6375	1094454	8414057
福　　建	6	609	591	102960	737907
山　　东	31	9095	8893	1080443	3283785
广　　东	28	4971	4895	1264473	5043319
海　　南					
东北地区	**12**	**10601**	**7190**	**1040660**	**5463086**
辽　　宁	7	3496	3072	413790	2928915
吉　　林	3	5885	2898	585870	2493045
黑 龙 江	2	1220	1220	41000	41126
中部地区	**50**	**20579**	**17518**	**2242116**	**8714948**
山　　西	2	464	439	113000	33960
安　　徽	8	2956	1592	330262	1118531
江　　西	6	2680	2409	229500	684405
河　　南	12	3413	3270	575260	1622329
湖　　北	9	2881	2410	492000	2645564
湖　　南	13	8135	7398	502094	2610159
西部地区	**34**	**11958**	**10921**	**2679954**	**6005217**
内 蒙 古	1	43	43	2600	19335
广　　西	4	629	566	616121	474993
重　　庆	8	3806	3342	540637	3161961
四　　川	5	1916	1916	240404	633658
贵　　州	3	432	428	59000	91450
云　　南	5	1643	1358	543457	392960
西　　藏					
陕　　西	2	1395	1396	36542	625183
甘　　肃	1	96	96	10440	26750
青　　海	1	145	145	14000	12000
宁　　夏	1	1150	950	229000	28259
新　　疆	3	702	681	387753	538668

2-8 续表 61

(汽车市场)

地　区	市场数量(个)	总摊位数(个)	年末出租摊位数(个)	营业面积(平方米)	成交额(万元)
全　国	**181**	**43297**	**34763**	**9917165**	**41898821**
东部地区	**119**	**19188**	**16170**	**5370345**	**26693266**
北　京	9	1554	1279	676861	4441407
天　津	3	1727	1720	355534	2601087
河　北	6	1232	1226	417660	436236
上　海	9	379	376	119748	1689732
江　苏	18	2272	1823	1052827	2844361
浙　江	38	5589	3362	855313	7389788
福　建	5	379	361	96260	697464
山　东	14	4281	4271	745970	2043721
广　东	17	1775	1752	1050172	4549470
海　南					
东北地区	**9**	**9033**	**5986**	**874660**	**4816783**
辽　宁	4	1928	1868	247790	2282612
吉　林	3	5885	2898	585870	2493045
黑龙江	2	1220	1220	41000	41126
中部地区	**27**	**5902**	**4346**	**1267070**	**5133144**
山　西	1	38	13	43000	18960
安　徽	5	1789	959	276000	961344
江　西	4	1364	1199	161000	229237
河　南	6	408	408	330166	581229
湖　北	6	601	430	221000	1141834
湖　南	5	1702	1337	235904	2200540
西部地区	**26**	**9174**	**8261**	**2405090**	**5255628**
内蒙古	1	43	43	2600	19335
广　西	3	283	244	606221	461313
重　庆	7	3134	2670	500637	2666961
四　川	5	1916	1916	240404	633658
贵　州	1	82	78	6000	37900
云　南	3	743	558	383333	280807
西　藏					
陕　西	1	976	976	35142	576727
甘　肃					
青　海	1	145	145	14000	12000
宁　夏	1	1150	950	229000	28259
新　疆	3	702	681	387753	538668

2-8 续表 62

(摩托车市场)

地 区	市场数量（个）	总摊位数（个）	年末出租摊位数（个）	营业面积（平方米）	成交额（万元）
全 国	**13**	**4888**	**4221**	**307528**	**947254**
东部地区	**2**	**1118**	**1034**	**65226**	**70816**
北 京					
天 津					
河 北	1	898	814	50000	38536
上 海					
江 苏					
浙 江	1	220	220	15226	32280
福 建					
山 东					
广 东					
海 南					
东北地区					
辽 宁					
吉 林					
黑 龙 江					
中部地区	**8**	**2656**	**2097**	**181962**	**341008**
山 西					
安 徽	2	967	433	47162	137187
江 西					
河 南	2	1176	1176	106000	85300
湖 北	1	100	100	2000	59280
湖 南	3	413	388	26800	59241
西部地区	**3**	**1114**	**1090**	**60340**	**535430**
内 蒙 古					
广 西	1	346	322	9900	13680
重 庆	1	672	672	40000	495000
四 川					
贵 州					
云 南					
西 藏					
陕 西					
甘 肃	1	96	96	10440	26750
青 海					
宁 夏					
新 疆					

2-8 续表 63

(机动车零配件市场)

地　区	市场数量(个)	总摊位数(个)	年末出租摊位数(个)	营业面积(平方米)	成交额(万元)
全　国	**79**	**35576**	**33504**	**2955336**	**8972023**
东部地区	**56**	**20317**	**19655**	**1781728**	**4870765**
北　京	7	3608	3445	302450	526949
天　津					
河　北	4	1803	1803	288900	423821
上　海	4	1588	1588	104189	526201
江　苏	6	2285	2031	306800	627449
浙　江	6	2793	2793	223915	991989
福　建	1	230	230	6700	40443
山　东	17	4814	4622	334473	1240064
广　东	11	3196	3143	214301	493849
海　南					
东北地区	**3**	**1568**	**1204**	**166000**	**646303**
辽　宁	3	1568	1204	166000	646303
吉　林					
黑龙江					
中部地区	**15**	**12021**	**11075**	**793084**	**3240796**
山　西	1	426	426	70000	15000
安　徽	1	200	200	7100	20000
江　西	2	1316	1210	68500	455168
河　南	4	1829	1686	139094	955800
湖　北	2	2180	1880	269000	1444450
湖　南	5	6070	5673	239390	350378
西部地区	**5**	**1670**	**1570**	**214524**	**214159**
内蒙古					
广　西					
重　庆					
四　川					
贵　州	2	350	350	53000	53550
云　南	2	900	800	160124	112153
西　藏					
陕　西	1	420	420	1400	48456
甘　肃					
青　海					
宁　夏					
新　疆					

2-8　续表 64

(花鸟鱼虫市场)

地　区	市场数量（个）	总摊位数（个）	年末出租摊位数（个）	营业面积（平方米）	成交额（万元）
全　国	**28**	**20587**	**19654**	**6584109**	**3982867**
东部地区	**18**	**11234**	**10451**	**6044109**	**2500692**
北　京	1	210	210	3000	18250
天　津	1	800	800	40000	16350
河　北	1	470	456	19290	51500
上　海	1	380	360	35800	16200
江　苏	4	3510	3152	419000	1221631
浙　江	3	1494	1139	103854	192866
福　建	2	398	398	31855	72668
山　东	2	1600	1600	139960	408720
广　东	3	2372	2336	5251350	502507
海　南					
东北地区	**2**	**2200**	**2200**	**16000**	**38000**
辽　宁	2	2200	2200	16000	38000
吉　林					
黑龙江					
中部地区	**5**	**3168**	**3168**	**390000**	**999688**
山　西					
安　徽	2	1600	1600	248000	110000
江　西					
河　南	2	1158	1158	34000	875488
湖　北					
湖　南	1	410	410	108000	14200
西部地区	**3**	**3985**	**3835**	**134000**	**444487**
内蒙古					
广　西					
重　庆					
四　川	1	485	485	20000	45487
贵　州					
云　南	1	3000	2850	14000	367000
西　藏					
陕　西					
甘　肃					
青　海					
宁　夏					
新　疆	1	500	500	100000	32000

2-8 续表 65

(花卉市场)

地　区	市场数量(个)	总摊位数(个)	年末出租摊位数(个)	营业面积(平方米)	成交额(万元)
全　国	**24**	**18344**	**17502**	**6521708**	**3859587**
东部地区	**15**	**9991**	**9299**	**5993708**	**2389412**
北　京	1	210	210	3000	18250
天　津					
河　北	1	470	456	19290	51500
上　海	1	380	360	35800	16200
江　苏	4	3510	3152	419000	1221631
浙　江	2	1194	930	99828	158216
福　建	1	255	255	25480	12388
山　东	2	1600	1600	139960	408720
广　东	3	2372	2336	5251350	502507
海　南					
东北地区	**1**	**1200**	**1200**	**4000**	**26000**
辽　宁	1	1200	1200	4000	26000
吉　林					
黑龙江					
中部地区	**5**	**3168**	**3168**	**390000**	**999688**
山　西					
安　徽	2	1600	1600	248000	110000
江　西					
河　南	2	1158	1158	34000	875488
湖　北					
湖　南	1	410	410	108000	14200
西部地区	**3**	**3985**	**3835**	**134000**	**444487**
内蒙古					
广　西					
重　庆					
四　川	1	485	485	20000	45487
贵　州					
云　南	1	3000	2850	14000	367000
西　藏					
陕　西					
甘　肃					
青　海					
宁　夏					
新　疆	1	500	500	100000	32000

2-8 续表 66

(观赏鱼市场)

地 区	市场数量(个)	总摊位数(个)	年末出租摊位数(个)	营业面积(平方米)	成交额(万元)
全 国	**1**	**1000**	**1000**	**12000**	**12000**
东部地区					
北 京					
天 津					
河 北					
上 海					
江 苏					
浙 江					
福 建					
山 东					
广 东					
海 南					
东北地区	**1**	**1000**	**1000**	**12000**	**12000**
辽 宁	1	1000	1000	12000	12000
吉 林					
黑龙江					
中部地区					
山 西					
安 徽					
江 西					
河 南					
湖 北					
湖 南					
西部地区					
内蒙古					
广 西					
重 庆					
四 川					
贵 州					
云 南					
西 藏					
陕 西					
甘 肃					
青 海					
宁 夏					
新 疆					

2-8 续表 67

(其他花鸟鱼虫市场)

地 区	市场数量(个)	总摊位数(个)	年末出租摊位数(个)	营业面积(平方米)	成交额(万元)
全 国	**3**	**1243**	**1152**	**50401**	**111280**
东部地区	**3**	**1243**	**1152**	**50401**	**111280**
北 京					
天 津	1	800	800	40000	16350
河 北					
上 海					
江 苏					
浙 江	1	300	209	4026	34650
福 建	1	143	143	6375	60280
山 东					
广 东					
海 南					
东北地区					
辽 宁					
吉 林					
黑 龙 江					
中部地区					
山 西					
安 徽					
江 西					
河 南					
湖 北					
湖 南					
西部地区					
内 蒙 古					
广 西					
重 庆					
四 川					
贵 州					
云 南					
西 藏					
陕 西					
甘 肃					
青 海					
宁 夏					
新 疆					

2-8 续表 68

(旧货市场)

地 区	市场数量（个）	总摊位数（个）	年末出租摊位数（个）	营业面积（平方米）	成交额（万元）
全 国	**20**	**8604**	**8161**	**371205**	**863903**
东部地区	**15**	**6827**	**6445**	**258988**	**727869**
北 京	1	3196	3196	14968	62629
天 津					
河 北	1	242	242	15000	18000
上 海					
江 苏	1	75	71	37000	19000
浙 江	8	2140	1820	139520	556720
福 建	1	28	26	2500	10983
山 东	2	516	460	47000	48037
广 东	1	630	630	3000	12500
海 南					
东北地区	**1**	**475**	**475**	**32000**	**13861**
辽 宁					
吉 林	1	475	475	32000	13861
黑龙江					
中部地区	**2**	**1163**	**1102**	**28120**	**29121**
山 西					
安 徽					
江 西	1	656	656	15000	14121
河 南	1	507	446	13120	15000
湖 北					
湖 南					
西部地区	**2**	**139**	**139**	**52097**	**93052**
内蒙古					
广 西					
重 庆					
四 川					
贵 州					
云 南	2	139	139	52097	93052
西 藏					
陕 西					
甘 肃					
青 海					
宁 夏					
新 疆					

2-8 续表 69

(古玩、古董、字画市场)

地 区	市场数量(个)	总摊位数(个)	年末出租摊位数(个)	营业面积(平方米)	成交额(万元)
全 国	**3**	**1165**	**1102**	**18620**	**38483**
东部地区	**2**	**658**	**656**	**5500**	**23483**
北 京					
天 津					
河 北					
上 海					
江 苏					
浙 江					
福 建	1	28	26	2500	10983
山 东					
广 东	1	630	630	3000	12500
海 南					
东北地区					
辽 宁					
吉 林					
黑龙江					
中部地区	**1**	**507**	**446**	**13120**	**15000**
山 西					
安 徽					
江 西					
河 南	1	507	446	13120	15000
湖 北					
湖 南					
西部地区					
内蒙古					
广 西					
重 庆					
四 川					
贵 州					
云 南					
西 藏					
陕 西					
甘 肃					
青 海					
宁 夏					
新 疆					

2-8　续表 70

(其他旧货市场)

地　区	市场数量（个）	总摊位数（个）	年末出租摊位数（个）	营业面积（平方米）	成交额（万元）
全　国	**17**	**7439**	**7059**	**352585**	**825420**
东部地区	**13**	**6169**	**5789**	**253488**	**704386**
北　京	1	3196	3196	14968	62629
天　津					
河　北	1	242	242	15000	18000
上　海					
江　苏	1	75	71	37000	19000
浙　江	8	2140	1820	139520	556720
福　建					
山　东	2	516	460	47000	48037
广　东					
海　南					
东北地区	**1**	**475**	**475**	**32000**	**13861**
辽　宁					
吉　林	1	475	475	32000	13861
黑 龙 江					
中部地区	**1**	**656**	**656**	**15000**	**14121**
山　西					
安　徽					
江　西	1	656	656	15000	14121
河　南					
湖　北					
湖　南					
西部地区	**2**	**139**	**139**	**52097**	**93052**
内 蒙 古					
广　西					
重　庆					
四　川					
贵　州					
云　南	2	139	139	52097	93052
西　藏					
陕　西					
甘　肃					
青　海					
宁　夏					
新　疆					

2-8 续表 71

(其他专业市场)

地　区	市场数量(个)	总摊位数(个)	年末出租摊位数(个)	营业面积(平方米)	成交额(万元)
全　国	**45**	**26759**	**21112**	**1913024**	**4056832**
东部地区	**32**	**11375**	**10665**	**890566**	**2816551**
北　京	2	169	169	81130	27721
天　津					
河　北	3	2915	2865	195800	990126
上　海	5	1149	1115	52800	505941
江　苏	4	1065	896	41550	233200
浙　江	7	1565	1504	159450	762890
福　建					
山　东	7	3439	3094	319550	232242
广　东	3	1036	985	31386	50631
海　南	1	37	37	8900	13800
东北地区	**1**	**3400**	**3400**	**80000**	**49000**
辽　宁	1	3400	3400	80000	49000
吉　林					
黑龙江					
中部地区	**8**	**4674**	**4591**	**669768**	**908325**
山　西					
安　徽	2	1463	1463	125500	56135
江　西	1	871	871	203468	40651
河　南	5	2340	2257	340800	811539
湖　北					
湖　南					
西部地区	**4**	**7310**	**2456**	**272690**	**282956**
内蒙古	1	510	510	12000	88322
广　西					
重　庆					
四　川	1	1200	680	18000	78600
贵　州	1	600	574	200000	88113
云　南	1	5000	692	42690	27921
西　藏					
陕　西					
甘　肃					
青　海					
宁　夏					
新　疆					

2-9 商品交易市场情况(按营业状态分)

(常年营业)

地 区	市场数量(个)	总摊位数(个)	年末出租摊位数(个)	营业面积(平方米)	成交额(万元)
全 国	**4973**	**3612680**	**3291636**	**257580847**	**812925687**
东部地区	**3007**	**2108631**	**1916630**	**163034395**	**571107556**
北 京	138	130442	115458	7112453	25366585
天 津	77	53944	51119	5231306	25657864
河 北	262	330378	298775	25923295	43491362
上 海	179	80069	75296	7576958	67807902
江 苏	568	382591	343831	30156626	139848504
浙 江	725	479436	430773	28654532	130636468
福 建	158	62802	54999	3335667	15372755
山 东	527	369712	350744	35001168	72172562
广 东	365	214758	191176	19948017	50572728
海 南	8	4499	4459	94373	180826
东北地区	**375**	**323931**	**298745**	**14239295**	**52524614**
辽 宁	215	193510	178740	8038915	37027815
吉 林	65	61709	55385	3084981	6401777
黑龙江	95	68712	64620	3115399	9095022
中部地区	**921**	**621470**	**572311**	**40667125**	**98895331**
山 西	39	32999	29506	2520676	4955882
安 徽	131	104184	93351	8916217	21837638
江 西	93	70421	64150	3576687	12827300
河 南	173	134780	124514	10424437	19914506
湖 北	175	88888	81056	5604349	14571385
湖 南	310	190198	179734	9624759	24788620
西部地区	**670**	**558648**	**503950**	**39640032**	**90398186**
内蒙古	68	41619	37951	6326490	6926658
广 西	88	73209	68551	4251620	10446787
重 庆	129	93544	85298	6216028	29873359
四 川	112	108414	102610	5834361	15168120
贵 州	33	20978	20086	1194274	3705490
云 南	54	70210	55026	3838702	7259021
西 藏					
陕 西	39	29868	28389	1012716	2702636
甘 肃	43	36077	30351	2256249	4189772
青 海	9	8081	6000	519357	381839
宁 夏	29	21979	20868	3028359	2263031
新 疆	66	54669	48820	5161876	7481473

2-9 续表 1

(季节性营业)

地区	市场数量(个)	总摊位数(个)	年末出租摊位数(个)	营业面积(平方米)	成交额(万元)
全国	**95**	**42537**	**39224**	**4649326**	**6672278**
东部地区	**61**	**30113**	**27060**	**3041953**	**3979565**
北京	2	2656	1047	265000	111412
天津					
河北	15	7447	7207	759233	802932
上海					
江苏	5	1591	1167	105714	124545
浙江	5	1160	1111	105994	360631
福建	1	40	40	1300	27831
山东	28	14324	13807	1498712	2067414
广东	5	2895	2681	306000	484800
海南					
东北地区	**9**	**2465**	**2465**	**558840**	**1241596**
辽宁	6	1807	1807	98590	926010
吉林	1	526	526	4000	31542
黑龙江	2	132	132	456250	284044
中部地区	**13**	**5966**	**5706**	**328605**	**572610**
山西	1	460	460	18600	23529
安徽	4	776	771	175190	71860
江西	1	300	300	4000	26600
河南	5	2600	2415	103850	388011
湖北					
湖南	2	1830	1760	26965	62610
西部地区	**12**	**3993**	**3993**	**719928**	**878507**
内蒙古	6	552	552	447428	232360
广西	3	572	572	120500	263022
重庆					
四川					
贵州					
云南	1	24	24	70000	77213
西藏					
陕西					
甘肃					
青海					
宁夏					
新疆	2	2845	2845	82000	305912

2-9　续表 2

(其他)

地　区	市场数量（个）	总摊位数（个）	年末出租摊位数（个）	营业面积（平方米）	成交额（万元）
全　国	**7**	**4303**	**3927**	**114866**	**574723**
东部地区	**4**	**2493**	**2468**	**71866**	**202966**
北　京					
天　津					
河　北	1	402	387	21800	11650
上　海	1	91	91	36066	91236
江　苏	2	2000	1990	14000	100080
浙　江					
福　建					
山　东					
广　东					
海　南					
东北地区					
辽　宁					
吉　林					
黑龙江					
中部地区	**3**	**1810**	**1459**	**43000**	**371757**
山　西					
安　徽					
江　西	1	376	368	13500	317635
河　南					
湖　北	1	360	360	10500	19309
湖　南	1	1074	731	19000	34813
西部地区					
内蒙古					
广　西					
重　庆					
四　川					
贵　州					
云　南					
西　藏					
陕　西					
甘　肃					
青　海					
宁　夏					
新　疆					

2-10 商品交易市场情况(按经营方式分)

(批发为主)

地区	市场数量(个)	总摊位数(个)	年末出租摊位数(个)	营业面积(平方米)	成交额(万元)
全国	**2905**	**2400253**	**2179681**	**199846030**	**693908114**
东部地区	**1803**	**1472556**	**1333842**	**132108571**	**496949590**
北京	64	85070	71752	4629018	17031032
天津	55	40192	38291	4227261	24605984
河北	208	276224	250123	23528797	41128465
上海	100	49692	46580	5879186	63772640
江苏	293	229243	201101	21729039	120872463
浙江	386	333111	300838	21971045	109572355
福建	68	29720	25978	2036518	11011422
山东	386	275198	259393	30160814	64754557
广东	240	153322	139002	17883265	44164759
海南	3	784	784	63628	35913
东北地区	**169**	**148775**	**140009**	**8727532**	**42662899**
辽宁	102	87641	81057	4669151	31471825
吉林	25	26043	24789	1704027	3851166
黑龙江	42	35091	34163	2354354	7339908
中部地区	**529**	**397503**	**364959**	**30252999**	**79836559**
山西	28	28452	25013	2191868	4685996
安徽	84	74151	67777	7164625	19424862
江西	54	45852	41628	2627918	11361017
河南	122	92748	84993	7867630	16623307
湖北	91	55193	50131	3641802	10801910
湖南	150	101107	95417	6759156	16939467
西部地区	**404**	**381419**	**340871**	**28756928**	**74459066**
内蒙古	44	22142	19822	5874396	5387140
广西	46	37548	34685	2839652	8507841
重庆	69	64287	59584	4317827	24389391
四川	67	84950	80500	3790258	12234869
贵州	24	17235	16668	953833	3456647
云南	29	56918	42615	2897865	5978121
西藏					
陕西	25	18237	16908	714774	1739262
甘肃	31	25178	23046	1956844	3873218
青海	7	6819	4738	392707	343416
宁夏	16	9518	8729	1021179	1929510
新疆	46	38587	33576	3997593	6619651

2-10 续表

(零售为主)

地 区	市场数量(个)	总摊位数(个)	年末出租摊位数(个)	营业面积(平方米)	成交额(万元)
全 国	**2170**	**1259267**	**1155106**	**62499009**	**126264574**
东部地区	**1269**	**668681**	**612316**	**34039643**	**78340497**
北 京	76	48028	44753	2748435	8446965
天 津	22	13752	12828	1004045	1051880
河 北	70	62003	56246	3175531	3177479
上 海	80	30468	28807	1733838	4126498
江 苏	282	156939	145887	8547301	19200666
浙 江	344	147485	131046	6789481	21424744
福 建	91	33122	29061	1300449	4389164
山 东	169	108838	105158	6339066	9485419
广 东	130	64331	54855	2370752	6892769
海 南	5	3715	3675	30745	144913
东北地区	**215**	**177621**	**161201**	**6070603**	**11103311**
辽 宁	119	107676	99490	3468354	6482000
吉 林	41	36192	31122	1384954	2582153
黑 龙 江	55	33753	30589	1217295	2039158
中部地区	**408**	**231743**	**214517**	**10785731**	**20003139**
山 西	12	5007	4953	347408	293415
安 徽	51	30809	26345	1926782	2484636
江 西	41	25245	23190	966269	1810518
河 南	56	44632	41936	2660657	3679210
湖 北	85	34055	31285	1973047	3788784
湖 南	163	91995	86808	2911568	7946576
西部地区	**278**	**181222**	**167072**	**11603032**	**16817627**
内 蒙 古	30	20029	18681	899522	1771878
广 西	45	36233	34438	1532468	2201968
重 庆	60	29257	25714	1898201	5483968
四 川	45	23464	22110	2044103	2933251
贵 州	9	3743	3418	240441	248843
云 南	26	13316	12435	1010837	1358113
西 藏					
陕 西	14	11631	11481	297942	963374
甘 肃	12	10899	7305	299405	316554
青 海	2	1262	1262	126650	38423
宁 夏	13	12461	12139	2007180	333521
新 疆	22	18927	18089	1246283	1167734

2-11 商品交易市场情况(按经营环境分)

(露天式)

地　区	市场数量(个)	总摊位数(个)	年末出租摊位数(个)	营业面积(平方米)	成交额(万元)
全　国	**880**	**568180**	**515482**	**65836752**	**140678927**
东部地区	**527**	**353843**	**326346**	**40306608**	**86000429**
北　京	21	28754	19135	2625096	8802179
天　津	15	16962	15099	1889278	3462390
河　北	100	123047	117440	9787530	10346680
上　海	13	4602	4500	368949	3393825
江　苏	74	26976	24882	3276399	16046761
浙　江	71	37398	36347	3281249	14032155
福　建	10	1483	1448	102560	1017596
山　东	174	94218	89589	13728220	22981617
广　东	48	19991	17494	5195427	5904413
海　南	1	412	412	51900	12813
东北地区	**61**	**39129**	**35695**	**4221486**	**10751529**
辽　宁	42	22607	21691	2106593	7303693
吉　林	9	9660	7298	775046	760078
黑龙江	10	6862	6706	1339847	2687758
中部地区	**141**	**83535**	**77798**	**8554129**	**18416549**
山　西	7	2195	2158	297286	822910
安　徽	22	14977	14215	1119140	2783684
江　西	12	11181	10908	878220	2693153
河　南	46	24088	21929	3468571	4635122
湖　北	26	13805	13225	938989	3492432
湖　南	28	17289	15363	1851923	3989248
西部地区	**151**	**91673**	**75643**	**12754529**	**25510420**
内蒙古	30	11744	10425	4561885	4102141
广　西	11	2225	2113	1424441	5065656
重　庆	17	9013	7935	730489	4256502
四　川	25	15793	15420	1864818	3690486
贵　州	6	1524	1460	136650	1010843
云　南	14	10535	6035	695334	2340659
西　藏					
陕　西	7	6869	6869	220808	660235
甘　肃	13	13159	8814	595540	1901044
青　海	3	1526	1009	139507	87077
宁　夏	8	7195	6354	834071	924676
新　疆	17	12090	9209	1550986	1471101

2-11　续表 1

(封闭式)

地　　区	市场数量 (个)	总摊位数 (个)	年末出租摊位数 (个)	营业面积 (平方米)	成交额 (万元)
全　　国	**3526**	**2622520**	**2391085**	**156987668**	**544840171**
东部地区	**2138**	**1514779**	**1370894**	**98845639**	**388865510**
北　　京	106	88002	82764	4161308	13560641
天　　津	52	32010	31094	2749422	19641144
河　　北	136	173799	153595	14442519	30875414
上　　海	124	55940	52227	3174837	51854433
江　　苏	416	310253	279064	22180098	91981962
浙　　江	568	395729	351868	21874316	93438160
福　　建	136	56966	49198	3073478	13875188
山　　东	327	236605	225318	17176084	44273867
广　　东	267	161425	141756	9980004	29210488
海　　南	6	4050	4010	33573	154213
东北地区	**307**	**274488**	**254204**	**9057176**	**38440471**
辽　　宁	169	165292	151832	5128672	27491893
吉　　林	52	47244	44356	1704481	4287270
黑 龙 江	86	61952	58016	2224023	6661308
中部地区	**643**	**419919**	**384818**	**24911260**	**65285442**
山　　西	26	26810	23608	1962447	3812120
安　　徽	86	65140	58452	4919848	14786626
江　　西	70	42989	38468	2264319	6849788
河　　南	98	76763	70550	5730150	12468828
湖　　北	121	64657	57688	4042962	10167045
湖　　南	242	143560	136052	5991534	17201035
西部地区	**438**	**413334**	**381169**	**24173593**	**52248748**
内 蒙 古	39	28848	26557	1953938	2659990
广　　西	60	60852	57318	2436426	4378486
重　　庆	96	72508	66890	4581170	17751040
四　　川	74	80308	75768	3391805	9389460
贵　　州	17	15829	15571	878533	2076098
云　　南	37	57648	47113	2921956	4821692
西　　藏					
陕　　西	25	18457	17159	619226	1906748
甘　　肃	21	17939	17209	1479415	1982512
青　　海	5	4015	3814	279850	192972
宁　　夏	18	13641	13379	2109050	1134754
新　　疆	46	43289	40391	3522224	5954996

2-11 续表 2

(其他)

地 区	市场数量（个）	总摊位数（个）	年末出租摊位数（个）	营业面积（平方米）	成交额（万元）
全 国	**669**	**468820**	**428220**	**39520619**	**134653590**
东部地区	**407**	**272615**	**248918**	**26995967**	**100424148**
北 京	13	16342	14606	591049	3115177
天 津	10	4972	4926	592606	2554330
河 北	42	41381	35334	2474279	3083850
上 海	43	19618	18660	4069238	12650880
江 苏	85	48953	43042	4819843	32044406
浙 江	91	47469	43669	3604961	23526784
福 建	13	4393	4393	160929	507802
山 东	54	53213	49644	5595576	6984492
广 东	55	36237	34607	5078586	15942627
海 南	1	37	37	8900	13800
东北地区	**16**	**12779**	**11311**	**1519473**	**4574210**
辽 宁	10	7418	7024	902240	3158239
吉 林	5	5331	4257	609454	1385971
黑龙江	1	30	30	7779	30000
中部地区	**153**	**125792**	**116860**	**7573341**	**16137707**
山 西	7	4454	4200	279543	344381
安 徽	27	24843	21455	3052419	4339188
江 西	13	16927	15442	451648	3628594
河 南	34	36529	34450	1329566	3198567
湖 北	29	10786	10503	632898	931217
湖 南	43	32253	30810	1827267	3695760
西部地区	**93**	**57634**	**51131**	**3431838**	**13517525**
内蒙古	5	1579	1521	258095	396887
广 西	20	10704	9692	511253	1265667
重 庆	16	12023	10473	904369	7865817
四 川	13	12313	11422	577738	2088174
贵 州	10	3625	3055	179091	618549
云 南	4	2051	1902	291412	173883
西 藏					
陕 西	7	4542	4361	172682	135653
甘 肃	9	4979	4328	181294	306216
青 海	1	2540	1177	100000	101790
宁 夏	3	1143	1135	85238	203601
新 疆	5	2135	2065	170666	361288

2-12　商品交易市场成交情况(按摊位分)

地　区	粮油、食品、饮料、烟酒类		粮油、食品类		#粮油类	
	摊位数（个）	成交额（万元）	摊位数（个）	成交额（万元）	摊位数（个）	成交额（万元）
全　国	**1093817**	**206306072**	**1001723**	**189355193**	**88667**	**26313158**
东部地区	**698985**	**138017752**	**649949**	**126780519**	**47912**	**16657791**
北　京	39770	14690217	36150	13413305	3296	1892465
天　津	22314	5156312	20919	4704279	1840	696054
河　北	136111	11386797	127346	10641766	7739	1165964
上　海	23278	7300040	21748	7075233	1563	844663
江　苏	96283	24241050	88645	21591568	7602	3290593
浙　江	135828	27650939	128957	25609475	7910	3219008
福　建	27530	5259058	24686	4749663	1692	343942
山　东	159856	24415303	146776	22530539	10687	2899887
广　东	55408	17830138	52508	16386695	5403	2303493
海　南	2607	87898	2214	77996	180	1722
东北地区	**62905**	**12560319**	**58324**	**12107575**	**6634**	**1588054**
辽　宁	36828	6886576	34577	6521154	3212	642083
吉　林	11868	1388440	10746	1367355	2309	510300
黑龙江	14209	4285303	13001	4219066	1113	435671
中部地区	**184695**	**31904668**	**160876**	**28515627**	**21237**	**4832591**
山　西	6496	1544769	6112	1285401	735	182631
安　徽	30852	5781682	27367	5188083	3294	750440
江　西	21611	6086577	19378	5582127	2970	1412301
河　南	37216	5945628	31980	5482120	4313	1060392
湖　北	27236	4504170	24042	4164692	2581	294037
湖　南	61284	8041842	51997	6813204	7344	1132790
西部地区	**147232**	**23823333**	**132574**	**21951472**	**12884**	**3234722**
内蒙古	10315	1105922	9731	1060950	714	152783
广　西	23719	2850994	22303	2622906	2289	229728
重　庆	24824	6150864	21935	5627150	2735	475731
四　川	35708	5611473	33334	5287397	2493	841892
贵　州	5081	1251735	4051	938629	1015	514121
云　南	10540	1314281	8826	1241370	484	284599
西　藏						
陕　西	9816	1344998	7404	1260945	761	300326
甘　肃	8518	1355579	7593	1210867	746	212835
青　海	1095	171996	965	153536	425	79929
宁　夏	5508	423106	5247	400164	310	9325
新　疆	12108	2242385	11185	2147558	912	133453

2-12 续表 1

地区	#肉禽蛋类		#水产品类		#蔬菜类	
	摊位数(个)	成交额(万元)	摊位数(个)	成交额(万元)	摊位数(个)	成交额(万元)
全　国	**134630**	**26796363**	**156584**	**37887989**	**425897**	**52386956**
东部地区	**79816**	**17822951**	**121774**	**28427843**	**285063**	**34097950**
北　京	4774	1468832	3895	2088403	12091	3445890
天　津	1218	383655	1498	1375866	13284	1235520
河　北	7704	1116226	4610	483938	86271	5445557
上　海	3469	1444369	4174	2361401	9394	1413550
江　苏	17794	4631907	16474	5331724	31694	4269021
浙　江	17416	3788111	41419	6657549	41203	5453006
福　建	4833	658064	6295	2082188	6981	957104
山　东	9560	1066909	33657	5327935	67257	8746503
广　东	12502	3233411	9252	2689082	16164	3118957
海　南	546	31467	500	29757	724	12842
东北地区	**8822**	**1403867**	**9900**	**2492436**	**20005**	**3798917**
辽　宁	5221	781914	6328	2242950	12387	1439526
吉　林	1306	44784	1842	106112	3214	519613
黑龙江	2295	577169	1730	143374	4404	1839778
中部地区	**25682**	**3770356**	**15520**	**4327290**	**57896**	**7663989**
山　西	193	48808	221	36545	3422	640163
安　徽	6133	1189981	3089	902559	9369	1234816
江　西	4258	923225	1685	353906	6969	1232459
河　南	2468	220184	2227	489559	13179	1863082
湖　北	3272	347241	3580	1266188	8466	918306
湖　南	9358	1040917	4718	1278533	16491	1775163
西部地区	**20310**	**3799189**	**9390**	**2640420**	**62933**	**6826100**
内蒙古	1081	171580	950	59935	4989	498296
广　西	6213	831068	2217	171707	7836	754041
重　庆	3429	694849	2217	1525100	7649	1046071
四　川	3748	1094717	1276	391343	20841	1986552
贵　州	587	58281	126	5109	1409	106367
云　南	1790	197495	517	48631	3861	458523
西　藏						
陕　西	1160	95316	477	39855	4025	750375
甘　肃	639	205187	661	174040	4039	367559
青　海	10	279	5	301	462	68004
宁　夏	433	101863	179	12071	3477	180806
新　疆	1220	348554	765	212328	4345	609506

2-12 续表 2

地 区	#干鲜果品类		饮料类		烟酒类	
	摊位数（个）	成交额（万元）	摊位数（个）	成交额（万元）	摊位数（个）	成交额（万元）
全 国	**155291**	**38226126**	**48964**	**8918110**	**43130**	**8032769**
东部地区	**93757**	**25344418**	**26063**	**6310416**	**22973**	**4926817**
北 京	8668	3819927	1705	492191	1915	784721
天 津	2420	848047	637	177636	758	274397
河 北	19923	2252832	3877	263030	4888	482001
上 海	1994	904430	1174	167974	356	56833
江 苏	11823	2906248	4318	1557102	3320	1092380
浙 江	16806	5481694	4729	1291794	2142	749670
福 建	2553	424877	2333	364243	511	145152
山 东	21335	3781707	5261	870410	7819	1014354
广 东	7971	4922448	1881	1122481	1019	320962
海 南	264	2208	143	3555	245	6347
东北地区	**8325**	**2007358**	**2358**	**235810**	**2223**	**216934**
辽 宁	4676	694994	1132	183146	1119	182276
吉 林	808	123068	599	13212	523	7873
黑龙江	2841	1189296	627	39452	581	26785
中部地区	**32888**	**6743536**	**12024**	**1383263**	**11795**	**2005778**
山 西	1463	360198	68	9169	316	250199
安 徽	4644	1039608	2113	322490	1372	271109
江 西	3347	1269575	1085	196227	1148	308223
河 南	7939	1631546	2709	269276	2527	194232
湖 北	4860	1129291	2265	232161	929	107317
湖 南	10635	1313318	3784	353940	5503	874698
西部地区	**20321**	**4130814**	**8519**	**988621**	**6139**	**883240**
内蒙古	1505	116800	215	7878	369	37094
广 西	3471	624230	724	153732	692	74356
重 庆	3718	1216455	1357	253564	1532	270150
四 川	4022	861794	1217	160589	1157	163487
贵 州	754	249239	641	154557	389	158549
云 南	1164	234362	1158	55382	556	17529
西 藏						
陕 西	940	71558	2119	78992	293	5061
甘 肃	1001	207811	349	41426	576	103286
青 海	63	5023	72	9168	58	9292
宁 夏	836	95888	157	20742	104	2200
新 疆	2847	447654	510	52591	413	42236

2-12 续表 3

地 区	服装、鞋帽、针纺织品类		服装类		鞋帽类	
	摊位数（个）	成交额（万元）	摊位数（个）	成交额（万元）	摊位数（个）	成交额（万元）
全 国	**940241**	**126321888**	**571265**	**54330729**	**146792**	**13877214**
东部地区	**486709**	**92780526**	**274419**	**32882640**	**66525**	**7981758**
北 京	28660	898502	20522	587329	3239	122612
天 津	9840	779717	7282	580320	2082	177297
河 北	51640	7932839	32725	4840024	7649	1027271
上 海	12637	1008587	9523	864509	1277	18183
江 苏	86209	29857309	41331	8131465	14433	2013851
浙 江	131300	29840859	60486	8159149	12497	1403394
福 建	13176	2519282	11162	2012828	1098	103182
山 东	83479	9271795	50239	4333018	15250	1773481
广 东	68557	10627939	40152	3332874	8815	1340233
海 南	1211	43697	997	41124	185	2254
东北地区	**125656**	**11419984**	**76153**	**7299957**	**22294**	**1544672**
辽 宁	76647	9254574	45820	5679014	13852	1287987
吉 林	18759	761057	13687	642796	2160	59273
黑 龙 江	30250	1404353	16646	978147	6282	197412
中部地区	**165016**	**10261897**	**108189**	**6515598**	**31010**	**1951208**
山 西	14725	745757	11651	487135	2394	214143
安 徽	21249	1646562	11457	1015870	3837	323298
江 西	15740	2236322	9562	1250435	3091	425000
河 南	41376	1838180	24121	1236889	10551	286198
湖 北	20207	1278528	15577	938566	2525	230925
湖 南	51719	2516548	35821	1586703	8612	471644
西部地区	**162860**	**11859481**	**112504**	**7632534**	**26963**	**2399576**
内 蒙 古	13851	713106	9271	514463	2778	143099
广 西	24632	653345	17402	478138	3464	79942
重 庆	20188	3751979	12236	1739608	4086	998119
四 川	30564	1687876	21383	1112055	4636	348662
贵 州	8178	740349	6096	541887	1373	137137
云 南	21767	2251660	16756	1845120	3536	264951
西 藏						
陕 西	12215	462394	8700	218598	1763	162693
甘 肃	8365	592861	6424	521273	744	21606
青 海	2348	72404	1556	53327	330	8258
宁 夏	6356	165008	3661	97235	1162	23969
新 疆	14396	768499	9019	510830	3091	211140

2-12 续表 4

地 区	针纺织品类		化妆品类		金银珠宝类	
	摊位数（个）	成交额（万元）	摊位数（个）	成交额（万元）	摊位数（个）	成交额（万元）
全 国	**222184**	**58113945**	**28889**	**2740653**	**15911**	**4074173**
东部地区	**145765**	**51916128**	**12876**	**1467455**	**11662**	**3585693**
北 京	4899	188561	881	62588	612	34489
天 津	476	22100	380	29233	166	8029
河 北	11266	2065544	1972	304185	790	29088
上 海	1837	125895	42	2690	11	377
江 苏	30445	19711993	2021	224268	3070	703234
浙 江	58317	20278316	2155	313215	963	715055
福 建	916	403272	122	19593	1880	1128898
山 东	17990	3165296	3182	356479	1996	594541
广 东	19590	5954832	2071	154338	2174	371982
海 南	29	319	50	866		
东北地区	**27209**	**2575355**	**3909**	**361265**	**2291**	**114835**
辽 宁	16975	2287573	2253	305429	2191	80770
吉 林	2912	58988	391	8938	37	1206
黑 龙 江	7322	228794	1265	46898	63	32859
中部地区	**25817**	**1795091**	**6178**	**559712**	**975**	**234259**
山 西	680	44479	237	30860	9	355
安 徽	5955	307394	1126	97895	228	20458
江 西	3087	560887	856	113624	55	6091
河 南	6704	315093	1942	105398	459	105832
湖 北	2105	109037	491	93332	43	86511
湖 南	7286	458201	1526	118603	181	15012
西部地区	**23393**	**1827371**	**5926**	**352221**	**983**	**139386**
内 蒙 古	1802	55544	728	27977	74	36824
广 西	3766	95265	881	22002	34	505
重 庆	3866	1014252	576	57620	21	7914
四 川	4545	227159	1387	75003	76	9740
贵 州	709	61325	75	17134	5	120
云 南	1475	141589	433	27849	514	17307
西 藏						
陕 西	1752	81103	188	4499		
甘 肃	1197	49982	422	59362	32	3613
青 海	462	10819	187	9789		
宁 夏	1533	43804	315	15053	42	1241
新 疆	2286	46529	734	35933	185	62122

2-12 续表 5

地区	日用品类		#洗涤用品类		#儿童玩具类	
	摊位数(个)	成交额(万元)	摊位数(个)	成交额(万元)	摊位数(个)	成交额(万元)
全国	**183087**	**28230366**	**43063**	**4494197**	**30624**	**3203349**
东部地区	**116632**	**21510179**	**23532**	**2822025**	**20997**	**2464608**
北京	13097	989202	3239	437817	1230	41639
天津	1981	232963	174	33959	73	3960
河北	16574	2913444	5341	1377723	9342	1297294
上海	1585	3227247	136	43830	25	12770
江苏	22067	4412162	2850	250801	2376	258995
浙江	24384	4708322	4063	288429	2949	400550
福建	1859	273525	284	25181	68	5714
山东	20868	2259475	5458	242175	3564	238784
广东	14163	2492474	1946	120870	1365	204837
海南	54	1365	41	1240	5	65
东北地区	**18355**	**2296194**	**4259**	**202223**	**1815**	**104152**
辽宁	12727	2054898	2005	150237	1054	64315
吉林	2003	83053	219	6406	106	2032
黑龙江	3625	158243	2035	45580	655	37805
中部地区	**25606**	**2402231**	**9566**	**714005**	**3941**	**353098**
山西	2057	373372	317	13836	313	13298
安徽	3768	242041	1398	105017	446	37074
江西	3210	409012	1114	129218	448	40952
河南	5814	438732	2120	94614	1352	95505
湖北	3640	413153	1131	118700	298	41255
湖南	7117	525921	3486	252620	1084	125014
西部地区	**22494**	**2021762**	**5706**	**755944**	**3871**	**281491**
内蒙古	1338	144793	427	18344	292	5396
广西	2969	94620	387	15160	1425	20783
重庆	5034	719703	1670	328613	661	134675
四川	1962	342628	971	66951	262	23300
贵州	1644	198323	310	157105	54	3004
云南	4206	137315	341	10878	488	29809
西藏						
陕西	349	3359	121	1982	39	732
甘肃	1249	205518	433	85444	183	50609
青海	241	11720	140	5645	56	3525
宁夏	892	32528	141	5813	43	825
新疆	2610	131255	765	60009	368	8833

2-12　续表 6

地　区	五金、电料类		体育、娱乐用品类		书报杂志类	
	摊位数（个）	成交额（万元）	摊位数（个）	成交额（万元）	摊位数（个）	成交额（万元）
全　国	**106198**	**18002291**	**12407**	**1562742**	**5377**	**749938**
东部地区	**62228**	**12485848**	**6846**	**1096511**	**1962**	**285519**
北　京	1841	124833	1126	191061	240	19615
天　津	2855	638620	58	11457	26	296
河　北	4275	1122579	1286	361376	276	54116
上　海	3845	200999	198	32466	52	17386
江　苏	15343	3621625	877	50860	445	67460
浙　江	18044	3728355	1390	205129	146	35897
福　建	756	155461	62	2918	11	117
山　东	10274	1861726	1300	173000	621	51471
广　东	4990	1031540	543	68076	145	39161
海　南	5	110	6	168		
东北地区	**8130**	**437248**	**657**	**38295**	**727**	**24986**
辽　宁	4593	323531	512	22261	671	23338
吉　林	1950	58689	32	881	24	747
黑龙江	1587	55028	113	15153	32	901
中部地区	**18862**	**3314732**	**2927**	**270994**	**1768**	**411851**
山　西	697	155663	96	7279		
安　徽	2936	392373	615	34370	395	181651
江　西	1210	309030	105	5194	92	10514
河　南	4905	745145	913	55810	426	88168
湖　北	3035	461892	189	29161	325	60807
湖　南	6079	1250629	1009	139180	530	70711
西部地区	**16978**	**1764463**	**1977**	**156942**	**920**	**27582**
内蒙古	750	150596	298	22273	86	562
广　西	1100	48254	353	12299	17	192
重　庆	4175	703868	419	47160	57	964
四　川	4957	600378	181	7783	115	2105
贵　州	158	5173	16	447	12	147
云　南	554	34700	16	120	8	85
西　藏						
陕　西	468	23347	68	2094	6	64
甘　肃	1781	48646	211	42100	327	1221
青　海	170	7298	25	3471		
宁　夏	193	7073	11	346	30	9268
新　疆	2672	135130	379	18849	262	12974

2-12　续表 7

地　区	电子出版物及音像制品类		家用电器和音像器材类		中西药品类	
	摊位数（个）	成交额（万元）	摊位数（个）	成交额（万元）	摊位数（个）	成交额（万元）
全　国	**9170**	**1846473**	**35434**	**7813080**	**27529**	**8504600**
东部地区	**3604**	**1284027**	**15674**	**3054830**	**9974**	**1785227**
北　京	47	4829	2175	338053	24	1533
天　津	28	1707	158	16287	5	250
河　北	1462	1031172	492	67128	6593	1065359
上　海	32	3632	328	90418	291	60663
江　苏	603	127794	2201	655630	122	197033
浙　江	137	38415	4000	607705	966	242203
福　建	58	4557	612	84324	145	32591
山　东	665	25663	3359	857641	1018	60686
广　东	572	46258	2346	337494	805	124744
海　南			3	150	5	165
东北地区	**1623**	**272018**	**2896**	**1082031**	**1848**	**839657**
辽　宁	610	108297	2041	411613	396	283138
吉　林	644	86742	417	24078	1432	548381
黑龙江	369	76979	438	646340	20	8138
中部地区	**2779**	**231860**	**10429**	**2797184**	**9823**	**3899470**
山　西	34	2953	187	15647		
安　徽	243	7582	2404	744703	4846	3051562
江　西	240	14949	1671	277020	469	171868
河　南	701	22842	2505	627322	2970	236350
湖　北	131	7276	619	70394	33	21218
湖　南	1430	176258	3043	1062098	1505	418472
西部地区	**1164**	**58568**	**6435**	**879035**	**5884**	**1980246**
内蒙古	107	985	391	36162	282	36192
广　西	100	2990	489	18208	921	507274
重　庆	83	15073	721	383118	285	113434
四　川	24	4417	536	62824	1922	853075
贵　州	18	99	510	70548	56	1022
云　南	112	1722	1597	32971	915	206111
西　藏						
陕　西	13	254	305	31874	427	35511
甘　肃	279	15404	534	139102	435	47442
青　海	1	20	78	742	3	70
宁　夏	98	2658	31	495	446	170164
新　疆	329	14946	1243	102991	192	9951

2-12　续表 8

地　区	#西药类 摊位数（个）	#西药类 成交额（万元）	#中草药及中成药类 摊位数（个）	#中草药及中成药类 成交额（万元）	文化办公用品类 摊位数（个）	文化办公用品类 成交额（万元）
全　国	**1307**	**309224**	**25171**	**7830676**	**62948**	**12187557**
东部地区	**419**	**184623**	**9111**	**1380738**	**32069**	**5565488**
北　京	14	893	6	231	4276	694911
天　津	5	250			515	46329
河　北	123	13107	6466	1052236	2329	447151
上　海	3	606	287	60000	1286	279860
江　苏	58	144106	36	3412	4254	734489
浙　江	7	341	596	78124	9161	1577004
福　建	26	1696	106	28472	1024	126439
山　东	139	17761	861	40603	5518	1126920
广　东	39	5698	753	117660	3375	502423
海　南	5	165			331	29962
东北地区	**70**	**9113**	**1698**	**820640**	**6716**	**1582201**
辽　宁	44	5353	338	276603	3571	1027241
吉　林	20	754	1357	541821	1026	152909
黑龙江	6	3006	3	2216	2119	402051
中部地区	**334**	**65331**	**9271**	**3807707**	**12353**	**2424370**
山　西					613	35099
安　徽	42	21767	4786	3024912	968	74639
江　西	17	4392	433	164254	1166	248788
河　南	169	6412	2767	229520	4248	937472
湖　北	16	8192	13	1220	2500	490490
湖　南	90	24568	1272	387801	2858	637882
西部地区	**484**	**50157**	**5091**	**1821591**	**11810**	**2615498**
内蒙古	51	3234	189	31816	703	83076
广　西	17	4617	875	502189	1053	168458
重　庆	70	5620	41	3161	3076	1262969
四　川	11	1705	1908	851020	1099	500201
贵　州	1	14	55	1008	700	95785
云　南	46	2529	869	203582	773	19208
西　藏						
陕　西			422	35435	1611	111222
甘　肃	201	28102	234	19340	741	265419
青　海					112	3217
宁　夏	8	94	437	170014	392	14490
新　疆	79	4242	61	4026	1550	91453

2-12 续表 9

地区	家具类		通讯器材类		煤炭及制品类	
	摊位数（个）	成交额（万元）	摊位数（个）	成交额（万元）	摊位数（个）	成交额（万元）
全国	**84760**	**15564420**	**26443**	**2640047**	**2832**	**8255020**
东部地区	**46013**	**10027941**	**19454**	**1397215**	**1492**	**6658847**
北京	4265	708940	1461	349015	1	4
天津	769	12123	82	32145	856	3388828
河北	8473	2920392	944	134757	349	771509
上海	2183	221111	974	12749	10	11725
江苏	12110	2215799	1393	88519	124	1057551
浙江	10506	2419764	2161	253496	76	1414092
福建	280	56729	253	21828		
山东	6819	1396707	668	68930	75	15018
广东	608	76376	11518	435776	1	120
海南						
东北地区	**9932**	**892992**	**2013**	**314193**	**8**	**230**
辽宁	6038	626303	1202	202916	8	230
吉林	2889	138096	694	71326		
黑龙江	1005	128593	117	39951		
中部地区	**11969**	**2164457**	**2556**	**754538**	**253**	**165813**
山西	348	37655	14	386	12	85323
安徽	1649	496544	59	6139	8	302
江西	2236	245003	141	80913		
河南	2200	422258	599	369613	93	1546
湖北	3005	479006	759	181025	101	76350
湖南	2531	483991	984	116462	39	2292
西部地区	**16846**	**2479030**	**2420**	**174101**	**1079**	**1430130**
内蒙古	1224	148295	282	53413	94	1211521
广西	1545	134421	59	3181		
重庆	2638	1365556	319	70700		
四川	4879	232148	26	495		
贵州	479	132300	12	756		
云南	749	198799	1017	13751	7	130
西藏						
陕西	6	120	193	2451		
甘肃	1887	91438	72	9201	8	878
青海	224	11661	3	34		
宁夏	253	15948	145	3806	711	30685
新疆	2962	148344	292	16313	259	186916

2-12 续表 10

地区	木材及制品类		石油及制品类		化工材料及制品类	
	摊位数（个）	成交额（万元）	摊位数（个）	成交额（万元）	摊位数（个）	成交额（万元）
全国	**29721**	**8111872**	**1150**	**18666469**	**36018**	**29839835**
东部地区	**20560**	**6370628**	**640**	**12641442**	**27808**	**28182287**
北京	932	44448			222	17673
天津	193	34001	2	286	442	2103362
河北	966	145389	29	6813	8607	1683253
上海	1498	357225	536	12602500	1084	899362
江苏	5586	1223017	12	3749	6059	11134671
浙江	4003	1227053			4235	7067778
福建	400	61311	3	78	385	96549
山东	5718	2761732	40	27218	3347	786841
广东	1264	516452	18	798	3427	4392798
海南						
东北地区	**1819**	**158077**	**200**	**6000000**	**1600**	**153559**
辽宁	1241	121604	200	6000000	428	91779
吉林	440	21859			1140	57703
黑龙江	138	14614			32	4077
中部地区	**4683**	**1057499**	**87**	**9445**	**4250**	**617846**
山西	186	16461			4	1523
安徽	878	463850	6	78	736	202201
江西	446	38797			352	37366
河南	379	203211	61	1652	1748	220499
湖北	799	164471	4	620	256	30281
湖南	1995	170709	16	7095	1154	125976
西部地区	**2659**	**525668**	**223**	**15582**	**2360**	**886143**
内蒙古	209	244776	23	838	66	32717
广西	385	72271			299	237972
重庆	400	120009	13	330	289	80739
四川	184	16254			166	240673
贵州	35	3991			2	205
云南	119	9156	1	630	116	60722
西藏						
陕西	180	5000			30	2000
甘肃	443	29695			17	301
青海	13	1120				
宁夏	2	36	10	1740	28	1891
新疆	689	23360	176	12044	1347	228923

2-12 续表 11

地区	#化肥类		金属材料类		建筑及装潢材料类	
	摊位数(个)	成交额(万元)	摊位数(个)	成交额(万元)	摊位数(个)	成交额(万元)
全　国	**4194**	**1191235**	**102650**	**182774387**	**224602**	**38379103**
东部地区	**1110**	**585956**	**68063**	**140086119**	**123520**	**23303565**
北　京			355	49201	5880	730580
天　津	5	7360	2993	8754830	3228	880658
河　北	314	119657	13723	3318113	6639	1117994
上　海	5	642	6131	37408696	12248	1176773
江　苏	298	206640	19500	42776129	40966	6318441
浙　江	3	1938	15765	25708958	23729	5333685
福　建			349	2411175	2943	1790557
山　东	484	249708	6819	14848733	21988	5147828
广　东	1	11	2428	4810284	5899	807049
海　南						
东北地区	**1154**	**53537**	**7793**	**5854042**	**16414**	**1733865**
辽　宁	12	930	5395	4040439	7740	1276786
吉　林	1112	50157	1393	141014	2454	185289
黑龙江	30	2450	1005	1672589	6220	271790
中部地区	**1004**	**244752**	**11493**	**13812016**	**54862**	**8140440**
山　西			240	848678	2360	557867
安　徽	386	180643	2819	5337011	8998	1345772
江　西	35	1739	1061	636570	7074	1077089
河　南	411	20066	2262	2966811	6989	1407476
湖　北	81	9550	3167	1756044	11057	1426976
湖　南	91	32754	1944	2266902	18384	2325260
西部地区	**926**	**306990**	**15301**	**23022210**	**29806**	**5201233**
内蒙古	64	31831	746	1395096	1604	477903
广　西	64	52071	1057	4435172	5225	532038
重　庆	104	11641	3452	8269185	6794	2002983
四　川			2655	1951971	6068	1169588
贵　州			1326	874480	679	156797
云　南	41	37644	955	1481962	2745	383455
西　藏						
陕　西			9	41	816	42968
甘　肃	6	93	2002	1038161	1645	179842
青　海					754	21899
宁　夏	23	1521	1815	1169351	1442	45655
新　疆	624	172189	1284	2406791	2034	188105

2-12 续表 12

地 区	机电产品及设备类		#农机类		汽车类	
	摊位数（个）	成交额（万元）	摊位数（个）	成交额（万元）	摊位数（个）	成交额（万元）
全 国	**53582**	**13569174**	**5340**	**1795745**	**67765**	**52268826**
东部地区	**30110**	**8602579**	**3519**	**1149130**	**36754**	**32163233**
北 京	453	230263			4724	4968356
天 津	473	138300			1732	2634847
河 北	5810	1227899	2039	800905	3857	1181741
上 海	913	102645			1969	2224743
江 苏	9153	2319519	590	54670	3866	3611905
浙 江	7337	2736427	11	3300	6504	8470359
福 建	108	9059			591	737907
山 东	4468	1414799	695	254072	8613	3287178
广 东	1395	423668	184	36183	4898	5046197
海 南						
东北地区	**1653**	**129023**	**138**	**53039**	**7557**	**5580473**
辽 宁	942	90405	23	37080	3113	2997094
吉 林	674	37698	115	15959	3224	2542253
黑龙江	37	920			1220	41126
中部地区	**9754**	**2043381**	**1175**	**380989**	**13891**	**9001107**
山 西	140	71160			462	410879
安 徽	2099	309718	330	88851	559	896949
江 西	694	339749	266	106529	2234	680290
河 南	1288	187122	308	73088	2437	1546562
湖 北	650	185426	197	107534	2357	2686719
湖 南	4883	950206	74	4987	5842	2779708
西部地区	**12065**	**2794191**	**508**	**212587**	**9563**	**5524013**
内蒙古	184	203004	64	144478	43	19335
广 西	1595	224597	5	800	244	461313
重 庆	3909	1174897	9	1244	2512	2663549
四 川	3810	950311	10	122	1916	633658
贵 州					428	91450
云 南	582	27543	118	10800	1051	368982
西 藏						
陕 西	2	26			1396	625183
甘 肃	186	32150				
青 海	21	1898			145	12000
宁 夏	470	93044	177	43103	951	28601
新 疆	1306	86721	125	12040	877	619942

2-12　续表 13

地　区	种子饲料类		棉麻类		其他类	
	摊位数（个）	成交额（万元）	摊位数（个）	成交额（万元）	摊位数（个）	成交额（万元）
全　国	**7497**	**1336678**	**5681**	**5726178**	**171078**	**24700846**
东部地区	**4137**	**672562**	**4721**	**5633285**	**103665**	**16631329**
北　京	6	160	87	950	5370	328574
天　津	132	53568	650	637088	1241	66628
河　北	2571	102835	41	2290	30560	4977725
上　海	2	185	17	584	4237	656475
江　苏	311	77085	732	1455607	13681	2898223
浙　江	191	58950	688	1817419	28215	4826020
福　建	209	256452			2283	352178
山　东	682	122575	2506	1719347	10672	1588370
广　东	33	752			7219	920691
海　南					187	16445
东北地区	**580**	**200955**	**216**	**1480**	**15712**	**1718288**
辽　宁	248	180347	3	64	10949	1544192
吉　林	246	8150	203	1135	3971	113675
黑龙江	86	12458	10	281	792	60421
中部地区	**1241**	**161918**	**457**	**78162**	**22569**	**3119848**
山　西	5	820			1044	36905
安　徽	329	19109	69	4500	6283	551807
江　西	148	17448	133	4755	3874	124566
河　南	248	11889	156	59327	4994	1757672
湖　北	91	11348			721	75496
湖　南	420	101304	99	9580	5653	573402
西部地区	**1539**	**301243**	**287**	**13251**	**29132**	**3231381**
内蒙古	134	23160	80	3512	4891	986980
广　西	276	60554			2170	169149
重　庆	413	162008	31	2043	5069	746694
四　川	134	12393	25	5710	4216	197416
贵　州	2	3	47	401	623	64225
云　南	124	12731			6149	735044
西　藏						
陕　西	20	439			271	4792
甘　肃	8	98	55	820	1134	30921
青　海					580	52500
宁　夏	92	5311	31	419	604	25114
新　疆	336	24546	18	346	3425	218546

（三）36城市

2-13 商品交易市场总体情况

地区	市场数量（个）	总摊位数（个）	年末出租摊位数（个）	营业面积（平方米）	成交额（万元）
36城市合计	**2028**	**1468503**	**1343687**	**99095445**	**404860062**
北京	140	133098	116505	7377453	25477997
天津	77	53944	51119	5231306	25657864
石家庄	59	73252	65940	4995041	12459056
太原	16	11304	11025	878195	1189082
呼和浩特	13	7623	7195	339060	889667
沈阳	63	62505	56439	2578723	14819550
大连	47	35926	35477	1543146	14607889
长春	30	32659	29130	2158420	4295184
哈尔滨	53	43486	40451	2084746	6158792
上海	180	80160	75387	7613024	67899138
南京	61	43656	40491	2994710	13120432
杭州	171	87763	79789	4805304	36638324
宁波	131	74473	68920	4921703	21659633
合肥	41	29528	25668	2369290	9183587
福州	55	16908	15478	1151253	7818561
厦门	19	6393	6247	413613	1556618
南昌	34	28025	26791	1411486	6932601
济南	41	24439	23659	2251419	5081304
青岛	68	58374	55928	5387198	11091673
郑州	56	50758	47254	2827766	8019540
武汉	65	34592	31575	2326290	6260909
长沙	65	47619	46263	4616628	12707315
广州	158	83934	77594	6687494	20379026
深圳	30	30345	25796	708734	4415058
南宁	33	23084	21758	2010194	4889981
海口	3	1082	1082	65228	52173
重庆	129	93544	85298	6216028	29873359
成都	36	49049	45873	3466314	9567535
贵阳	14	11841	11466	809117	2489368
昆明	33	56914	42620	3114691	6426610
拉萨					
西安	25	18085	16826	541342	1928112
兰州	28	18043	16354	1348341	3608361
西宁	9	8081	6000	519357	381839
银川	19	14351	13841	1091161	1763814
乌鲁木齐	26	23565	22448	2241670	5560110

2-14 商品交易市场情况(按市场类别分)

(综合市场)

地 区	市场数量(个)	总摊位数(个)	年末出租摊位数(个)	营业面积(平方米)	成交额(万元)
36城市总计	**456**	**439307**	**412882**	**19843062**	**73437705**
北 京	39	57000	53127	3099862	12833362
天 津	21	19922	18374	1020888	1963239
石家庄	15	39596	39433	1752590	5070388
太 原	3	2977	2723	285000	250240
呼和浩特					
沈 阳	6	4231	3889	64085	286744
大 连	25	25024	24847	967311	5256077
长 春	9	10973	10799	311583	484865
哈尔滨	13	11517	10288	278630	1718902
上 海	41	19956	19020	572626	3579227
南 京	24	15820	14859	867738	3710290
杭 州	44	30679	27275	971904	5883459
宁 波	44	25613	23558	946910	4364007
合 肥	4	6042	6002	354940	1891881
福 州	19	6419	5471	270647	725775
厦 门	7	3362	3216	184513	249273
南 昌	7	14258	13941	340085	3802138
济 南	8	7288	7246	396000	942935
青 岛	9	8346	7772	776160	1712265
郑 州	3	11165	10655	50486	146235
武 汉	11	6380	6320	523361	647275
长 沙	9	13927	13794	1285951	3403896
广 州	17	11065	10194	341541	1032442
深 圳	9	10621	8047	220144	1067595
南 宁	5	2347	2102	105200	641634
海 口	1	412	412	51900	12813
重 庆	40	50519	46260	2192453	8399983
成 都	2	4764	4764	175000	1076741
贵 阳	1	460	304	27000	16477
昆 明	2	1251	1190	19372	45313
拉 萨					
西 安	2	1226	1205	37000	33341
兰 州	4	3004	2879	258000	553306
西 宁	2	944	944	231650	61703
银 川	4	2861	2757	96020	185473
乌鲁木齐	6	9338	9215	766512	1388411

2-14 续表 1

(生产资料综合市场)

地 区	市场数量（个）	总摊位数（个）	年末出租摊位数（个）	营业面积（平方米）	成交额（万元）
36城市总计	**22**	**18200**	**18012**	**1829161**	**2753452**
北 京					
天 津	1	427	427	65000	38000
石家庄					
太 原					
呼和浩特					
沈 阳					
大 连	3	867	867	27353	57353
长 春	2	3309	3138	96000	170567
哈尔滨					
上 海	1	350	350	10000	26000
南 京	1	795	778	66000	105821
杭 州	1	57	57	16672	118000
宁 波	3	1196	1196	104618	442965
合 肥					
福 州	1	94	94	30000	13059
厦 门					
南 昌					
济 南					
青 岛	1	110	110	30000	18500
郑 州					
武 汉	1	2014	2014	321100	194542
长 沙	1	90	90	2070	10989
广 州					
深 圳					
南 宁	1	200	200	15000	189000
海 口					
重 庆	1	1600	1600	260000	693184
成 都	1	1504	1504	100000	218700
贵 阳					
昆 明					
拉 萨					
西 安					
兰 州					
西 宁	1	350	350	110000	40000
银 川					
乌鲁木齐	2	5237	5237	575348	416772

2-14 续表 2

(工业消费品综合市场)

地 区	市场数量(个)	总摊位数(个)	年末出租摊位数(个)	营业面积(平方米)	成交额(万元)
36城市总计	**116**	**165505**	**157670**	**6578318**	**21598355**
北 京	10	12887	12533	185603	840531
天 津	4	7504	7293	171994	465351
石家庄	11	25566	25418	1365413	3985861
太 原	2	1630	1376	65000	27240
呼和浩特					
沈 阳	2	2007	1843	26193	65978
大 连	13	11103	11103	284358	1489310
长 春	3	5055	5052	171800	231632
哈尔滨	5	5111	4181	209800	173709
上 海	2	1600	1533	20000	56652
南 京	5	2297	2280	82864	484195
杭 州	6	9506	9066	238850	904025
宁 波	6	7358	7083	444333	1233084
合 肥	1	3125	3125	100000	306958
福 州	2	1051	672	164400	138383
厦 门					
南 昌	3	10931	10836	223580	2597492
济 南	5	4928	4894	140000	166246
青 岛	4	5310	5142	450160	1183365
郑 州	1	1450	940	36000	100000
武 汉	4	1210	1210	85432	156147
长 沙	4	7328	7195	371381	1800627
广 州	7	4329	4113	143675	699197
深 圳	2	5715	3435	145534	50024
南 宁					
海 口					
重 庆	9	25044	23898	1138948	3832597
成 都					
贵 阳					
昆 明					
拉 萨					
西 安	1	980	980	25000	22091
兰 州	3	2004	1993	248000	536486
西 宁					
银 川	1	476	476	40000	51174
乌鲁木齐					

2-14　续表 3

(农产品综合市场)

地　区	市场数量(个)	总摊位数(个)	年末出租摊位数(个)	营业面积(平方米)	成交额(万元)
36城市总计	**240**	**173129**	**159996**	**7673113**	**34679813**
北　京	21	26299	24140	2455119	8686919
天　津	7	5136	4494	251199	677967
石家庄	4	14030	14015	387177	1084527
太　原	1	1347	1347	220000	223000
呼和浩特					
沈　阳	2	917	917	11960	173028
大　连	7	5340	5340	282600	792360
长　春	1	404	404	2195	15122
哈尔滨	5	3542	3410	32030	1500005
上　海	34	16254	15385	483196	3390945
南　京	14	6818	6167	91326	370256
杭　州	31	14370	12486	339897	2125351
宁　波	32	16078	14424	356039	2467274
合　肥	1	2325	2325	186480	1557291
福　州	14	4865	4341	66251	543537
厦　门	4	1584	1569	44000	128020
南　昌	3	2595	2373	108905	1159230
济　南	2	1560	1552	176000	766514
青　岛	2	1530	1208	116000	440826
郑　州	1	665	665	10000	15534
武　汉	5	2554	2494	70240	138168
长　沙	2	5349	5349	874000	1490651
广　州	8	6165	5547	184521	289120
深　圳	4	3226	3174	38960	973024
南　宁	4	2147	1902	90200	452634
海　口					
重　庆	22	17643	14904	472862	3398302
成　都	1	3260	3260	75000	858041
贵　阳					
昆　明	1	782	782	11772	34999
拉　萨					
西　安	1	246	225	12000	11250
兰　州	1	1000	886	10000	16820
西　宁					
银　川	2	1625	1521	31020	36759
乌鲁木齐	3	3473	3390	182164	862339

2-14 续表 4

(其他综合市场)

地　区	市场数量（个）	总摊位数（个）	年末出租摊位数（个）	营业面积（平方米）	成交额（万元）
36城市总计	**78**	**82473**	**77204**	**3762470**	**14406085**
北　京	8	17814	16454	459140	3305912
天　津	9	6855	6160	532695	781921
石家庄					
太　原					
呼和浩特					
沈　阳	2	1307	1129	25932	47738
大　连	2	7714	7537	373000	2917054
长　春	3	2205	2205	41588	67544
哈尔滨	3	2864	2697	36800	45188
上　海	4	1752	1752	59430	105630
南　京	4	5910	5634	627548	2750018
杭　州	6	6746	5666	376485	2736083
宁　波	3	981	855	41920	220684
合　肥	2	592	552	68460	27632
福　州	2	409	364	9996	30796
厦　门	3	1778	1647	140513	121253
南　昌	1	732	732	7600	45416
济　南	1	800	800	80000	10175
青　岛	2	1396	1312	180000	69574
郑　州	1	9050	9050	4486	30701
武　汉	1	602	602	46589	158418
长　沙	2	1160	1160	38500	101629
广　州	2	571	534	13345	44125
深　圳	3	1680	1438	35650	44547
南　宁					
海　口	1	412	412	51900	12813
重　庆	8	6232	5858	320643	475900
成　都					
贵　阳	1	460	304	27000	16477
昆　明	1	469	408	7600	10314
拉　萨					
西　安					
兰　州					
西　宁	1	594	594	121650	21703
银　川	1	760	760	25000	97540
乌鲁木齐	1	628	588	9000	109300

2-14 续表 5

(专业市场)

地 区	市场数量 (个)	总摊位数 (个)	年末出租摊位数 (个)	营业面积 (平方米)	成交额 (万元)
36城市总计	**1572**	**1029196**	**930805**	**79252383**	**331422357**
北 京	101	76098	63378	4277591	12644635
天 津	56	34022	32745	4210418	23694625
石家庄	44	33656	26507	3242451	7388668
太 原	13	8327	8302	593195	938842
呼和浩特	13	7623	7195	339060	889667
沈 阳	57	58374	52550	2514638	14532806
大 连	22	10902	10630	575835	9351812
长 春	21	21686	18331	1846837	3810319
哈尔滨	40	31969	30163	1806116	4439890
上 海	139	60204	56367	7040398	64319911
南 京	37	27836	25632	2126972	9410142
杭 州	127	57084	52514	3833400	30754865
宁 波	87	48860	45362	3974793	17295626
合 肥	37	23486	19666	2014350	7291706
福 州	36	10489	10007	880606	7092786
厦 门	12	3031	3031	229100	1307345
南 昌	27	13767	12850	1071401	3130463
济 南	33	17151	16413	1855419	4138369
青 岛	59	50028	48156	4611038	9379408
郑 州	53	39593	36599	2777280	7873305
武 汉	54	28212	25255	1802929	5613634
长 沙	56	33692	32469	3330677	9303419
广 州	141	72869	67400	6345953	19346584
深 圳	21	19724	17749	488590	3347463
南 宁	28	20737	19656	1904994	4248347
海 口	2	670	670	13328	39360
重 庆	89	43025	39038	4023575	21473376
成 都	34	44285	41109	3291314	8490794
贵 阳	13	11381	11162	782117	2472891
昆 明	31	55663	41430	3095319	6381297
拉 萨					
西 安	23	16859	15621	504342	1894771
兰 州	24	15039	13475	1090341	3055055
西 宁	7	7137	5056	287707	320136
银 川	15	11490	11084	995141	1578341
乌鲁木齐	20	14227	13233	1475158	4171699

2-14 续表 6

(生产资料市场)

地　区	市场数量(个)	总摊位数(个)	年末出租摊位数(个)	营业面积(平方米)	成交额(万元)
36城市总计	**307**	**130520**	**121106**	**24101048**	**155837089**
北　京	13	5207	4827	502642	714427
天　津	21	4694	4624	1519927	14361504
石家庄	5	1903	1903	829916	531392
太　原	1	170	145	111800	571000
呼和浩特					
沈　阳	11	5654	4983	641264	3901825
大　连	4	1595	1553	179000	6291714
长　春	4	2165	2133	467000	101007
哈尔滨	5	4679	4630	897000	2355578
上　海	48	14397	13305	4067242	51813420
南　京	9	11511	11165	678735	5818574
杭　州	26	9138	8531	1101981	16267493
宁　波	24	10480	9633	2376878	12168961
合　肥	6	3122	2301	448338	3811274
福　州	5	770	584	236794	3197714
厦　门	1	287	287	48000	44174
南　昌	6	2842	2674	183745	1185734
济　南	4	1132	1043	180400	297650
青　岛	10	3360	3077	1933920	2390526
郑　州	3	404	369	63800	173200
武　汉	9	3124	3124	286300	1413396
长　沙	16	8716	8193	1608155	3040751
广　州	9	2943	2668	777680	2610476
深　圳	1	106	105	50000	11923
南　宁	8	2729	2729	522160	2740056
海　口					
重　庆	25	10766	9522	1492136	10172905
成　都	8	7704	7047	1424124	2649365
贵　阳	5	1582	1482	186450	888295
昆　明	5	1415	1365	427295	1551208
拉　萨					
西　安	1	306	306	7280	14388
兰　州	5	2064	2064	234266	1108149
西　宁					
银　川	6	2592	2404	482941	1260322
乌鲁木齐	3	2963	2330	133879	2378688

2-14 续表 7

(农业生产用具市场)

地 区	市场数量 (个)	总摊位数 (个)	年末出租摊位数 (个)	营业面积 (平方米)	成交额 (万元)
36城市总计	**7**	**1706**	**1031**	**265144**	**413327**
北 京					
天 津					
石家庄	1	13	13	35000	20470
太 原					
呼和浩特					
沈 阳					
大 连					
长 春					
哈尔滨					
上 海					
南 京					
杭 州					
宁 波					
合 肥	1	791	310	51000	86000
福 州					
厦 门					
南 昌	1	301	133	8000	81400
济 南					
青 岛	2	240	214	129000	90800
郑 州					
武 汉	1	163	163	26000	84554
长 沙					
广 州					
深 圳					
南 宁					
海 口					
重 庆					
成 都					
贵 阳					
昆 明					
拉 萨					
西 安					
兰 州					
西 宁					
银 川	1	198	198	16144	50103
乌鲁木齐					

2-14 续表 8

(农用生产资料市场)

地　区	市场数量 (个)	总摊位数 (个)	年末出租摊位数 (个)	营业面积 (平方米)	成交额 (万元)
36城市总计	**8**	**1269**	**1160**	**255977**	**448177**
北　京					
天　津					
石家庄					
太　原					
呼和浩特					
沈　阳					
大　连					
长　春					
哈尔滨	1	150	140	120000	16700
上　海					
南　京					
杭　州					
宁　波	2	199	174	8380	50191
合　肥					
福　州					
厦　门					
南　昌					
济　南					
青　岛					
郑　州					
武　汉					
长　沙					
广　州					
深　圳					
南　宁	3	483	483	68900	172056
海　口					
重　庆	1	372	298	35017	152000
成　都					
贵　阳					
昆　明	1	65	65	23680	57230
拉　萨					
西　安					
兰　州					
西　宁					
银　川					
乌鲁木齐					

2-14　续表 9

(煤炭市场)

地　区	市场数量(个)	总摊位数(个)	年末出租摊位数(个)	营业面积(平方米)	成交额(万元)
36城市总计	**6**	**935**	**934**	**409153**	**4789805**
北　京					
天　津	4	856	856	2300	3388828
石家庄					
太　原					
呼和浩特					
沈　阳					
大　连					
长　春					
哈尔滨					
上　海	1	10	10	1500	11725
南　京					
杭　州					
宁　波	1	69	68	405353	1389252
合　肥					
福　州					
厦　门					
南　昌					
济　南					
青　岛					
郑　州					
武　汉					
长　沙					
广　州					
深　圳					
南　宁					
海　口					
重　庆					
成　都					
贵　阳					
昆　明					
拉　萨					
西　安					
兰　州					
西　宁					
银　川					
乌鲁木齐					

2-14 续表 10

(木材市场)

地 区	市场数量 (个)	总摊位数 (个)	年末出租摊位数 (个)	营业面积 (平方米)	成交额 (万元)
36城市总计	**19**	**5451**	**5147**	**1236396**	**1001651**
北 京	1	600	600	40000	11342
天 津					
石 家 庄					
太 原					
呼和浩特					
沈 阳	1	200	200	2800	39260
大 连					
长 春	1	175	172	225000	14561
哈 尔 滨					
上 海	7	941	767	149426	297724
南 京	1	864	864	8800	53149
杭 州	2	239	239	35000	64919
宁 波	1	800	800	143000	145369
合 肥					
福 州					
厦 门					
南 昌					
济 南					
青 岛	2	750	716	477960	94642
郑 州					
武 汉					
长 沙					
广 州	1	526	489	64410	258562
深 圳	1	106	105	50000	11923
南 宁					
海 口					
重 庆	1	250	195	40000	10200
成 都					
贵 阳					
昆 明					
拉 萨					
西 安					
兰 州					
西 宁					
银 川					
乌鲁木齐					

2-14 续表 11

(建材市场)

地 区	市场数量 (个)	总摊位数 (个)	年末出租摊位数 (个)	营业面积 (平方米)	成交额 (万元)
36城市总计	**71**	**42268**	**39527**	**7331696**	**7170230**
北 京	9	3682	3392	385851	391064
天 津	1	400	400	450000	144600
石家庄	1	220	220	3200	18000
太 原					
呼和浩特					
沈 阳	3	826	578	91421	400076
大 连	1	1100	1100	69000	87000
长 春	1	321	321	80000	16962
哈尔滨	1	3600	3600	450000	63000
上 海	10	4305	4243	2847040	584863
南 京	5	9155	8818	392135	439425
杭 州	3	1588	1561	138889	298030
宁 波	4	1616	1423	276330	341770
合 肥	3	1222	882	146000	68274
福 州	2	438	252	105158	991024
厦 门					
南 昌	3	1842	1842	122824	514183
济 南	1	510	500	45000	198000
青 岛	2	1102	1029	392960	272696
郑 州					
武 汉	1	260	260	5000	15967
长 沙	9	3993	3908	198955	557957
广 州	1	967	899	180010	183804
深 圳					
南 宁	1	300	300	30000	120000
海 口					
重 庆	5	2363	1601	303577	672797
成 都	1	1985	1925	580000	720260
贵 阳	1	112	112	20000	12830
昆 明					
拉 萨					
西 安	1	306	306	7280	14388
兰 州	1	55	55	11066	43260
西 宁					
银 川					
乌鲁木齐					

2-14 续表 12

(化工材料及制品市场)

地 区	市场数量 (个)	总摊位数 (个)	年末出租摊位数 (个)	营业面积 (平方米)	成交额 (万元)
36城市总计	**16**	**6298**	**5399**	**545834**	**9413827**
北 京					
天 津	3	434	434	10050	2095306
石家庄					
太 原					
呼和浩特					
沈 阳					
大 连					
长 春					
哈尔滨					
上 海	2	964	964	20000	883600
南 京					
杭 州	1	82	82	2000	180198
宁 波	3	2623	2518	374600	5710100
合 肥					
福 州	1	110	110	13000	42309
厦 门					
南 昌					
济 南					
青 岛					
郑 州	2	348	348	36800	161200
武 汉					
长 沙	2	1169	731	60600	71114
广 州	1	202	200	5360	40000
深 圳					
南 宁					
海 口					
重 庆					
成 都	1	366	12	23424	230000
贵 阳					
昆 明					
拉 萨					
西 安					
兰 州					
西 宁					
银 川					
乌鲁木齐					

2-14 续表 13

(金属材料市场)

地 区	市场数量(个)	总摊位数(个)	年末出租摊位数(个)	营业面积(平方米)	成交额(万元)
36城市总计	**132**	**47908**	**44457**	**11758434**	**110065960**
北 京	1	268	260	23235	22837
天 津	13	3004	2934	1057577	8732770
石家庄	1	110	110	201716	53480
太 原	1	170	145	111800	571000
呼和浩特					
沈 阳	6	4080	3923	543500	3416055
大 连	1	175	133	80000	186154
长 春	1	874	845	62000	11340
哈尔滨	3	929	890	327000	2275878
上 海	21	5790	4994	898576	37291018
南 京	3	1492	1483	277800	5326000
杭 州	15	4736	4286	847867	15161576
宁 波	12	4818	4295	1139215	4490260
合 肥	2	1109	1109	251338	3657000
福 州	2	222	222	118636	2164381
厦 门					
南 昌	2	699	699	52921	590151
济 南	3	622	543	135400	99650
青 岛	3	1088	938	910000	1913528
郑 州	1	56	21	27000	12000
武 汉	6	2636	2636	216300	1281505
长 沙	1	1032	1032	1080000	2056000
广 州	4	751	598	504200	2046795
深 圳					
南 宁	2	746	746	360260	2253000
海 口					
重 庆	9	3706	3363	684542	8506291
成 都	3	2065	1860	643336	1127362
贵 阳	4	1470	1370	166450	875465
昆 明	3	890	840	362615	1474978
拉 萨					
西 安					
兰 州	4	2009	2009	223200	1064889
西 宁					
银 川	4	2098	1910	432071	1174597
乌鲁木齐	1	263	263	19879	2230000

2-14 续表 14

(机械设备市场)

地　区	市场数量(个)	总摊位数(个)	年末出租摊位数(个)	营业面积(平方米)	成交额(万元)
36城市总计	**28**	**15776**	**14886**	**1390615**	**2835715**
北　京	1	377	300	33000	210000
天　津					
石家庄	1	800	800	190000	77020
太　原					
呼和浩特					
沈　阳					
大　连					
长　春					
哈尔滨					
上　海	2	496	466	84000	87553
南　京					
杭　州	5	2493	2363	78225	562770
宁　波					
合　肥					
福　州					
厦　门					
南　昌					
济　南					
青　岛	1	180	180	24000	18860
郑　州					
武　汉					
长　沙	3	1852	1852	246600	335680
广　州	2	497	482	23700	81315
深　圳					
南　宁	2	1200	1200	63000	195000
海　口					
重　庆	5	2737	2737	295000	611152
成　都	3	3288	3250	177364	571743
贵　阳					
昆　明	1	460	460	41000	19000
拉　萨					
西　安					
兰　州					
西　宁					
银　川	1	296	296	34726	35622
乌鲁木齐	1	1100	500	100000	30000

2-14　续表 15

(其他生产资料市场)

地　区	市场数量（个）	总摊位数（个）	年末已租摊位数（个）	营业面积（平方米）	成交额（万元）
36城市总计	**20**	**8909**	**8565**	**907799**	**19698397**
北　京	1	280	275	20556	79184
天　津					
石家庄	1	760	760	400000	362422
太　原					
呼和浩特					
沈　阳	1	548	282	3543	46434
大　连	2	320	320	30000	6018560
长　春	1	795	795	100000	58144
哈尔滨					
上　海	5	1891	1861	66700	12656937
南　京					
杭　州					
宁　波	1	355	355	30000	42019
合　肥					
福　州					
厦　门	1	287	287	48000	44174
南　昌					
济　南					
青　岛					
郑　州					
武　汉	1	65	65	39000	31370
长　沙	1	670	670	22000	20000
广　州					
深　圳					
南　宁					
海　口					
重　庆	4	1338	1328	134000	220465
成　都					
贵　阳					
昆　明					
拉　萨					
西　安					
兰　州					
西　宁					
银　川					
乌鲁木齐	1	1600	1567	14000	118688

2-14 续表 16

(农产品市场)

地 区	市场数量 (个)	总摊位数 (个)	年末出租摊位数 (个)	营业面积 (平方米)	成交额 (万元)
36城市总计	**341**	**214478**	**185244**	**12508976**	**54425588**
北 京	20	22210	12205	951310	3935020
天 津	13	14735	14160	847990	4119887
石家庄	15	7677	7212	404321	941412
太 原	2	245	245	29000	84000
呼和浩特	3	787	785	116700	212471
沈 阳	15	8058	5964	392817	3048673
大 连	9	4057	4057	140880	1403251
长 春	3	3389	3335	321900	406110
哈尔滨	8	1892	1499	94344	420309
上 海	29	10374	9437	568974	3786311
南 京	10	4221	2923	393750	1720298
杭 州	25	8779	8600	447481	3221309
宁 波	19	24554	23063	442573	1959090
合 肥	11	6461	4485	537404	1053403
福 州	5	1611	1581	68479	1139712
厦 门	9	2617	2617	147100	894087
南 昌	4	1313	1216	79000	514302
济 南	9	4708	4587	638170	1251492
青 岛	22	30131	29331	1745315	3863289
郑 州	12	7247	6383	663909	2220541
武 汉	9	3874	3746	135022	1591789
长 沙	6	2325	2294	292741	933419
广 州	26	7958	6512	674102	4298984
深 圳	8	4100	3614	129316	2566337
南 宁	3	3350	3122	128151	481935
海 口					
重 庆	16	9245	8078	405075	2880090
成 都	5	4868	3849	203559	1969654
贵 阳	1	281	281	6000	270000
昆 明	4	2462	2462	261603	983016
拉 萨					
西 安	5	2353	2288	147720	613006
兰 州	6	3334	1784	150200	830291
西 宁	2	3068	1602	139200	181719
银 川	1	1100	1100	35000	112981
乌鲁木齐	6	1094	827	769870	517400

2-14 续表 17

(粮油市场)

地区	市场数量(个)	总摊位数(个)	年末出租摊位数(个)	营业面积(平方米)	成交额(万元)
36城市总计	**48**	**16568**	**14264**	**1354183**	**6746661**
北京	3	1803	1735	170000	1244501
天津	2	801	801	61076	287330
石家庄	2	292	287	66245	172498
太原	1	145	145	17000	65000
呼和浩特					
沈阳	1	288	288	37000	212107
大连	1	600	600	7000	10270
长春					
哈尔滨	1	78	78	8604	118585
上海	4	653	626	39200	459304
南京	2	168	168	28000	345472
杭州	4	669	567	23260	414097
宁波	1	195	195	23000	153177
合肥	3	2554	1667	249500	221856
福州	1	268	238	30900	46335
厦门					
南昌					
济南					
青岛	3	335	310	214071	315632
郑州	4	2699	2140	97700	794090
武汉					
长沙					
广州	5	1611	1242	121000	552528
深圳	1	485	478	6000	14467
南宁					
海口					
重庆	1	1000	1000	8000	68530
成都	1	217	190	18000	147000
贵阳	1	281	281	6000	270000
昆明	1	22	22	4931	201456
拉萨					
西安	1	230	230	5496	276653
兰州	2	465	455	63000	204024
西宁	1	528	425	39200	79929
银川					
乌鲁木齐	1	181	96	10000	71820

2-14 续表 18

(肉禽蛋市场)

地　　区	市场数量(个)	总摊位数(个)	年末出租摊位数(个)	营业面积(平方米)	成交额(万元)
36城市总计	**46**	**14776**	**10977**	**1367821**	**4671070**
北　京	2	594	340	30901	41395
天　津					
石家庄	3	449	449	24826	219989
太　原					
呼和浩特	1	110	108	10000	12110
沈　阳	3	2333	785	46917	140258
大　连					
长　春					
哈尔滨	2	184	140	22340	191730
上　海	4	507	442	14300	105608
南　京	2	412	412	13400	365146
杭　州	5	635	620	110880	950691
宁　波	1	246	246	12500	139252
合　肥	3	1322	1322	77754	407461
福　州					
厦　门	2	614	614	16100	182839
南　昌	3	403	403	36000	335200
济　南					
青　岛	2	280	210	23500	28043
郑　州					
武　汉	1	1	1	10000	23887
长　沙					
广　州	6	1277	922	103830	563478
深　圳					
南　宁	1	2630	2466	60000	321147
海　口					
重　庆	2	1171	881	20903	62432
成　都	1	1503	511	55000	402984
贵　阳					
昆　明					
拉　萨					
西　安					
兰　州					
西　宁					
银　川					
乌鲁木齐	2	105	105	678670	177420

2-14 续表 19

(水产品市场)

地 区	市场数量（个）	总摊位数（个）	年末出租摊位数（个）	营业面积（平方米）	成交额（万元）
36城市总计	**69**	**57682**	**54275**	**2407373**	**17178977**
北 京	3	1938	1746	77000	1253638
天 津	3	954	954	253950	1567433
石家庄	1	300	300	7000	33670
太 原					
呼和浩特					
沈 阳	3	929	919	99000	655432
大 连	3	850	860	67200	1096217
长 春	1	1289	1289	90000	89650
哈尔滨	1	410	244	50000	22354
上 海	5	2526	2378	217780	1949569
南 京	3	3343	2087	304000	921942
杭 州	2	1107	1107	123568	400213
宁 波	10	20510	19804	217240	835264
合 肥					
福 州	3	1027	1027	34579	1074302
厦 门	2	455	455	22400	128457
南 昌	1	910	813	43000	179102
济 南	2	1250	1208	37800	742000
青 岛	5	11703	11686	351822	1413766
郑 州	3	891	786	84800	327200
武 汉	2	2350	2350	68447	1321029
长 沙	1	313	300	13340	345000
广 州	7	1524	1061	59391	657099
深 圳	2	818	818	30000	160000
南 宁	1	500	436	2100	20788
海 口					
重 庆	3	1284	1156	146556	1873840
成 都					
贵 阳					
昆 明					
拉 萨					
西 安					
兰 州	1	91	91	1200	11012
西 宁					
银 川					
乌鲁木齐	1	400	400	5200	100000

2-14 续表 20

(蔬菜市场)

地 区	市场数量 (个)	总摊位数 (个)	年末出租摊位数 (个)	营业面积 (平方米)	成交额 (万元)
36城市总计	**79**	**75337**	**61842**	**4092971**	**9823505**
北 京	5	10066	2410	190400	311944
天 津	5	11136	10856	386006	526243
石家庄	4	5451	5210	256250	381023
太 原					
呼和浩特	2	677	677	106700	200361
沈 阳	2	972	972	102000	203675
大 连					
长 春	1	1500	1500	167000	300000
哈尔滨	2	460	374	1400	24642
上 海	6	2655	2621	123809	577386
南 京	3	298	256	48350	87738
杭 州	5	3874	3869	57628	506437
宁 波	4	1863	1078	109733	336050
合 肥	2	899	899	70000	72080
福 州					
厦 门	3	1082	1082	90400	508067
南 昌					
济 南	4	1830	1808	298570	277659
青 岛	8	15702	15248	1000322	1485731
郑 州	3	2750	2550	311409	1048751
武 汉	2	194	193	17900	23481
长 沙	2	1280	1280	135200	510840
广 州	3	2042	1836	88096	241708
深 圳					
南 宁	1	220	220	66051	140000
海 口					
重 庆	4	1393	1060	33376	250829
成 都	1	720	720	71157	736000
贵 阳					
昆 明	1	1040	1040	106672	352860
拉 萨					
西 安	2	1425	1360	93542	282429
兰 州	1	1800	260	10000	109000
西 宁	1	2540	1177	100000	101790
银 川	1	1100	1100	35000	112981
乌鲁木齐	1	368	186	16000	113800

2-14 续表 21

(干鲜果品市场)

地　区	市场数量（个）	总摊位数（个）	年末出租摊位数（个）	营业面积（平方米）	成交额（万元）
36城市总计	**44**	**16230**	**14091**	**1702224**	**5617559**
北　京	3	2819	1279	270774	167011
天　津					
石家庄	3	555	406	19000	95941
太　原	1	100	100	12000	19000
呼和浩特					
沈　阳	1	500	500	40000	80844
大　连	2	370	370	27400	39085
长　春					
哈尔滨	1	260	165	2000	20469
上　海	3	569	568	44467	369521
南　京					
杭　州	6	1293	1290	103790	888879
宁　波	1	900	900	50000	172396
合　肥	1	155	150	33350	35000
福　州					
厦　门	1	120	120	15000	51626
南　昌					
济　南	1	1100	1100	100000	180000
青　岛	2	603	423	128600	307744
郑　州	2	907	907	170000	50500
武　汉	2	672	545	22375	147040
长　沙	3	732	714	144201	77579
广　州	4	1319	1298	300285	2274071
深　圳					
南　宁					
海　口					
重　庆	2	770	770	21500	179354
成　都	1	950	950	24000	101320
贵　阳					
昆　明	1	500	500	90000	200000
拉　萨					
西　安	2	698	698	48682	53924
兰　州	1	338	338	34800	106255
西　宁					
银　川					
乌鲁木齐					

2-14 续表 22

(棉麻土畜、烟叶市场)

地 区	市场数量(个)	总摊位数(个)	年末出租摊位数(个)	营业面积(平方米)	成交额(万元)
36城市总计	**5**	**1504**	**1297**	**227800**	**1197716**
北 京					
天 津	1	650	650	1000	637088
石家庄					
太 原					
呼和浩特					
沈 阳	2	600	400	17000	400535
大 连					
长 春					
哈尔滨					
上 海					
南 京					
杭 州					
宁 波	1	210	210	10000	139536
合 肥					
福 州					
厦 门					
南 昌					
济 南	1	44	37	199800	20557
青 岛					
郑 州					
武 汉					
长 沙					
广 州					
深 圳					
南 宁					
海 口					
重 庆					
成 都					
贵 阳					
昆 明					
拉 萨					
西 安					
兰 州					
西 宁					
银 川					
乌鲁木齐					

2-14 续表 23

(其他农产品市场)

地 区	市场数量（个）	总摊位数（个）	年末出租摊位数（个）	营业面积（平方米）	成交额（万元）
36城市总计	**50**	**32381**	**28498**	**1356604**	**9190100**
北 京	4	4990	4695	212235	916531
天 津	2	1194	899	145958	1101793
石家庄	2	630	560	31000	38291
太 原					
呼和浩特					
沈 阳	3	2436	2100	50900	1355822
大 连	3	2227	2227	39280	257679
长 春	1	600	546	64900	16460
哈尔滨	1	500	498	10000	42529
上 海	7	3464	2802	129418	324923
南 京					
杭 州	3	1201	1147	28355	60992
宁 波	1	630	630	20100	183415
合 肥	2	1531	447	106800	317006
福 州	1	316	316	3000	19075
厦 门	1	346	346	3200	23098
南 昌					
济 南	1	484	434	2000	31276
青 岛	2	1508	1454	27000	312373
郑 州					
武 汉	2	657	657	16300	76352
长 沙					
广 州	1	185	153	1500	10100
深 圳	5	2797	2318	93316	2391870
南 宁					
海 口					
重 庆	4	3627	3211	174740	445105
成 都	1	1478	1478	35402	582350
贵 阳					
昆 明	1	900	900	60000	228700
拉 萨					
西 安					
兰 州	1	640	640	41200	400000
西 宁					
银 川					
乌鲁木齐	1	40	40	60000	54360

2-14 续表 24

(食品、饮料及烟酒市场)

地　区	市场数量 (个)	总摊位数 (个)	年末出租摊位数 (个)	营业面积 (平方米)	成交额 (万元)
36城市总计	**47**	**25443**	**23058**	**1428548**	**4912925**
北　京	1	139	139	7000	23821
天　津	3	2373	2362	273300	585499
石家庄					
太　原					
呼和浩特					
沈　阳	1	1550	1380	30500	331001
大　连					
长　春	1	98	98	1300	14125
哈尔滨	1	737	737	20000	61604
上　海	4	1869	1353	85500	239200
南　京					
杭　州	4	1003	980	171923	645841
宁　波	4	2564	2262	84000	603645
合　肥					
福　州	1	55	55	2000	13290
厦　门					
南　昌					
济　南	2	802	789	90000	169100
青　岛	1	360	280	17000	250898
郑　州	2	1180	1180	33000	39200
武　汉	3	598	480	21299	74611
长　沙	1	220	220	7300	17300
广　州	4	1334	1334	127250	201762
深　圳	1	1570	1560	28335	28311
南　宁	3	2103	1543	42520	204985
海　口					
重　庆	3	1662	1430	27089	156301
成　都	1	1000	650	173000	360000
贵　阳	1	940	940	21256	514290
昆　明	2	692	692	45469	43265
拉　萨					
西　安	1	1512	1512	50000	62476
兰　州	1	906	906	65000	242600
西　宁	1	176	176	4507	29800
银　川					
乌鲁木齐					

2-14 续表 25

(食品饮料市场)

地 区	市场数量（个）	总摊位数（个）	年末出租摊位数（个）	营业面积（平方米）	成交额（万元）
36城市总计	**15**	**11335**	**9752**	**439044**	**1747558**
北 京					
天 津	1	212	212	500	72846
石 家 庄					
太 原					
呼和浩特					
沈 阳	1	1550	1380	30500	331001
大 连					
长 春					
哈 尔 滨					
上 海	1	390	386	13500	13500
南 京					
杭 州	1	208	208	5100	193400
宁 波	2	1320	1063	43000	408502
合 肥					
福 州					
厦 门					
南 昌					
济 南					
青 岛					
郑 州	1	1000	1000	30000	25000
武 汉	1	252	252	8000	30887
长 沙					
广 州	1	308	308	50000	12623
深 圳	1	1570	1560	28335	28311
南 宁	1	1863	1303	30020	115187
海 口					
重 庆	3	1662	1430	27089	156301
成 都	1	1000	650	173000	360000
贵 阳					
昆 明					
拉 萨					
西 安					
兰 州					
西 宁					
银 川					
乌鲁木齐					

2-14 续表 26

(茶叶市场)

地　区	市场数量(个)	总摊位数(个)	年末出租摊位数(个)	营业面积(平方米)	成交额(万元)
36城市总计	**16**	**5344**	**5322**	**340019**	**712772**
北　京	1	139	139	7000	23821
天　津					
石家庄					
太　原					
呼和浩特					
沈　阳					
大　连					
长　春					
哈尔滨					
上　海	1	290	281	15000	34380
南　京					
杭　州	2	395	395	33800	96341
宁　波					
合　肥					
福　州	1	55	55	2000	13290
厦　门					
南　昌					
济　南	2	802	789	90000	169100
青　岛					
郑　州	1	180	180	3000	14200
武　汉	1	135	135	10000	12810
长　沙					
广　州	3	1026	1026	77250	189139
深　圳					
南　宁	1	118	118	6500	53950
海　口					
重　庆					
成　都					
贵　阳					
昆　明	2	692	692	45469	43265
拉　萨					
西　安	1	1512	1512	50000	62476
兰　州					
西　宁					
银　川					
乌鲁木齐					

2-14　续表 27

(烟酒市场)

地　　区	市场数量（个）	总摊位数（个）	年末出租摊位数（个）	营业面积（平方米）	成交额（万元）
36城市总计	**3**	**674**	**594**	**48300**	**347698**
北　　京					
天　　津					
石 家 庄					
太　　原					
呼和浩特					
沈　　阳					
大　　连					
长　　春					
哈 尔 滨					
上　　海					
南　　京					
杭　　州					
宁　　波	1	94	94	24000	79500
合　　肥					
福　　州					
厦　　门					
南　　昌					
济　　南					
青　　岛	1	360	280	17000	250898
郑　　州					
武　　汉					
长　　沙	1	220	220	7300	17300
广　　州					
深　　圳					
南　　宁					
海　　口					
重　　庆					
成　　都					
贵　　阳					
昆　　明					
拉　　萨					
西　　安					
兰　　州					
西　　宁					
银　　川					
乌鲁木齐					

2-14 续表 28

(其他食品饮料及烟酒市场)

地　区	市场数量 (个)	总摊位数 (个)	年末出租摊位数 (个)	营业面积 (平方米)	成交额 (万元)
36城市总计	**13**	**8090**	**7390**	**601185**	**2104897**
北　京					
天　津	2	2161	2150	272800	512653
石家庄					
太　原					
呼和浩特					
沈　阳					
大　连					
长　春	1	98	98	1300	14125
哈尔滨	1	737	737	20000	61604
上　海	2	1189	686	57000	191320
南　京					
杭　州	1	400	377	133023	356100
宁　波	1	1150	1105	17000	115643
合　肥					
福　州					
厦　门					
南　昌					
济　南					
青　岛					
郑　州					
武　汉	1	211	93	3299	30914
长　沙					
广　州					
深　圳					
南　宁	1	122	122	6000	35848
海　口					
重　庆					
成　都					
贵　阳	1	940	940	21256	514290
昆　明					
拉　萨					
西　安					
兰　州	1	906	906	65000	242600
西　宁	1	176	176	4507	29800
银　川					
乌鲁木齐					

2-14　续表 29

（纺织、服装、鞋帽市场）

地　区	市场数量（个）	总摊位数（个）	年末出租摊位数（个）	营业面积（平方米）	成交额（万元）
36城市总计	**242**	**339517**	**311539**	**10463959**	**36275206**
北　京	13	17442	16925	474583	381246
天　津	5	3895	3889	154378	518141
石家庄	4	18065	11395	826100	4645563
太　原	3	5430	5430	134395	94837
呼和浩特	4	4463	4114	59760	185281
沈　阳	12	29462	27928	665071	4708359
大　连	2	3038	3038	30800	204309
长　春	6	8110	7838	263106	488738
哈尔滨	16	19690	18369	422617	935303
上　海	13	11382	11068	277617	991752
南　京	2	3700	3699	80537	500726
杭　州	19	15891	15573	475730	4158939
宁　波	6	4313	4233	126760	760961
合　肥	2	4124	4124	143000	379600
福　州	8	2889	2824	149388	757590
厦　门					
南　昌	2	1008	994	39734	36467
济　南	4	4918	4918	160576	605513
青　岛	7	9344	9094	251410	1600275
郑　州	9	14849	13375	328085	600690
武　汉	11	10855	10044	522640	690466
长　沙	7	6338	6338	160000	190045
广　州	41	32873	30794	1027652	6021478
深　圳					
南　宁	5	7873	7613	145673	83815
海　口	1	335	335	2828	9300
重　庆	7	4237	3850	250077	1034269
成　都	8	18451	18115	424021	997846
贵　阳	1	6900	6807	266411	527113
昆　明	2	38292	28755	1528897	2418959
拉　萨					
西　安	8	9036	7931	208800	407096
兰　州	3	5487	5487	448640	448000
西　宁	2	2748	2650	105000	79340
银　川	3	5829	5829	110000	131563
乌鲁木齐	6	8250	8163	199673	681626

2-14 续表 30

(布料及纺织品市场)

地　区	市场数量(个)	总摊位数(个)	年末出租摊位数(个)	营业面积(平方米)	成交额(万元)
36城市总计	**23**	**24791**	**22917**	**861186**	**6098568**
北　京	2	950	510	34500	22490
天　津					
石家庄	1	1750	1700	8000	309870
太　原					
呼和浩特					
沈　阳					
大　连					
长　春					
哈尔滨	3	3440	3141	98137	70688
上　海					
南　京					
杭　州	4	2623	2486	191009	2098580
宁　波	1	1650	1650	35700	298320
合　肥	1	2600	2600	60000	95000
福　州					
厦　门					
南　昌					
济　南					
青　岛	1	354	348	20000	176577
郑　州	3	2281	1760	95900	76000
武　汉	1	70	70	5000	11940
长　沙					
广　州	3	7693	7272	260300	2855103
深　圳					
南　宁					
海　口					
重　庆					
成　都					
贵　阳					
昆　明					
拉　萨					
西　安	2	1120	1120	26000	73000
兰　州	1	260	260	26640	11000
西　宁					
银　川					
乌鲁木齐					

2-14 续表 31

(服装市场)

地 区	市场数量(个)	总摊位数(个)	年末出租摊位数(个)	营业面积(平方米)	成交额(万元)
36城市总计	**165**	**237835**	**214455**	**7870005**	**21442122**
北 京	10	15392	15315	420083	331550
天 津	4	3430	3424	115378	437424
石家庄	2	15800	9180	810000	4319470
太 原	1	4920	4920	117895	43966
呼和浩特	3	3992	3643	56760	174461
沈 阳	8	10173	9489	288070	565813
大 连					
长 春	5	7580	7580	244106	478521
哈尔滨	11	12990	11968	300480	757814
上 海	11	8997	8708	167617	802165
南 京	1	1617	1617	33537	108701
杭 州	14	12408	12239	270721	2043356
宁 波	4	2308	2305	87260	430530
合 肥	1	1524	1524	83000	284600
福 州	7	2601	2536	144359	743974
厦 门					
南 昌	1	508	508	17234	19640
济 南	2	4185	4185	121600	440600
青 岛	3	7600	7389	188890	1318230
郑 州	4	7425	7425	129985	492436
武 汉	6	9720	8939	459240	573664
长 沙	6	5471	5471	139000	165746
广 州	31	19661	18260	548625	2073055
深 圳					
南 宁	5	7873	7613	145673	83815
海 口	1	335	335	2828	9300
重 庆	3	1770	1478	110391	138719
成 都	6	7318	6989	373314	517961
贵 阳	1	6900	6807	266411	527113
昆 明	2	38292	28755	1528897	2418959
拉 萨					
西 安	5	6580	5475	153000	167096
兰 州	2	5227	5227	422000	437000
西 宁					
银 川					
乌鲁木齐	5	5238	5151	123651	536443

2-14 续表 32

(鞋帽市场)

地　　区	市场数量（个）	总摊位数（个）	年末出租摊位数（个）	营业面积（平方米）	成交额（万元）
36城市总计	**26**	**17412**	**16134**	**554013**	**2737842**
北　　京					
天　　津	1	465	465	39000	80717
石 家 庄					
太　　原	2	510	510	16500	50871
呼和浩特					
沈　　阳	2	2750	1900	16500	327117
大　　连					
长　　春					
哈 尔 滨	2	3260	3260	24000	106801
上　　海					
南　　京					
杭　　州					
宁　　波					
合　　肥					
福　　州	1	288	288	5029	13616
厦　　门					
南　　昌	1	500	486	22500	16827
济　　南	2	733	733	38976	164913
青　　岛	2	530	497	21020	73298
郑　　州	1	420	290	7200	14500
武　　汉	4	1065	1035	58400	104862
长　　沙					
广　　州	6	5019	4798	195088	1081320
深　　圳					
南　　宁					
海　　口					
重　　庆	1	536	536	80000	536000
成　　都					
贵　　阳					
昆　　明					
拉　　萨					
西　　安	1	1336	1336	29800	167000
兰　　州					
西　　宁					
银　　川					
乌鲁木齐					

2-14　续表 33

（其他纺织服装鞋帽市场）

地　区	市场数量（个）	总摊位数（个）	年末出租摊位数（个）	营业面积（平方米）	成交额（万元）
36城市总计	**28**	**59479**	**58033**	**1178755**	**5996674**
北　京	1	1100	1100	20000	27206
天　津					
石家庄	1	515	515	8100	16223
太　原					
呼和浩特	1	471	471	3000	10820
沈　阳	2	16539	16539	360501	3815429
大　连	2	3038	3038	30800	204309
长　春	1	530	258	19000	10217
哈尔滨					
上　海	2	2385	2360	110000	189587
南　京	1	2083	2082	47000	392025
杭　州	1	860	848	14000	17003
宁　波	1	355	278	3800	32111
合　肥					
福　州					
厦　门					
南　昌					
济　南					
青　岛	1	860	860	21500	32170
郑　州	1	4723	3900	95000	17754
武　汉					
长　沙	1	867	867	21000	24299
广　州	1	500	464	23639	12000
深　圳					
南　宁					
海　口					
重　庆	3	1931	1836	59686	359550
成　都	2	11133	11126	50707	479885
贵　阳					
昆　明					
拉　萨					
西　安					
兰　州					
西　宁	2	2748	2650	105000	79340
银　川	3	5829	5829	110000	131563
乌鲁木齐	1	3012	3012	76022	145183

2-14 续表 34

(日用品及文化用品市场)

地　　区	市场数量(个)	总摊位数(个)	年末出租摊位数(个)	营业面积(平方米)	成交额(万元)
36城市总计	**57**	**35587**	**34104**	**1718651**	**7714921**
北　　京	5	8230	7884	165279	447300
天　　津					
石 家 庄					
太　　原					
呼和浩特	1	718	646	41000	135489
沈　　阳	2	2308	2255	46900	165713
大　　连	1	62	62	6900	12000
长　　春					
哈 尔 滨	1	400	400	10000	100050
上　　海	3	841	836	43650	3172951
南　　京	2	800	800	20000	45475
杭　　州	3	1708	1708	37500	54336
宁　　波					
合　　肥	1	129	129	6886	11340
福　　州	1	58	57	5000	43645
厦　　门					
南　　昌					
济　　南					
青　　岛	2	1215	1212	35900	32429
郑　　州	5	1350	1202	73358	144000
武　　汉	4	1017	1017	114776	345070
长　　沙	4	685	683	49500	202270
广　　州	17	12749	12043	823996	2332622
深　　圳					
南　　宁	1	1811	1811	204660	60400
海　　口					
重　　庆	3	1108	961	21346	209831
成　　都					
贵　　阳					
昆　　明					
拉　　萨					
西　　安					
兰　　州	1	398	398	12000	200000
西　　宁					
银　　川					
乌鲁木齐					

2-14　续表 35

(小商品市场)

地　区	市场数量 (个)	总摊位数 (个)	年末出租摊位数 (个)	营业面积 (平方米)	成交额 (万元)
36城市总计	**18**	**18221**	**17806**	**601239**	**888784**
北　京	3	6948	6932	102879	270850
天　津					
石家庄					
太　原					
呼和浩特	1	718	646	41000	135489
沈　阳					
大　连					
长　春					
哈尔滨					
上　海					
南　京					
杭　州	1	1500	1500	23000	24000
宁　波					
合　肥					
福　州	1	58	57	5000	43645
厦　门					
南　昌					
济　南					
青　岛	1	1030	1027	26900	15559
郑　州	1	642	550	7200	9000
武　汉					
长　沙					
广　州	9	5514	5283	190600	329841
深　圳					
南　宁	1	1811	1811	204660	60400
海　口					
重　庆					
成　都					
贵　阳					
昆　明					
拉　萨					
西　安					
兰　州					
西　宁					
银　川					
乌鲁木齐					

2-14 续表 36

(箱包市场)

地 区	市场数量 (个)	总摊位数 (个)	年末出租摊位数 (个)	营业面积 (平方米)	成交额 (万元)
36城市总计	**3**	**3850**	**3475**	**508200**	**1697750**
北 京					
天 津					
石家庄					
太 原					
呼和浩特					
沈 阳					
大 连					
长 春					
哈尔滨					
上 海					
南 京					
杭 州					
宁 波					
合 肥					
福 州					
厦 门					
南 昌					
济 南					
青 岛					
郑 州	2	250	230	8200	28000
武 汉					
长 沙					
广 州	1	3600	3245	500000	1669750
深 圳					
南 宁					
海 口					
重 庆					
成 都					
贵 阳					
昆 明					
拉 萨					
西 安					
兰 州					
西 宁					
银 川					
乌鲁木齐					

2-14 续表 37

(文具市场)

地区	市场数量(个)	总摊位数(个)	年末出租摊位数(个)	营业面积(平方米)	成交额(万元)
36城市总计	**2**	**1150**	**820**	**68400**	**195650**
北京	1	1070	740	55400	157630
天津					
石家庄					
太原					
呼和浩特					
沈阳					
大连					
长春					
哈尔滨					
上海					
南京					
杭州					
宁波					
合肥					
福州					
厦门					
南昌					
济南					
青岛					
郑州					
武汉					
长沙	1	80	80	13000	38020
广州					
深圳					
南宁					
海口					
重庆					
成都					
贵阳					
昆明					
拉萨					
西安					
兰州					
西宁					
银川					
乌鲁木齐					

2-14 续表 38

(图书、报刊杂志市场)

地　区	市场数量(个)	总摊位数(个)	年末出租摊位数(个)	营业面积(平方米)	成交额(万元)
36城市总计	**10**	**1634**	**1629**	**86589**	**376316**
北　京	1	212	212	7000	18820
天　津					
石家庄					
太　原					
呼和浩特					
沈　阳					
大　连	1	62	62	6900	12000
长　春					
哈尔滨					
上　海	1	51	46	2500	16200
南　京	1	88	88	5000	35240
杭　州	1	91	91	10000	20400
宁　波					
合　肥					
福　州					
厦　门					
南　昌					
济　南					
青　岛	1	185	185	9000	16870
郑　州	1	155	155	16000	80000
武　汉	1	277	277	4100	59700
长　沙	1	423	423	13100	81250
广　州	1	90	90	12989	35836
深　圳					
南　宁					
海　口					
重　庆					
成　都					
贵　阳					
昆　明					
拉　萨					
西　安					
兰　州					
西　宁					
银　川					
乌鲁木齐					

2-14 续表 39

(音像制品及电子出版物市场)

地　区	市场数量（个）	总摊位数（个）	年末出租摊位数（个）	营业面积（平方米）	成交额（万元）
36城市总计	**2**	**503**	**480**	**21000**	**108850**
北　京					
天　津					
石家庄					
太　原					
呼和浩特					
沈　阳					
大　连					
长　春					
哈尔滨	1	400	400	10000	100050
上　海					
南　京					
杭　州					
宁　波					
合　肥					
福　州					
厦　门					
南　昌					
济　南					
青　岛					
郑　州					
武　汉					
长　沙					
广　州	1	103	80	11000	8800
深　圳					
南　宁					
海　口					
重　庆					
成　都					
贵　阳					
昆　明					
拉　萨					
西　安					
兰　州					
西　宁					
银　川					
乌鲁木齐					

2-14 续表 40

(体育用品市场)

地　　区	市场数量 (个)	总摊位数 (个)	年末出租摊位数 (个)	营业面积 (平方米)	成交额 (万元)
36城市总计	**1**	**80**	**80**	**6700**	**12115**
北　　京					
天　　津					
石 家 庄					
太　　原					
呼和浩特					
沈　　阳					
大　　连					
长　　春					
哈 尔 滨					
上　　海					
南　　京					
杭　　州					
宁　　波					
合　　肥					
福　　州					
厦　　门					
南　　昌					
济　　南					
青　　岛					
郑　　州					
武　　汉					
长　　沙					
广　　州	1	80	80	6700	12115
深　　圳					
南　　宁					
海　　口					
重　　庆					
成　　都					
贵　　阳					
昆　　明					
拉　　萨					
西　　安					
兰　　州					
西　　宁					
银　　川					
乌鲁木齐					

2-14　续表 41

(其他日用品及文化用品市场)

地　区	市场数量（个）	总摊位数（个）	年末出租摊位数（个）	营业面积（平方米）	成交额（万元）
36城市总计	**21**	**10149**	**9814**	**426523**	**4435456**
北　京					
天　津					
石家庄					
太　原					
呼和浩特					
沈　阳	2	2308	2255	46900	165713
大　连					
长　春					
哈尔滨					
上　海	2	790	790	41150	3156751
南　京	1	712	712	15000	10235
杭　州	1	117	117	4500	9936
宁　波					
合　肥	1	129	129	6886	11340
福　州					
厦　门					
南　昌					
济　南					
青　岛					
郑　州	1	303	267	41958	27000
武　汉	3	740	740	110676	285370
长　沙	2	182	180	23400	83000
广　州	4	3362	3265	102707	276280
深　圳					
南　宁					
海　口					
重　庆	3	1108	961	21346	209831
成　都					
贵　阳					
昆　明					
拉　萨					
西　安					
兰　州	1	398	398	12000	200000
西　宁					
银　川					
乌鲁木齐					

2-14 续表 42

（黄金、珠宝、玉器等首饰市场）

地 区	市场数量（个）	总摊位数（个）	年末出租摊位数（个）	营业面积（平方米）	成交额（万元）
36城市总计	**8**	**5368**	**4896**	**248500**	**1680723**
北 京	1	848	848	28000	45800
天 津					
石家庄					
太 原					
呼和浩特					
沈 阳					
大 连					
长 春					
哈尔滨					
上 海					
南 京					
杭 州					
宁 波					
合 肥					
福 州	3	1587	1587	24500	1087764
厦 门					
南 昌					
济 南					
青 岛	2	1627	1422	180000	474907
郑 州	1	106	98	6000	11000
武 汉					
长 沙					
广 州	1	1200	941	10000	61252
深 圳					
南 宁					
海 口					
重 庆					
成 都					
贵 阳					
昆 明					
拉 萨					
西 安					
兰 州					
西 宁					
银 川					
乌鲁木齐					

2-14 续表 43

(电器、通讯器材、电子设备市场)

地 区	市场数量(个)	总摊位数(个)	年末出租摊位数(个)	营业面积(平方米)	成交额(万元)
36城市总计	**107**	**57841**	**54039**	**1825076**	**9615050**
北 京	9	5254	4565	160050	956149
天 津					
石家庄	2	359	348	54000	56052
太 原	2	440	440	18000	28000
呼和浩特	1	240	235	12000	47609
沈 阳	2	1298	918	54000	190932
大 连					
长 春	2	1251	1251	4930	253277
哈尔滨	2	1547	1547	92559	308614
上 海	7	2950	2624	82128	394974
南 京	1	252	250	4743	54200
杭 州	9	2865	2729	109893	439455
宁 波	3	1020	1006	37000	143291
合 肥	1	3902	3902	40000	893778
福 州	3	1364	1247	58000	181864
厦 门					
南 昌	5	1638	1596	72294	314812
济 南	2	635	635	23500	285605
青 岛	4	1706	1616	58000	408708
郑 州	2	3370	3350	267000	950000
武 汉	5	1630	1620	70000	272527
长 沙	6	1990	1748	54000	388593
广 州	10	2899	2833	96844	535102
深 圳	7	13288	11837	186739	412722
南 宁	1	595	595	20259	120000
海 口	1	335	335	10500	30060
重 庆	8	2581	2574	130839	1258880
成 都	3	1030	843	30000	470939
贵 阳	1	138	138	3000	10080
昆 明					
拉 萨					
西 安	4	1766	1766	40000	137187
兰 州	1	450	450	9500	15600
西 宁					
银 川	1	270	270	8200	12000
乌鲁木齐	2	778	771	17098	44040

2-14 续表 44

(家电市场)

地　区	市场数量(个)	总摊位数(个)	年末出租摊位数(个)	营业面积(平方米)	成交额(万元)
36城市总计	**19**	**8984**	**8562**	**289425**	**1554662**
北　京					
天　津					
石家庄					
太　原					
呼和浩特					
沈　阳	1	728	500	24000	16732
大　连					
长　春					
哈尔滨					
上　海	1	230	230	20000	84000
南　京					
杭　州	3	457	454	47600	106323
宁　波	1	490	490	20000	116080
合　肥	1	3902	3902	40000	893778
福　州					
厦　门					
南　昌	2	1239	1229	53994	69592
济　南					
青　岛	1	132	132	9000	17280
郑　州					
武　汉					
长　沙	1	81	81	4000	20003
广　州	4	837	833	38050	142249
深　圳	1	598	421	10081	20927
南　宁					
海　口					
重　庆	2	134	134	18700	40331
成　都					
贵　阳					
昆　明					
拉　萨					
西　安	1	156	156	4000	27367
兰　州					
西　宁					
银　川					
乌鲁木齐					

2-14 续表 45

(通讯器材市场)

地 区	市场数量 (个)	总摊位数 (个)	年末出租摊位数 (个)	营业面积 (平方米)	成交额 (万元)
36城市总计	**17**	**16006**	**14531**	**327788**	**1013849**
北 京					
天 津					
石家庄	2	359	348	54000	56052
太 原					
呼和浩特	1	240	235	12000	47609
沈 阳	1	570	418	30000	174200
大 连					
长 春	1	400	400	2130	12015
哈尔滨					
上 海	1	958	958	17000	11900
南 京					
杭 州	1	300	300	6000	24067
宁 波					
合 肥					
福 州					
厦 门					
南 昌	1	31	28	4000	48870
济 南					
青 岛					
郑 州	1	360	340	7000	80000
武 汉	1	392	392	25000	159275
长 沙	2	248	207	2000	22900
广 州					
深 圳	5	12148	10905	168658	376961
南 宁					
海 口					
重 庆					
成 都					
贵 阳					
昆 明					
拉 萨					
西 安					
兰 州					
西 宁					
银 川					
乌鲁木齐					

2-14 续表 46

(照相、摄像器材市场)

地　区	市场数量(个)	总摊位数(个)	年末出租摊位数(个)	营业面积(平方米)	成交额(万元)
36城市总计	**2**	**455**	**455**	**17600**	**55472**
北　京	1	285	285	13000	24215
天　津					
石家庄					
太　原					
呼和浩特					
沈　阳					
大　连					
长　春					
哈尔滨					
上　海	1	170	170	4600	31257
南　京					
杭　州					
宁　波					
合　肥					
福　州					
厦　门					
南　昌					
济　南					
青　岛					
郑　州					
武　汉					
长　沙					
广　州					
深　圳					
南　宁					
海　口					
重　庆					
成　都					
贵　阳					
昆　明					
拉　萨					
西　安					
兰　州					
西　宁					
银　川					
乌鲁木齐					

2-14 续表 47

(计算机及辅助设备市场)

地 区	市场数量 (个)	总摊位数 (个)	年末出租摊位数 (个)	营业面积 (平方米)	成交额 (万元)
36城市总计	**61**	**29021**	**27340**	**1107177**	**6548092**
北 京	6	4159	3615	129850	814524
天 津					
石家庄					
太 原	2	440	440	18000	28000
呼和浩特					
沈 阳					
大 连					
长 春	1	851	851	2800	241262
哈尔滨	2	1547	1547	92559	308614
上 海	4	1592	1266	40528	267817
南 京	1	252	250	4743	54200
杭 州	5	2108	1975	56293	309065
宁 波	2	530	516	17000	27211
合 肥					
福 州	3	1364	1247	58000	181864
厦 门					
南 昌	1	100	80	4700	10338
济 南	2	635	635	23500	285605
青 岛	3	1574	1484	49000	391428
郑 州	1	3010	3010	260000	870000
武 汉	4	1238	1228	45000	113252
长 沙	3	1661	1460	48000	345690
广 州	5	1234	1209	40208	353634
深 圳					
南 宁	1	595	595	20259	120000
海 口	1	335	335	10500	30060
重 庆	5	2240	2235	100139	1160649
成 都	3	1030	843	30000	470939
贵 阳	1	138	138	3000	10080
昆 明					
拉 萨					
西 安	3	1610	1610	36000	109820
兰 州					
西 宁					
银 川					
乌鲁木齐	2	778	771	17098	44040

2-14 续表 48

(其他电器、通讯器材、电子设备市场)

地　区	市场数量（个）	总摊位数（个）	年末出租摊位数（个）	营业面积（平方米）	成交额（万元）
36城市总计	**8**	**3375**	**3151**	**83086**	**442975**
北　京	2	810	665	17200	117410
天　津					
石家庄					
太　原					
呼和浩特					
沈　阳					
大　连					
长　春					
哈尔滨					
上　海					
南　京					
杭　州					
宁　波					
合　肥					
福　州					
厦　门					
南　昌	1	268	259	9600	186012
济　南					
青　岛					
郑　州					
武　汉					
长　沙					
广　州	1	828	791	18586	39219
深　圳	1	542	511	8000	14834
南　宁					
海　口					
重　庆	1	207	205	12000	57900
成　都					
贵　阳					
昆　明					
拉　萨					
西　安					
兰　州	1	450	450	9500	15600
西　宁					
银　川	1	270	270	8200	12000
乌鲁木齐					

2-14 续表 49

(医药、医疗用品及器材市场)

地　区	市场数量（个）	总摊位数（个）	年末出租摊位数（个）	营业面积（平方米）	成交额（万元）
36城市总计	**7**	**4171**	**3619**	**182677**	**1166227**
北　京					
天　津					
石家庄					
太　原					
呼和浩特					
沈　阳					
大　连					
长　春					
哈尔滨					
上　海	1	324	287	7800	60000
南　京					
杭　州					
宁　波					
合　肥					
福　州					
厦　门					
南　昌					
济　南					
青　岛					
郑　州					
武　汉					
长　沙					
广　州	1	438	291	4971	16972
深　圳					
南　宁					
海　口					
重　庆	1	172	172	90000	103200
成　都	1	2200	1900	50000	850000
贵　阳					
昆　明	1	547	547	15906	100620
拉　萨					
西　安	2	490	422	14000	35435
兰　州					
西　宁					
银　川					
乌鲁木齐					

2-14 续表 50

(中药材市场)

地　区	市场数量(个)	总摊位数(个)	年末出租摊位数(个)	营业面积(平方米)	成交额(万元)
36城市总计	**6**	**3999**	**3447**	**92677**	**1063027**
北　京					
天　津					
石家庄					
太　原					
呼和浩特					
沈　阳					
大　连					
长　春					
哈尔滨					
上　海	1	324	287	7800	60000
南　京					
杭　州					
宁　波					
合　肥					
福　州					
厦　门					
南　昌					
济　南					
青　岛					
郑　州					
武　汉					
长　沙					
广　州	1	438	291	4971	16972
深　圳					
南　宁					
海　口					
重　庆					
成　都	1	2200	1900	50000	850000
贵　阳					
昆　明	1	547	547	15906	100620
拉　萨					
西　安	2	490	422	14000	35435
兰　州					
西　宁					
银　川					
乌鲁木齐					

2-14　续表 51

（其他医药、医疗用品及器材市场）

地　区	市场数量（个）	总摊位数（个）	年末出租摊位数（个）	营业面积（平方米）	成交额（万元）
36城市总计	**1**	**172**	**172**	**90000**	**103200**
北　京					
天　津					
石家庄					
太　原					
呼和浩特					
沈　阳					
大　连					
长　春					
哈尔滨					
上　海					
南　京					
杭　州					
宁　波					
合　肥					
福　州					
厦　门					
南　昌					
济　南					
青　岛					
郑　州					
武　汉					
长　沙					
广　州					
深　圳					
南　宁					
海　口					
重　庆	1	172	172	90000	103200
成　都					
贵　阳					
昆　明					
拉　萨					
西　安					
兰　州					
西　宁					
银　川					
乌鲁木齐					

2-14 续表 52

(家具、五金及装饰材料市场)

地　区	市场数量(个)	总摊位数(个)	年末出租摊位数(个)	营业面积(平方米)	成交额(万元)
36城市总计	**252**	**132463**	**123020**	**15101141**	**18577448**
北　京	19	8031	7686	910318	1063916
天　津	10	5798	5190	1019289	1492157
石家庄	15	5071	5068	887114	808473
太　原	4	1616	1616	230000	146005
呼和浩特	4	1415	1415	109600	308817
沈　阳	9	7058	6500	400296	607388
大　连	4	1640	1470	88255	90538
长　春	3	1247	1237	207031	92640
哈尔滨	7	3024	2981	269596	258432
上　海	15	14571	14018	1594950	1123229
南　京	9	7027	6478	858341	928629
杭　州	22	10223	8835	949473	1326715
宁　波	16	3651	3476	633530	503362
合　肥	9	2870	2381	426460	342655
福　州	6	1499	1418	295390	547113
厦　门					
南　昌	4	3665	3340	470128	400612
济　南	5	1602	1488	248000	138863
青　岛	7	1923	1772	287493	165326
郑　州	7	6790	6489	684840	764300
武　汉	9	6153	4268	456892	473046
长　沙	7	6247	6243	642877	2264728
广　州	9	3796	3456	350495	289505
深　圳	1	214	199	26000	11940
南　宁	5	2057	2024	268700	127156
海　口					
重　庆	18	9448	9109	1066376	2495939
成　都	6	8197	7870	854497	847503
贵　阳	2	670	670	56000	150000
昆　明	10	3107	3019	493905	574303
拉　萨					
西　安					
兰　州	6	2304	2290	160295	183665
西　宁	1	1000	483	25000	17277
银　川	3	549	531	130000	33216
乌鲁木齐					

2-14　续表 53

(家具市场)

地　区	市场数量(个)	总摊位数(个)	年末出租摊位数(个)	营业面积(平方米)	成交额(万元)
36城市总计	**71**	**31086**	**26782**	**4972109**	**3965652**
北　京	8	3793	3672	590684	497865
天　津					
石家庄	3	1091	1091	342000	161437
太　原	2	300	300	70000	28500
呼和浩特	2	640	640	45600	75990
沈　阳	2	931	904	150343	126991
大　连	3	1150	1010	70955	60538
长　春	2	501	501	57031	57777
哈尔滨	1	342	342	80000	33358
上　海	5	756	682	274710	113767
南　京	3	923	861	182088	91001
杭　州	5	2236	1003	284722	157254
宁　波	7	1343	1258	349704	98411
合　肥	1	72	72	27500	15800
福　州	1	108	76	30000	10102
厦　门					
南　昌	2	940	681	180000	54284
济　南	2	572	528	98000	87463
青　岛	3	770	739	177471	76361
郑　州	1	1667	1667	300000	227500
武　汉	3	3900	2035	253621	310532
长　沙	2	296	296	49000	48766
广　州	1	512	497	67008	43596
深　圳					
南　宁	2	772	772	18700	21319
海　口					
重　庆	1	1516	1516	400000	1053885
成　都	3	4338	4042	510905	140503
贵　阳	1	400	400	30000	120000
昆　明	3	810	790	247067	230039
拉　萨					
西　安					
兰　州	1	147	147	25000	12000
西　宁					
银　川	1	260	260	60000	10613
乌鲁木齐					

2-14 续表 54

(装饰材料市场)

地　区	市场数量(个)	总摊位数(个)	年末出租摊位数(个)	营业面积(平方米)	成交额(万元)
36城市总计	**107**	**48382**	**45900**	**5193519**	**5413259**
北　京	7	2020	1982	148132	218683
天　津	4	1425	1419	109743	166877
石家庄	8	1880	1879	347114	447772
太　原	2	1316	1316	160000	117505
呼和浩特	2	775	775	64000	232827
沈　阳	4	2091	1726	137500	228650
大　连	1	490	460	17300	30000
长　春	1	746	736	150000	34863
哈尔滨	3	759	716	122616	59069
上　海	6	8315	8043	783461	759657
南　京	2	832	825	79795	43500
杭　州	10	2391	2321	301631	234773
宁　波	6	1008	918	202526	197774
合　肥	4	1381	1338	234187	143995
福　州	2	695	646	39100	299510
厦　门					
南　昌	1	1987	1987	278442	16528
济　南	2	822	752	110000	28400
青　岛	2	472	429	53000	35860
郑　州	3	3308	3050	155400	345800
武　汉	4	1368	1348	146000	76954
长　沙	4	2102	2098	138577	281400
广　州	5	2460	2194	262899	164507
深　圳	1	214	199	26000	11940
南　宁	2	885	852	150000	25837
海　口					
重　庆	12	3443	3316	503096	705047
成　都	1	1831	1800	160000	150000
贵　阳	1	270	270	26000	30000
昆　明	2	961	919	138000	210000
拉　萨					
西　安					
兰　州	3	1015	1001	70000	86095
西　宁	1	1000	483	25000	17277
银　川	1	120	102	54000	12159
乌鲁木齐					

2-14　续表 55

(灯具市场)

地　区	市场数量(个)	总摊位数(个)	年末出租摊位数(个)	营业面积(平方米)	成交额(万元)
36城市总计	**8**	**2735**	**2596**	**272573**	**369392**
北　京	1	260	255	30000	13195
天　津	1	172	170	14000	31000
石家庄					
太　原					
呼和浩特					
沈　阳	1	276	160	54000	42043
大　连					
长　春					
哈尔滨					
上　海					
南　京					
杭　州	1	980	980	48000	33000
宁　波					
合　肥					
福　州					
厦　门					
南　昌					
济　南	1	208	208	40000	23000
青　岛					
郑　州					
武　汉					
长　沙					
广　州					
深　圳					
南　宁					
海　口					
重　庆	1	121	121	20000	39882
成　都	1	208	208	50392	152000
贵　阳					
昆　明	1	510	494	16181	35272
拉　萨					
西　安					
兰　州					
西　宁					
银　川					
乌鲁木齐					

2-14 续表 56

(厨具、盥洗设备市场)

地　　区	市场数量(个)	总摊位数(个)	年末出租摊位数(个)	营业面积(平方米)	成交额(万元)
36城市总计	**3**	**1020**	**966**	**28280**	**167161**
北　　京					
天　　津					
石 家 庄					
太　　原					
呼和浩特					
沈　　阳					
大　　连					
长　　春					
哈 尔 滨	1	160	160	5980	28095
上　　海					
南　　京					
杭　　州					
宁　　波	1	500	500	1300	118940
合　　肥					
福　　州					
厦　　门					
南　　昌					
济　　南					
青　　岛	1	360	306	21000	20126
郑　　州					
武　　汉					
长　　沙					
广　　州					
深　　圳					
南　　宁					
海　　口					
重　　庆					
成　　都					
贵　　阳					
昆　　明					
拉　　萨					
西　　安					
兰　　州					
西　　宁					
银　　川					
乌鲁木齐					

2-14　续表 57

（五金材料市场）

地　区	市场数量（个）	总摊位数（个）	年末出租摊位数（个）	营业面积（平方米）	成交额（万元）
36城市总计	**32**	**23748**	**23155**	**1709748**	**3066957**
北　京	1	536	536	8794	15568
天　津	2	875	875	360959	234975
石家庄	1	1200	1200	120000	106000
太　原					
呼和浩特					
沈　阳	1	1200	1150	21453	28375
大　连					
长　春					
哈尔滨	1	1300	1300	40000	25910
上　海	2	3200	2993	294179	128268
南　京	2	2268	2268	80110	241992
杭　州	3	2194	2182	87120	538960
宁　波	2	800	800	80000	88237
合　肥	2	405	405	38773	154780
福　州	1	200	200	3900	53030
厦　门					
南　昌					
济　南					
青　岛					
郑　州	3	1815	1772	229440	191000
武　汉	1	547	547	29271	52000
长　沙					
广　州	3	824	765	20588	81402
深　圳					
南　宁					
海　口					
重　庆	4	4368	4156	143280	697125
成　都	1	1820	1820	133200	405000
贵　阳					
昆　明	2	196	186	18681	24335
拉　萨					
西　安					
兰　州					
西　宁					
银　川					
乌鲁木齐					

2-14 续表 58

(其他装修市场)

地　区	市场数量(个)	总摊位数(个)	年末出租摊位数(个)	营业面积(平方米)	成交额(万元)
36城市总计	**31**	**25492**	**23621**	**2924912**	**5595027**
北　京	2	1422	1241	132708	318605
天　津	3	3326	2726	534587	1059305
石家庄	3	900	898	78000	93264
太　原					
呼和浩特					
沈　阳	1	2560	2560	37000	181329
大　连					
长　春					
哈尔滨	1	463	463	21000	112000
上　海	2	2300	2300	242600	121537
南　京	2	3004	2524	516348	552136
杭　州	3	2422	2349	228000	362728
宁　波					
合　肥	2	1012	566	126000	28080
福　州	2	496	496	222390	184471
厦　门					
南　昌	1	738	672	11686	329800
济　南					
青　岛	1	321	298	36022	32979
郑　州					
武　汉	1	338	338	28000	33560
长　沙	1	3849	3849	455300	1934562
广　州					
深　圳					
南　宁	1	400	400	100000	80000
海　口					
重　庆					
成　都					
贵　阳					
昆　明	2	630	630	73976	74657
拉　萨					
西　安					
兰　州	2	1142	1142	65295	85570
西　宁					
银　川	1	169	169	16000	10444
乌鲁木齐					

2-14 续表 59

(汽车、摩托车及零配件市场)

地区	市场数量(个)	总摊位数(个)	年末出租摊位数(个)	营业面积(平方米)	成交额(万元)
36城市总计	**158**	**55032**	**46885**	**7892346**	**36895751**
北京	16	5162	4724	979311	4968356
天津	3	1727	1720	355534	2601087
石家庄	3	581	581	241000	405776
太原	1	426	426	70000	15000
呼和浩特					
沈阳	5	2986	2622	283790	1578915
大连	2	510	450	130000	1350000
长春	2	5426	2439	581570	2454422
哈尔滨					
上海	13	1967	1964	223937	2215933
南京	4	325	317	90866	342240
杭州	16	5983	4419	435565	4447911
宁波	9	996	422	203091	530647
合肥	5	1278	744	164262	689656
福州	1	230	230	6700	40443
厦门	2	127	127	34000	369084
南昌	5	2645	2374	211500	664415
济南	6	2154	2093	278773	1357126
青岛	4	362	352	102000	193050
郑州	7	1625	1625	300868	1347374
武汉	4	961	956	196000	752729
长沙	8	6761	6340	408104	2252113
广州	18	3649	3585	507577	2676873
深圳	2	58	56	61200	293550
南宁	2	219	219	572871	430000
海口					
重庆	8	3806	3342	540637	3161961
成都	1	350	350	112113	300000
贵阳	1	270	270	43000	25000
昆明	3	1009	909	213457	221953
拉萨					
西安	2	1396	1396	36542	625183
兰州	1	96	96	10440	26750
西宁	1	145	145	14000	12000
银川	1	1150	950	229000	28259
乌鲁木齐	2	642	642	254638	517945

2-14 续表 60

(汽车市场)

地 区	市场数量(个)	总摊位数(个)	年末出租摊位数(个)	营业面积(平方米)	成交额(万元)
36城市总计	**97**	**25946**	**19611**	**5818198**	**30378289**
北 京	9	1554	1279	676861	4441407
天 津	3	1727	1720	355534	2601087
石家庄	2	81	81	141000	230035
太 原					
呼和浩特					
沈 阳	2	1418	1418	117790	932612
大 连	2	510	450	130000	1350000
长 春	2	5426	2439	581570	2454422
哈尔滨					
上 海	9	379	376	119748	1689732
南 京	4	325	317	90866	342240
杭 州	12	3386	1822	262650	3503412
宁 波	8	960	386	198091	518357
合 肥	2	111	111	110000	532469
福 州					
厦 门	2	127	127	34000	369084
南 昌	3	1329	1164	143000	209247
济 南	1	81	81	127000	896526
青 岛	2	62	62	53000	53000
郑 州	3	201	201	195774	487574
武 汉	3	381	376	187000	738279
长 沙	3	642	642	168104	1910540
广 州	7	453	442	293276	2183024
深 圳	2	68	56	61200	293550
南 宁	2	219	219	572871	430000
海 口					
重 庆	7	3134	2670	500637	2666961
成 都	1	350	350	112113	300000
贵 阳					
昆 明	1	109	109	53333	109800
拉 萨					
西 安	1	976	976	35142	576727
兰 州					
西 宁	1	145	145	14000	12000
银 川	1	1150	950	229000	28259
乌鲁木齐	2	642	642	254638	517945

2-14 续表 61

(摩托车市场)

地区	市场数量(个)	总摊位数(个)	年末出租摊位数(个)	营业面积(平方米)	成交额(万元)
36城市总计	**6**	**1988**	**1429**	**106402**	**709292**
北京					
天津					
石家庄					
太原					
呼和浩特					
沈阳					
大连					
长春					
哈尔滨					
上海					
南京					
杭州					
宁波					
合肥	2	967	433	47162	137187
福州					
厦门					
南昌					
济南					
青岛					
郑州	1	126	126	6000	34000
武汉					
长沙	1	127	102	2800	16355
广州					
深圳					
南宁					
海口					
重庆	1	672	672	40000	495000
成都					
贵阳					
昆明					
拉萨					
西安					
兰州	1	96	96	10440	26750
西宁					
银川					
乌鲁木齐					

2-14 续表 62

(机动车零配件市场)

地　区	市场数量 (个)	总摊位数 (个)	年末出租摊位数 (个)	营业面积 (平方米)	成交额 (万元)
36城市总计	**55**	**27098**	**25845**	**1967746**	**5808170**
北　京	7	3608	3445	302450	526949
天　津					
石家庄	1	500	500	100000	175741
太　原	1	426	426	70000	15000
呼和浩特					
沈　阳	3	1568	1204	166000	646303
大　连					
长　春					
哈尔滨					
上　海	4	1588	1588	104189	526201
南　京					
杭　州	4	2597	2597	172915	944499
宁　波	1	36	36	5000	12290
合　肥	1	200	200	7100	20000
福　州	1	230	230	6700	40443
厦　门					
南　昌	2	1316	1210	68500	455168
济　南	5	2073	2012	151773	460600
青　岛	2	300	290	49000	140050
郑　州	3	1298	1298	99094	825800
武　汉	1	580	580	9000	14450
长　沙	4	5992	5596	237200	325218
广　州	11	3196	3143	214301	493849
深　圳					
南　宁					
海　口					
重　庆					
成　都					
贵　阳	1	270	270	43000	25000
昆　明	2	900	800	160124	112153
拉　萨					
西　安	1	420	420	1400	48456
兰　州					
西　宁					
银　川					
乌鲁木齐					

2-14 续表 63

(花鸟鱼虫市场)

地区	市场数量（个）	总摊位数（个）	年末出租摊位数（个）	营业面积（平方米）	成交额（万元）
36城市总计	**17**	**12019**	**11458**	**2652509**	**1996128**
北京	1	210	210	3000	18250
天津	1	800	800	40000	16350
石家庄					
太原					
呼和浩特					
沈阳					
大连					
长春					
哈尔滨					
上海	1	380	360	35800	16200
南京					
杭州	3	1494	1139	103854	192866
宁波					
合肥	2	1600	1600	248000	110000
福州	2	398	398	31855	72668
厦门					
南昌					
济南					
青岛					
郑州	1	1000	1000	30000	850000
武汉					
长沙	1	410	410	108000	14200
广州	2	1742	1706	1918000	261107
深圳					
南宁					
海口					
重庆					
成都	1	485	485	20000	45487
贵阳					
昆明	1	3000	2850	14000	367000
拉萨					
西安					
兰州					
西宁					
银川					
乌鲁木齐	1	500	500	100000	32000

2-14 续表 64

(花卉市场)

地　区	市场数量(个)	总摊位数(个)	年末出租摊位数(个)	营业面积(平方米)	成交额(万元)
36城市总计	**14**	**10776**	**10306**	**2602108**	**1884848**
北　京	1	210	210	3000	18250
天　津					
石家庄					
太　原					
呼和浩特					
沈　阳					
大　连					
长　春					
哈尔滨					
上　海	1	380	360	35800	16200
南　京					
杭　州	2	1194	930	99828	158216
宁　波					
合　肥	2	1600	1600	248000	110000
福　州	1	255	255	25480	12388
厦　门					
南　昌					
济　南					
青　岛					
郑　州	1	1000	1000	30000	850000
武　汉					
长　沙	1	410	410	108000	14200
广　州	2	1742	1706	1918000	261107
深　圳					
南　宁					
海　口					
重　庆					
成　都	1	485	485	20000	45487
贵　阳					
昆　明	1	3000	2850	14000	367000
拉　萨					
西　安					
兰　州					
西　宁					
银　川					
乌鲁木齐	1	500	500	100000	32000

2-14 续表 65

(其他花鸟鱼虫市场)

地 区	市场数量 (个)	总摊位数 (个)	年末出租摊位数 (个)	营业面积 (平方米)	成交额 (万元)
36城市总计	**3**	**1243**	**1152**	**50401**	**111280**
北 京					
天 津	1	800	800	40000	16350
石家庄					
太 原					
呼和浩特					
沈 阳					
大 连					
长 春					
哈尔滨					
上 海					
南 京					
杭 州	1	300	209	4026	34650
宁 波					
合 肥					
福 州	1	143	143	6375	60280
厦 门					
南 昌					
济 南					
青 岛					
郑 州					
武 汉					
长 沙					
广 州					
深 圳					
南 宁					
海 口					
重 庆					
成 都					
贵 阳					
昆 明					
拉 萨					
西 安					
兰 州					
西 宁					
银 川					
乌鲁木齐					

2-14 续表 66

(旧货市场)

地　区	市场数量(个)	总摊位数(个)	年末出租摊位数(个)	营业面积(平方米)	成交额(万元)
36城市总计	**12**	**6258**	**6180**	**170846**	**683954**
北　京	1	3196	3196	14968	62629
天　津					
石家庄					
太　原					
呼和浩特					
沈　阳					
大　连					
长　春					
哈尔滨					
上　海					
南　京					
杭　州					
宁　波	5	1102	1087	70161	475669
合　肥					
福　州	1	28	26	2500	10983
厦　门					
南　昌	1	656	656	15000	14121
济　南					
青　岛					
郑　州	1	507	446	13120	15000
武　汉					
长　沙					
广　州	1	630	630	3000	12500
深　圳					
南　宁					
海　口					
重　庆					
成　都					
贵　阳					
昆　明	2	139	139	52097	93052
拉　萨					
西　安					
兰　州					
西　宁					
银　川					
乌鲁木齐					

2-14　续表 67

(古玩、古董、字画市场)

地　区	市场数量(个)	总摊位数(个)	年末出租摊位数(个)	营业面积(平方米)	成交额(万元)
36城市总计	**3**	**1165**	**1102**	**18620**	**38483**
北　京					
天　津					
石家庄					
太　原					
呼和浩特					
沈　阳					
大　连					
长　春					
哈尔滨					
上　海					
南　京					
杭　州					
宁　波					
合　肥					
福　州	1	28	26	2500	10983
厦　门					
南　昌					
济　南					
青　岛					
郑　州	1	507	446	13120	15000
武　汉					
长　沙					
广　州	1	630	630	3000	12500
深　圳					
南　宁					
海　口					
重　庆					
成　都					
贵　阳					
昆　明					
拉　萨					
西　安					
兰　州					
西　宁					
银　川					
乌鲁木齐					

2-14 续表 68

(其他旧货市场)

地　区	市场数量(个)	总摊位数(个)	年末出租摊位数(个)	营业面积(平方米)	成交额(万元)
36城市总计	**9**	**5093**	**5078**	**152226**	**645471**
北　京	1	3196	3196	14968	62629
天　津					
石家庄					
太　原					
呼和浩特					
沈　阳					
大　连					
长　春					
哈尔滨					
上　海					
南　京					
杭　州					
宁　波	5	1102	1087	70161	475669
合　肥					
福　州					
厦　门					
南　昌	1	656	656	15000	14121
济　南					
青　岛					
郑　州					
武　汉					
长　沙					
广　州					
深　圳					
南　宁					
海　口					
重　庆					
成　都					
贵　阳					
昆　明	2	139	139	52097	93052
拉　萨					
西　安					
兰　州					
西　宁					
银　川					
乌鲁木齐					

2-14 续表 69

(其他专业市场)

地 区	市场数量(个)	总摊位数(个)	年末出租摊位数(个)	营业面积(平方米)	成交额(万元)
36城市总计	**17**	**10499**	**5657**	**958106**	**1641347**
北 京	2	169	169	81130	27721
天 津					
石家庄					
太 原					
呼和浩特					
沈 阳					
大 连					
长 春					
哈尔滨					
上 海	5	1149	1115	52800	505941
南 京					
杭 州					
宁 波	1	180	180	800	150000
合 肥					
福 州					
厦 门					
南 昌					
济 南	1	1200	860	236000	33020
青 岛					
郑 州	3	1165	1082	313300	758000
武 汉					
长 沙					
广 州	2	658	607	24386	27951
深 圳	1	378	378	7000	22680
南 宁					
海 口					
重 庆					
成 都					
贵 阳	1	600	574	200000	88113
昆 明	1	5000	692	42690	27921
拉 萨					
西 安					
兰 州					
西 宁					
银 川					
乌鲁木齐					

2-15 商品交易市场情况(按营业状态分)

(常年营业)

地 区	市场数量 (个)	总摊位数 (个)	年末出租摊位数 (个)	营业面积 (平方米)	成交额 (万元)
总 计	**2012**	**1461743**	**1339001**	**98516529**	**404068220**
北 京	138	130442	115458	7112453	25366585
天 津	77	53944	51119	5231306	25657864
石家庄	58	72850	65553	4973241	12447406
太 原	16	11304	11025	878195	1189082
呼和浩特	12	7526	7098	328360	874667
沈 阳	63	62605	56439	2578723	14819550
大 连	46	35526	35077	1539146	14594610
长 春	30	32659	29130	2158420	4295184
哈尔滨	53	43486	40451	2084746	6158792
上 海	179	80069	75296	7576958	67807902
南 京	60	43056	39901	2986710	13085352
杭 州	170	87595	79621	4798804	36595024
宁 波	130	74092	68539	4869703	21505403
合 肥	40	29373	25518	2335940	9148587
福 州	55	16908	15478	1151253	7818561
厦 门	19	6393	6247	413613	1556618
南 昌	34	28025	26791	1411486	6932601
济 南	40	24129	23354	2232419	5049669
青 岛	66	57194	55178	5279198	10943023
郑 州	56	50758	47254	2827766	8019540
武 汉	65	34592	31575	2326290	6260909
长 沙	65	47619	46263	4616628	12707315
广 州	157	83854	77514	6685494	20367454
深 圳	30	30345	25796	708734	4415058
南 宁	31	22844	21518	1997694	4800183
海 口	3	1082	1082	65228	52173
重 庆	129	93544	85298	6216028	29873359
成 都	36	49049	45873	3466314	9567535
贵 阳	14	11841	11466	809117	2489368
昆 明	33	56914	42620	3114691	6426610
拉 萨					
西 安	25	18085	16826	541342	1928112
兰 州	28	18043	16354	1348341	3608361
西 宁	9	8081	6000	519357	381839
银 川	19	14351	13841	1091161	1763814
乌鲁木齐	26	23565	22448	2241670	5560110

2-15 续表 1

(季节性营业)

地　区	市场数量(个)	总摊位数(个)	年末出租摊位数(个)	营业面积(平方米)	成交额(万元)
总　计	**13**	**5667**	**3618**	**513050**	**653876**
北　京	2	2656	1047	265000	111412
天　津					
石家庄					
太　原					
呼和浩特	1	97	97	10700	15000
沈　阳					
大　连	1	400	400	4000	13279
长　春					
哈尔滨					
上　海					
南　京					
杭　州	1	168	168	6500	43300
宁　波	1	381	381	52000	154230
合　肥	1	155	150	33350	35000
福　州					
厦　门					
南　昌					
济　南	1	310	305	19000	31635
青　岛	2	1130	750	108000	148650
郑　州					
武　汉					
长　沙					
广　州	1	80	80	2000	11572
深　圳					
南　宁	2	240	240	12500	89798
海　口					
重　庆					
成　都					
贵　阳					
昆　明					
拉　萨					
西　安					
兰　州					
西　宁					
银　川					
乌鲁木齐					

2-15 续表 2

(其他)

地　区	市场数量（个）	总摊位数（个）	年末出租摊位数（个）	营业面积（平方米）	成交额（万元）
总　计	**3**	**1093**	**1068**	**65866**	**137966**
北　京					
天　津					
石家庄	1	402	387	21800	11650
太　原					
呼和浩特					
沈　阳					
大　连					
长　春					
哈尔滨					
上　海	1	91	91	36066	91236
南　京	1	600	590	8000	35080
杭　州					
宁　波					
合　肥					
福　州					
厦　门					
南　昌					
济　南					
青　岛					
郑　州					
武　汉					
长　沙					
广　州					
深　圳					
南　宁					
海　口					
重　庆					
成　都					
贵　阳					
昆　明					
拉　萨					
西　安					
兰　州					
西　宁					
银　川					
乌鲁木齐					

2-16　商品交易市场情况(按经营方式分)

(批发为主)

地　区	市场数量(个)	总摊位数(个)	年末出租摊位数(个)	营业面积(平方米)	成交额(万元)
总　计	**1169**	**989085**	**902122**	**72105281**	**341910242**
北　京	64	85070	71752	4629018	17031032
天　津	55	40192	38291	4227261	24605984
石家庄	40	54450	47292	3826038	11688266
太　原	9	9118	8839	625195	1005007
呼和浩特	5	1590	1616	169700	365480
沈　阳	35	38484	36559	1753617	12598461
大　连	22	15519	15210	978133	12568850
长　春	11	15666	14560	1208576	2453269
哈尔滨	21	22817	22280	1247507	4808736
上　海	100	49692	46580	5879186	63772640
南　京	19	13841	11916	1689298	9981459
杭　州	96	53950	51220	3316439	30295813
宁　波	65	49654	46451	3579863	18635770
合　肥	24	22477	19268	1561297	8344099
福　州	19	5890	5725	420988	5382968
厦　门	7	2228	2097	184403	850238
南　昌	20	19749	19092	936801	6273025
济　南	30	18841	18123	1789919	3684594
青　岛	45	47058	45115	4453867	9727427
郑　州	45	33880	30902	2249786	5920831
武　汉	47	28990	26063	1818426	5323226
长　沙	28	29865	28865	3634899	9026565
广　州	122	72320	67047	5975353	17648474
深　圳	16	16154	14539	424683	3963927
南　宁	18	13193	12309	993063	3608942
海　口	2	747	747	54728	22113
重　庆	69	64287	59584	4317827	24389391
成　都	26	39875	37499	2541296	8394933
贵　阳	12	11103	10754	606117	2391175
昆　明	23	54133	39903	2679452	5824554
拉　萨					
西　安	16	12071	10902	367300	1040943
兰　州	22	15203	13514	1218841	3459873
西　宁	7	6819	4738	392707	343416
银　川	9	4928	4740	582941	1522017
乌鲁木齐	20	19126	18030	1770756	4956744

2-16 续表

(零售为主)

地 区	市场数量(个)	总摊位数(个)	年末出租摊位数(个)	营业面积(平方米)	成交额(万元)
总 计	**859**	**479418**	**441565**	**26990164**	**62949820**
北 京	76	48028	44753	2748435	8446965
天 津	22	13752	12828	1004045	1051880
石家庄	19	18802	18648	1169003	770790
太 原	7	2186	2186	253000	184075
呼和浩特	8	5933	5579	169360	524187
沈 阳	28	24121	19880	825106	2221089
大 连	25	20407	20267	565013	2039039
长 春	19	16993	14570	949844	1841915
哈尔滨	32	20669	18171	837239	1350056
上 海	80	30468	28807	1733838	4126498
南 京	42	29815	28575	1305412	3138973
杭 州	75	33813	28569	1488865	6342511
宁 波	66	24819	22469	1341840	3023863
合 肥	17	7051	6400	807993	839488
福 州	36	11018	9753	730265	2435593
厦 门	12	4165	4150	229210	706380
南 昌	14	8276	7699	474685	659576
济 南	11	5598	5536	461500	1396710
青 岛	23	11316	10813	933331	1364246
郑 州	11	16878	16352	577980	2098709
武 汉	18	5602	5512	507864	937683
长 沙	37	17754	17398	981729	3680750
广 州	36	11614	10547	712141	2730552
深 圳	14	14191	11257	284051	451131
南 宁	15	9891	9449	1017131	1281039
海 口	1	335	335	10500	30060
重 庆	60	29257	25714	1898201	5483968
成 都	10	9174	8374	925018	1172602
贵 阳	2	738	712	203000	98193
昆 明	10	2776	2717	435239	602056
拉 萨					
西 安	9	6014	5924	174042	887169
兰 州	6	2840	2840	129500	148488
西 宁	2	1262	1262	126650	38423
银 川	10	9423	9101	508220	241797
乌鲁木齐	6	4439	4418	470914	603366

2-17 商品交易市场情况(按经营环境分)

(露天式)

地区	市场数量(个)	总摊位数(个)	年末出租摊位数(个)	营业面积(平方米)	成交额(万元)
总计	**293**	**197326**	**172784**	**22391314**	**66843727**
北京	21	28754	19135	2625096	8802179
天津	15	16962	15099	1889278	3462390
石家庄	11	10475	10450	703528	1187871
太原	2	386	361	151800	580605
呼和浩特	3	392	390	32700	44630
沈阳	16	8803	8118	847550	5895498
大连	6	2437	2437	157500	577263
长春	4	2444	2358	451900	100505
哈尔滨	4	4579	4484	771400	2084223
上海	13	4602	4500	368949	3393825
南京	7	1937	1871	254666	512989
杭州	17	3374	3203	459531	4126055
宁波	16	22607	22471	1360065	4093741
合肥	2	2385	2385	236480	1609760
福州					
厦门	5	928	928	59600	520639
南昌	5	2872	2707	210184	1773224
济南	10	4673	4468	663138	1428113
青岛	14	5128	4418	1852912	2247183
郑州	17	9672	9328	1221096	1388395
武汉	16	6402	6066	432889	2174992
长沙	6	3118	3105	1305560	2972080
广州	10	4676	4167	308441	775927
深圳	6	4912	3916	192100	1212573
南宁	5	1491	1458	955831	2705937
海口	1	412	412	51900	12813
重庆	17	9013	7935	730489	4256502
成都	6	7005	6745	1312649	2153942
贵阳	2	620	570	100450	812965
昆明	8	7851	3493	575846	1983810
拉萨					
西安	4	3037	3037	147538	595958
兰州	9	5609	4055	373000	1584744
西宁	3	1526	1009	139507	87077
银川	5	3828	3560	546071	786675
乌鲁木齐	7	4416	4145	901670	898644

2-17 续表 1

(封闭式)

地　区	市场数量 (个)	总摊位数 (个)	年末出租摊位数 (个)	营业面积 (平方米)	成交额 (万元)
总　计	**1500**	**1084420**	**999071**	**60243091**	**276105274**
北　京	106	88002	82764	4161308	13560641
天　津	52	32010	31094	2749422	19641144
石家庄	36	51418	44539	3632800	10636922
太　原	11	8058	8058	536395	468407
呼和浩特	10	7231	6805	306360	845037
沈　阳	46	53602	48121	1726173	8637217
大　连	39	28142	27782	1105646	11407070
长　春	22	25242	22873	1114950	2820064
哈尔滨	49	38907	35967	1313346	4074569
上　海	124	55940	52227	3174837	51854433
南　京	50	40127	37058	2673594	12178386
杭　州	123	67781	61899	2891860	20755939
宁　波	107	49231	43881	3369558	16774995
合　肥	31	19915	17136	1476062	6455282
福　州	50	15278	13848	1109113	7718794
厦　门	11	4338	4192	268303	772625
南　昌	27	16825	15965	1044802	2695170
济　南	28	17471	17306	1267281	3546371
青　岛	50	46994	45784	3117224	8116963
郑　州	27	21692	20083	1201464	5098300
武　汉	45	26587	23906	1829698	3946276
长　沙	52	35604	34582	2202591	7823602
广　州	140	70782	65146	3888338	13660768
深　圳	18	20229	16712	427724	2837412
南　宁	22	18953	17969	937663	1597335
海　口	2	670	670	13328	39360
重　庆	96	72508	66890	4581170	17751040
成　都	26	35754	33188	1779665	5876852
贵　阳	8	9730	9611	594667	1230926
昆　明	24	48463	38627	2388845	4391800
拉　萨					
西　安	17	13096	11858	348124	1235969
兰　州	13	10153	10132	845840	1824028
西　宁	5	4015	3814	279850	192972
银　川	14	10523	10281	545090	977139
乌鲁木齐	19	19149	18303	1340000	4661466

2-17　续表 2

(其他)

地　区	市场数量（个）	总摊位数（个）	年末出租摊位数（个）	营业面积（平方米）	成交额（万元）
总　计	**235**	**186757**	**171832**	**16461040**	**61911061**
北　京	13	16342	14606	591049	3115177
天　津	10	4972	4926	592606	2554330
石家庄	12	11359	10951	658713	634263
太　原	3	2860	2606	190000	140070
呼和浩特					
沈　阳	1	200	200	5000	286835
大　连	2	5347	5258	280000	2623556
长　春	4	4973	3899	591570	1374615
哈尔滨					
上　海	43	19518	18660	4069238	12650880
南　京	4	1592	1562	66450	429057
杭　州	31	16608	14687	1453913	11756330
宁　波	8	2635	2568	192080	790897
合　肥	8	7228	6147	656748	1118545
福　州	5	1630	1630	42140	99767
厦　门	3	1127	1127	85710	263354
南　昌	2	8328	8119	156500	2464207
济　南	3	2295	1885	321000	106820
青　岛	4	6252	5726	417062	727527
郑　州	12	19394	17843	405206	1532845
武　汉	4	1603	1603	63703	139641
长　沙	7	8897	8576	1108477	1911633
广　州	8	8476	8281	2490715	5942331
深　圳	6	5204	5168	88910	365073
南　宁	6	2640	2331	116700	586709
海　口					
重　庆	16	12023	10473	904369	7865817
成　都	4	6290	5940	374000	1536741
贵　阳	4	1491	1285	114000	445477
昆　明	1	600	500	150000	51000
拉　萨					
西　安	4	1952	1931	45680	96185
兰　州	6	2281	2167	129501	199589
西　宁	1	2540	1177	100000	101790
银　川					
乌鲁木齐					

2-18 商品交易市场成交情况(按摊位分)

地区	粮油、食品、饮料、烟酒类		粮油、食品类		#粮油类	
	摊位数(个)	成交额(万元)	摊位数(个)	成交额(万元)	摊位数(个)	成交额(万元)
总计	**378588**	**98679061**	**346144**	**90688206**	**35153**	**13365327**
北京	39770	14690217	36150	13413305	3296	1892465
天津	22314	5156312	20919	4704279	1840	696054
石家庄	22397	2260511	17931	2040859	2912	263346
太原	1662	311180	1662	311180	552	131900
呼和浩特	801	214331	792	213050	30	29100
沈阳	6913	2107264	6693	2046382	670	262283
大连	9513	3136090	8758	2877696	1028	214650
长春	4956	487253	4510	474871	157	13246
哈尔滨	7318	1980157	6554	1948715	736	128916
上海	23278	7300040	21748	7075233	1563	844663
南京	10000	3902097	9497	2981865	588	722111
杭州	21937	6837825	20816	6431166	1213	1002516
宁波	38829	4898674	38191	4634917	822	417161
合肥	6946	2601670	6829	2594260	1678	500681
福州	5453	1691936	5278	1668743	668	90673
厦门	4800	1053833	4725	1045619	174	10593
南昌	4843	2164380	4713	2115914	1423	611735
济南	7330	2162145	6163	1984266	141	433436
青岛	30044	4506936	29363	4242385	563	416337
郑州	11488	2124286	9895	2039408	2760	666700
武汉	7469	1914345	6872	1845161	956	177519
长沙	13183	3664755	10643	3031914	2759	659403
广州	12755	4768045	11444	4517317	1481	565066
深圳	7066	3463670	6870	2527121	839	259726
南宁	4430	1071495	4123	980209	334	98825
海口	291	9072				
重庆	24824	6150864	21935	5627150	2735	475731
成都	7705	3103695	7524	2970752	1214	587354
贵阳	1196	605677	478	326881	327	287332
昆明	3621	871784	2733	822047	150	233740
拉萨						
西安	4065	687289	2165	613937	317	298386
兰州	3380	1031518	2840	907482	607	209116
西宁	1095	171996	965	153536	425	79929
银川	2155	196514	2040	175620	15	3280
乌鲁木齐	4761	1381205	4325	1344966	180	81354

2-18 续表 1

地 区	#肉禽蛋类		#水产品类		#蔬菜类	
	摊位数（个）	成交额（万元）	摊位数（个）	成交额（万元）	摊位数（个）	成交额（万元）
总 计	**44429**	**13122043**	**65925**	**20774215**	**132665**	**21946088**
北 京	4774	1468832	3895	2088403	12091	3445890
天 津	1218	383655	1498	1375866	13284	1235520
石 家 庄	2378	313099	691	57377	8566	810289
太 原					529	115000
呼和浩特	278	54950	30	1185	427	126396
沈 阳	957	257595	1282	786342	1352	256003
大 连	1258	309326	2285	1277566	2472	373204
长 春	377	13050	1438	97278	1804	307182
哈 尔 滨	1001	265278	1327	73258	1741	789445
上 海	3469	1444369	4174	2361401	9394	1413550
南 京	2666	657513	1655	815837	3735	472339
杭 州	3839	1407770	2533	942467	9363	1062850
宁 波	3057	674472	22161	1744433	9091	1134843
合 肥	1250	669502	991	552559	1483	395809
福 州	1025	158616	2077	1278864	1021	57882
厦 门	931	221881	1081	172772	1985	542205
南 昌	742	511929	496	146154	1558	408110
济 南	379	126862	1184	684182	2966	488269
青 岛	1726	282317	6201	1376727	18205	1462352
郑 州	566	27641	753	330566	3493	922050
武 汉	408	62467	1739	961620	1901	345294
长 沙	1222	279256	587	445902	2977	873873
广 州	2257	678444	1804	706072	4176	987865
深 圳	1795	484354	1600	347458	1648	593603
南 宁	870	428522	684	44888	1670	214179
海 口						
重 庆	3429	694849	2217	1525100	7649	1046071
成 都	1138	675487	410	240248	2420	988003
贵 阳	65	33847				
昆 明	253	36866	51	6120	710	321312
拉 萨						
西 安	266	62718	69	5029	988	184078
兰 州	433	194500	404	160783	410	111120
西 宁	10	279	5	301	462	68004
银 川	118	6806	110	6740	1520	121171
乌鲁木齐	274	234991	493	160717	1574	272327

2-18 续表 2

地　区	#干鲜果品类		饮料类		烟酒类	
	摊位数（个）	成交额（万元）	摊位数（个）	成交额（万元）	摊位数（个）	成交额（万元）
总　计	**50509**	**17792889**	**17735**	**3986147**	**14709**	**4004708**
北　京	8668	3819927	1705	492191	1915	784721
天　津	2420	848047	637	177636	758	274397
石家庄	2994	469774	1721	90147	2745	129505
太　原	561	61060				
呼和浩特	27	1419	6	20	3	1261
沈　阳	1034	219733	107	37254	113	23628
大　连	1162	268730	404	122190	351	136204
长　春	184	6978	273	7422	173	4960
哈尔滨	1319	661129	428	25002	336	6440
上　海	1994	904430	1174	167974	356	56833
南　京	477	251957	282	385299	221	534933
杭　州	3133	1838856	748	226964	373	179695
宁　波	2651	594579	245	91098	393	172659
合　肥	1296	470106	43	1840	74	5570
福　州	435	73785	119	18262	56	4931
厦　门	418	66418	25	3126	50	5088
南　昌	494	417479	47	12189	83	36277
济　南	1479	250903	1006	171609	161	6270
青　岛	2408	650404	35	38008	646	226543
郑　州	1723	77451	955	38576	638	46302
武　汉	995	197141	520	51586	77	17598
长　沙	2999	731902	672	88855	1868	543986
广　州	1190	1494696	1057	191893	254	58835
深　圳	921	841080	76	795729	120	140820
南　宁	565	193795	272	90702	35	584
海　口			107	3205	184	5867
重　庆	3718	1216455	1357	253564	1532	270150
成　都	2152	427660	101	72417	80	60526
贵　阳	5	5702	451	131143	267	147653
昆　明	676	215432	751	44533	137	5204
拉　萨						
西　安	525	63726	1808	70401	92	2951
兰　州	649	192563	169	32571	371	91465
西　宁	63	5023	72	9168	58	9292
银　川	265	37412	94	20347	21	547
乌鲁木齐	909	217137	268	23226	168	13013

2-18　续表 3

地　区	服装、鞋帽、针纺织品类		服装类		鞋帽类	
	摊位数（个）	成交额（万元）	摊位数（个）	成交额（万元）	摊位数（个）	成交额（万元）
总　计	**395038**	**44233440**	**271861**	**26827711**	**60083**	**6381302**
北　京	28660	898502	20522	587329	3239	122612
天　津	9840	779717	7282	580320	2082	177297
石家庄	22253	4501114	18243	3618841	2491	340042
太　原	5754	98997	5178	48447	523	49920
呼和浩特	3256	159818	2635	131411	261	15835
沈　阳	24593	4060872	14701	2518000	4769	634530
大　连	13516	1420105	8186	683676	2428	265967
长　春	10849	568114	8291	497038	1345	38249
哈尔滨	19290	955634	9647	662235	4557	151185
上　海	12637	1008587	9523	864509	1277	18183
南　京	6496	658838	4262	418693	1173	110980
杭　州	22717	4856058	16087	2391323	1671	113273
宁　波	7391	1317757	4421	682645	999	294310
合　肥	8033	783928	3900	521657	808	109666
福　州	3209	768192	2707	698467	443	52580
厦　门	155	8317	113	6022	36	2178
南　昌	8296	1589899	5247	995799	1466	216829
济　南	6088	652432	4537	423465	1261	211716
青　岛	13170	1883142	8898	1141860	1957	266291
郑　州	15641	622902	9577	504273	4587	31648
武　汉	10517	715049	8412	578360	1115	107010
长　沙	7054	311609	5541	216213	834	54522
广　州	33999	6342890	20412	2145909	5264	1112751
深　圳	3430	54512	2697	37186	426	10500
南　宁	7718	97921	6536	83193	1066	13352
海　口	342	9489	335	9300		
重　庆	20188	3751979	12236	1739608	4086	998119
成　都	15264	922764	11040	649104	1494	147508
贵　阳	5303	479556	4217	364001	913	89850
昆　明	19986	2214506	15599	1823440	3173	257316
拉　萨						
西　安	8204	406841	5968	178662	1113	155129
兰　州	5989	524510	5024	478394	327	9513
西　宁	2348	72404	1556	53327	330	8258
银　川	5838	152377	3444	92049	973	20011
乌鲁木齐	7014	584108	4887	402955	1596	174172

2-18 续表 4

地区	针纺织品类		化妆品类		金银珠宝类	
	摊位数（个）	成交额（万元）	摊位数（个）	成交额（万元）	摊位数（个）	成交额（万元）
总 计	**63094**	**11024427**	**11122**	**1111667**	**6008**	**1737758**
北 京	4899	188561	881	62588	612	34489
天 津	476	22100	380	29233	166	8029
石家庄	1519	542231	788	236792	373	7059
太 原	53	630	50	3430		
呼和浩特	360	12572	304	9971	3	2109
沈 阳	5123	908342	508	21716		
大 连	2902	470462	458	115002	98	20363
长 春	1213	32827	163	4647	5	543
哈尔滨	5086	142214	440	14301	39	5999
上 海	1837	125895	42	2690	11	377
南 京	1061	129165	89	22182	22	4536
杭 州	4959	2351462	183	9099	2	784
宁 波	1971	340802	176	26739		
合 肥	3325	152605	111	30996	3	150
福 州	59	17145	44	10642	1599	1088984
厦 门	6	117	18	720	19	830
南 昌	1583	377271	330	82410		
济 南	290	17251	204	5586	76	5500
青 岛	2315	474991	371	32874	1515	476667
郑 州	1477	86981	760	6630	132	12100
武 汉	990	29679	22	721		
长 沙	679	40874	140	16797	1	850
广 州	8323	3084230	1395	119580	565	39730
深 圳	307	6826	135	2037	175	2588
南 宁	116	1376	666	15593	17	172
海 口	7	189				
重 庆	3866	1014252	576	57620	21	7914
成 都	2730	126152	477	28636		
贵 阳	173	25705	43	15985		
昆 明	1214	133750	411	27550	501	16207
拉 萨						
西 安	1123	73050	50	1409		
兰 州	638	36603	218	53567	10	330
西 宁	462	10819	187	9789		
银 川	1421	40317	268	13832	41	1239
乌鲁木齐	531	6981	234	20303	2	209

2-18 续表 5

地 区	日用品类		#洗涤用品类		#儿童玩具类	
	摊位数(个)	成交额(万元)	摊位数(个)	成交额(万元)	摊位数(个)	成交额(万元)
总 计	**80794**	**14242532**	**17091**	**2587356**	**9225**	**1405127**
北 京	13097	989202	3239	437817	1230	41639
天 津	1981	232963	174	33959	73	3960
石 家 庄	5017	1702081	2187	842371	2105	844231
太 原	500	6740	240	3450	230	1550
呼和浩特	569	98956	199	10161	70	2934
沈 阳	6274	950172	695	78632	407	46402
大 连	2014	455475	221	15510	90	3381
长 春	776	21853	117	4400	70	1689
哈 尔 滨	2295	73563	1258	33239	370	21287
上 海	1585	3227247	136	43830	25	12770
南 京	2366	378816	155	13059	62	13268
杭 州	5669	637334	2052	78292	494	24041
宁 波	2400	376387	582	52294	39	6654
合 肥	714	80816	79	22228	42	5193
福 州	381	114742	117	18001	14	3852
厦 门	313	23655	13	802	8	488
南 昌	1665	316499	323	87940	197	30229
济 南	1706	52112	182	6037	207	4893
青 岛	1619	134742	709	76591	325	29601
郑 州	1957	269892	506	22229	134	36081
武 汉	764	158430	145	7077	13	138
长 沙	688	111572	384	59520	93	22010
广 州	10627	2160304	106	14791	444	18685
深 圳	889	13204	711	8733	112	1421
南 宁	1558	50605	8	48	974	6577
海 口	35	1085	35	1085		
重 庆	5034	719703	1670	328613	661	134675
成 都	312	236800				
贵 阳	1277	186965	114	152361	11	2205
昆 明	3833	128530	52	3637	426	28505
拉 萨						
西 安	102	1721	99	1458	3	3
兰 州	435	188778	195	76975	113	48759
西 宁	241	11720	140	5645	56	3525
银 川	799	31077	75	5060	23	314
乌鲁木齐	1302	98791	173	41511	104	4167

2-18 续表 6

地　区	五金、电料类		体育、娱乐用品类		书报杂志类	
	摊位数（个）	成交额（万元）	摊位数（个）	成交额（万元）	摊位数（个）	成交额（万元）
总　计	**45536**	**7070737**	**4989**	**713778**	**3002**	**531452**
北　京	1841	124833	1126	191061	240	19615
天　津	2855	638620	58	11457	26	296
石家庄	2736	628393	436	106498	155	42676
太　原	170	6400	67	1240		
呼和浩特	148	18899	187	10147	28	120
沈　阳	1437	44614	77	8422	502	8853
大　连	924	192041	40	3612	84	12339
长　春	1109	34309	13	572	21	714
哈尔滨	1282	29327	79	3914	27	275
上　海	3845	200999	198	32466	52	17386
南　京	2443	332832	40	4656	97	36123
杭　州	3527	1020917	403	16749	91	20400
宁　波	1979	269024	135	8480	6	14
合　肥	445	124445	166	15442	280	97858
福　州	302	85477	9	1540	5	23
厦　门	33	4841				
南　昌	465	188372				
济　南	400	6091	151	2150	10	155
青　岛	1003	361061	99	44289	179	14033
郑　州	2624	224423	165	5550	195	80055
武　汉	657	67496	40	6919	277	59700
长　沙	1842	687884	162	92628	325	61978
广　州	2640	442533	289	32525	107	35961
深　圳	283	6593	20	250		
南　宁	171	1004	200	2351		
海　口			6	168		
重　庆	4175	703868	419	47160	57	964
成　都	4268	508197	73	4299	23	1363
贵　阳						
昆　明	485	30914	16	120	5	30
拉　萨						
西　安	321	13817	30	600	2	35
兰　州	383	27861	102	40688	22	206
西　宁	170	7298	25	3471		
银　川	131	5786	6	154	30	9268
乌鲁木齐	442	31568	152	14200	156	11012

2-18 续表 7

地区	电子出版物及音像制品类		家用电器和音像器材类		中西药品类	
	摊位数（个）	成交额（万元）	摊位数（个）	成交额（万元）	摊位数（个）	成交额（万元）
总 计	**3475**	**1324335**	**16871**	**4095470**	**4425**	**1306596**
北 京	47	4829	2175	338053	24	1533
天 津	28	1707	158	16287	5	250
石家庄	1153	1004251	83	3084	50	2795
太 原			75	1300		
呼和浩特	25	145	35	3211	22	2774
沈 阳	5	112	355	11848		
大 连	318	46241	822	215134	11	1581
长 春	333	72784	398	20936	76	6977
哈尔滨	349	76135	317	627363	3	284
上 海	32	3632	328	90418	291	60663
南 京	15	5419	163	67506		
杭 州	3	294	682	133070	5	308
宁 波	20	217	692	150380		
合 肥	9	368	1068	583654	13	328
福 州	36	4018	160	45364	39	453
厦 门	1	70			13	1053
南 昌	55	3230	1199	138815		
济 南	17	460	256	3536	1	20
青 岛	2	545	319	50071	15	488
郑 州			1002	104196		
武 汉	1	16	55	4346	4	6474
长 沙	184	34057	719	638752	290	97909
广 州	405	24918	1302	194197	332	18685
深 圳	26	697	580	21867	2	43
南 宁	4	80			5	1710
海 口					5	165
重 庆	83	15073	721	383118	285	113434
成 都	1	510	167	1695	1900	850000
贵 阳			350	29400	50	1000
昆 明	16	210	1520	30792	555	100973
拉 萨						
西 安	2	36	184	28056	422	35435
兰 州	79	12031	443	133147		
西 宁	1	20	78	742	3	70
银 川	93	2622	21	280		
乌鲁木齐	132	9608	444	24852	4	1191

2-18 续表 8

地区	#西药类		#中草药及中成药类		文化办公用品类	
	摊位数(个)	成交额(万元)	摊位数(个)	成交额(万元)	摊位数(个)	成交额(万元)
总计	**274**	**40891**	**3891**	**1151075**	**38954**	**8789704**
北京	14	893	6	231	4276	694911
天津	5	250			515	46329
石家庄	40	2268	10	527	337	91601
太原					560	31710
呼和浩特	22	2774			61	11284
沈阳					463	13079
大连	8	640			1233	945191
长春	15	711	6	460	576	139787
哈尔滨	3	284			1992	375881
上海	3	606	287	60000	1286	279860
南京					1109	85109
杭州	4	281			2270	362619
宁波					954	77339
合肥	3	178	10	150	316	14032
福州	1	35	35	238	845	114683
厦门	11	993	2	60		
南昌					841	235421
济南	1	20			1057	295164
青岛	14	88			1715	447929
郑州					3250	871700
武汉	3	6363	1	20	1802	356207
长沙	32	16073	244	80200	1487	463621
广州	2	52	329	18273	1855	415754
深圳	2	43			154	2929
南宁	4	1010	1	700	914	127661
海口	5	165			331	29962
重庆	70	5620	41	3161	3076	1262969
成都			1900	850000	781	471144
贵阳			50	1000	436	41305
昆明	8	353	547	100620	768	19152
拉萨						
西安			422	35435	1545	109648
兰州					561	262720
西宁					112	3217
银川					384	14341
乌鲁木齐	4	1191			1092	75445

2-18 续表 9

地区	家具类		通讯器材类		煤炭及制品类	
	摊位数（个）	成交额（万元）	摊位数（个）	成交额（万元）	摊位数（个）	成交额（万元）
总计	**38008**	**5855329**	**20223**	**1765289**	**1095**	**4815164**
北京	4265	708940	1461	349015	1	4
天津	769	12123	82	32145	856	3388828
石家庄	1685	208990	632	62792	10	300
太原	311	30500				
呼和浩特	702	87611	235	47609	65	11122
沈阳	1843	207383	420	174366		
大连	1346	125072	445	12929		
长春	848	105777	495	37543		
哈尔滨	759	105501	46	1898		
上海	2183	221111	974	12749	10	11725
南京	1322	316163	7	87		
杭州	1287	175865	438	100601		
宁波	1898	267567			68	1389252
合肥	197	19728	7	440		
福州	151	30619	205	18715		
厦门	104	19356	22	2718		
南昌	608	46050	72	77235		
济南	634	97963	156	1258		
青岛	1056	232873	93	16960	9	4083
郑州	1272	137671	360	80500		
武汉	2164	335061	486	163103		
长沙	1042	303472	669	74002		
广州	376	36491	56	3595	1	120
深圳			11091	386817		
南宁	1023	65426	3	74		
海口						
重庆	2638	1365556	319	70700		
成都	3443	127739	2	7		
贵阳	400	120000				
昆明	690	190915	1012	13648	7	130
拉萨						
西安			177	2360		
兰州	949	54248	61	8782		
西宁	224	11661	3	34		
银川	244	14148	137	3785		
乌鲁木齐	1575	73749	57	8822	68	9600

2-18 续表 10

地 区	木材及制品类		石油及制品类		化工材料及制品类	
	摊位数（个）	成交额（万元）	摊位数（个）	成交额（万元）	摊位数（个）	成交额（万元）
总 计	**9245**	**1878766**	**945**	**18620536**	**8639**	**10625884**
北 京	932	44448			222	17673
天 津	193	34001	2	286	442	2103362
石家庄	248	127191	10	1715	92	82646
太 原	186	16461				
呼和浩特	63	16130	23	838	24	6121
沈 阳	200	39260			336	62134
大 连	363	46181	200	6000000	71	15527
长 春	172	14561				
哈尔滨	106	11798			30	2450
上 海	1498	357225	536	12602500	1084	899362
南 京	387	196232			29	6878
杭 州	362	89919			190	378728
宁 波	814	174903			3112	6077703
合 肥	27	8885			1	140
福 州	127	31111			115	42978
厦 门	230	29448			3	601
南 昌	165	16450			102	10199
济 南						
青 岛	899	119943	4	4200	10	360
郑 州	120	235			448	102628
武 汉	214	27253			185	25483
长 沙	370	15765			821	72813
广 州	672	289289	2	27	278	106200
深 圳	52	7360				
南 宁					219	215056
海 口						
重 庆	400	120009	13	330	289	80739
成 都	12	360			108	238200
贵 阳	30	3986				
昆 明			1	630	60	48160
拉 萨						
西 安						
兰 州	132	28289				
西 宁	13	1120				
银 川					18	241
乌鲁木齐	258	10953	154	10010	350	29502

2-18 续表 11

地区	#化肥类		金属材料类		建筑及装潢材料类	
	摊位数（个）	成交额（万元）	摊位数（个）	成交额（万元）	摊位数（个）	成交额（万元）
总计	**574**	**103250**	**46457**	**108899982**	**105901**	**16957827**
北京			355	49201	5880	730580
天津	5	7360	2993	8754830	3228	880658
石家庄	24	971	127	55450	3867	719511
太原			145	571000	949	92644
呼和浩特	24	5831	21	4809	578	182299
沈阳			3923	3416055	3528	675056
大连			150	189241	1863	169964
长春			1291	116436	1597	78587
哈尔滨	30	2450	760	1645960	5031	207564
上海	5	642	6131	37408696	12248	1176773
南京			1502	5342591	13099	1169553
杭州	2	1920	4447	15201082	6083	1168026
宁波			3625	4255454	3764	863330
合肥			1109	3657000	2692	238039
福州			242	2171046	1107	1383050
厦门			27	4730	283	28376
南昌			794	598338	3805	583519
济南			441	85150	1252	226400
青岛	10	360	952	1914473	1971	497578
郑州	220	1428	164	12826	3055	345860
武汉	80	9524	2671	1282973	2930	246149
长沙			985	1600641	7281	1276249
广州			486	1997104	2035	203169
深圳			193	4553	230	13470
南宁	30	31742	746	2253000	1667	204957
海口						
重庆	104	11641	3452	8269185	6794	2002983
成都			2316	1203062	3857	886180
贵阳			1320	874465	391	44677
昆明	22	29140	840	1474978	1555	312790
拉萨						
西安					306	14388
兰州			1877	1036600	1362	164535
西宁					754	21899
银川	18	241	1790	1168951	263	18206
乌鲁木齐			582	2280102	596	130808

2-18 续表 12

地 区	机电产品及设备类		#农机类		汽车类	
	摊位数（个）	成交额（万元）	摊位数（个）	成交额（万元）	摊位数（个）	成交额（万元）
总 计	**23424**	**5140030**	**1248**	**419986**	**44266**	**36543182**
北 京	453	230263			4724	4968356
天 津	473	138300			1732	2634847
石家庄	1313	113870	18	20717	583	405997
太 原					426	15000
呼和浩特	28	280				
沈 阳					2617	1578694
大 连	733	41300			450	1350000
长 春	226	5098			2706	2498052
哈尔滨						
上 海	913	102645			1969	2224743
南 京	248	23146			317	342240
杭 州	3173	911944			4419	4447911
宁 波	145	43348			419	533497
合 肥	745	223337	310	86000	311	552469
福 州					230	40443
厦 门					127	369084
南 昌	355	190234	133	81400	2174	652515
济 南	140	16126	38	1626	2093	1357126
青 岛	404	111046	214	90800	352	193050
郑 州	266	69690			1499	1313374
武 汉	250	97807	171	86428	956	752729
长 沙	2320	544803	39	2260	4965	2458563
广 州	556	94833	4	63	3588	2679751
深 圳					56	293550
南 宁	1207	195825	5	800	219	430000
海 口						
重 庆	3909	1174897	9	1244	2512	2663549
成 都	3676	623303			350	300000
贵 阳					270	25000
昆 明	536	26499	110	10500	989	230085
拉 萨						
西 安					1396	625183
兰 州	169	29970				
西 宁	21	1898			145	12000
银 川	467	87044	174	37103	950	28259
乌鲁木齐	698	42524	23	1045	722	567115

2-18　续表 13

地　　区	种子饲料类		棉麻类		其他类	
	摊位数（个）	成交额（万元）	摊位数（个）	成交额（万元）	摊位数（个）	成交额（万元）
总　　计	**1258**	**499235**	**1339**	**801081**	**54085**	**8621227**
北　　京	6	160	87	950	5370	328574
天　　津	132	53568	650	637088	1241	66628
石 家 庄	15	1224	19	243	1561	92272
太　　原					170	2480
呼和浩特			17	1083		
沈　　阳	233	179437			2212	1260213
大　　连	5	200			820	94301
长　　春			203	1135	2317	79506
哈 尔 滨	80	9900	2	27	206	30861
上　　海	2	185	17	584	4237	656475
南　　京					740	225428
杭　　州					1901	268791
宁　　波	164	43718	210	139536	2119	746314
合　　肥	5	300			2470	149562
福　　州	9	89			1210	174456
厦　　门	5	203			94	8783
南　　昌			39	802	983	38233
济　　南			20	16460	1627	95470
青　　岛	21	431	4	680	102	43219
郑　　州			40	450	2816	1634572
武　　汉	46	9278			65	31370
长　　沙	3	88			1732	178507
广　　州	13	356			3260	372969
深　　圳					1414	140918
南　　宁	33	25000			958	132051
海　　口					72	2232
重　　庆	413	162008	31	2043	5069	746694
成　　都					1138	59581
贵　　阳					400	61352
昆　　明	9	9094			5204	678913
拉　　萨						
西　　安					20	1294
兰　　州					182	10581
西　　宁					580	52500
银　　川	28	3300			178	12390
乌鲁木齐	36	696			1617	143737

（四）三大地带

2-19 商品交易市场总体情况

地区	市场数量（个）	总摊位数（个）	年末出租摊位数（个）	营业面积（平方米）	成交额（万元）
三大地带合计	**1990**	**1295187**	**1182972**	**95527088**	**446014719**
环渤海	**459**	**387700**	**356251**	**25383818**	**99867622**
北京	140	133098	116505	7377453	25477997
天津	77	53944	51119	5231306	25657864
唐山	23	19314	17124	1014573	3131345
沈阳	63	62605	56439	2578723	14819550
大连	47	35926	35477	1543146	14607889
济南	41	24439	23659	2251419	5081304
青岛	68	58374	55928	5387198	11091673
长三角	**1217**	**721581**	**660111**	**52037404**	**300126998**
上海	180	80160	75387	7613024	67899138
南京	61	43656	40491	2994710	13120432
苏州	93	77603	73604	5677033	35134603
无锡	64	47266	39741	4234205	39625134
常州	59	40444	35381	4287183	16230833
镇江	20	8110	7606	1374961	3721863
南通	88	48657	44671	2577443	11214727
扬州	64	21650	20422	2065782	6684605
泰州	24	17337	14634	1411705	2575201
杭州	171	87763	79789	4805304	36638324
宁波	131	74473	68920	4921703	21659633
嘉兴	59	47876	44310	2647056	11303123
湖州	45	25402	21534	1817742	5877570
绍兴	50	48539	47508	3698968	19569782
舟山	11	5517	4656	224964	1535907
台州	97	47128	41457	1685621	7336123
珠三角	**314**	**185906**	**166610**	**18105866**	**46020099**
广州	158	83934	77594	6687494	20379026
深圳	30	30345	25796	708734	4415058
珠海	12	5592	4928	145659	1766735
佛山	38	21023	19817	6944019	6904970
江门	10	3542	3239	172764	874427
东莞	45	28570	23244	2833092	9783690
中山	6	4124	3487	104397	88720
惠州	10	7477	7477	465343	1692649
肇庆	5	1299	1028	44364	114824

2-20 商品交易市场情况(按市场类别分)

(综合市场)

地　区	市场数量（个）	总摊位数（个）	年末出租摊位数（个）	营业面积（平方米）	成交额（万元）
三大地带合计	**548**	**402824**	**368215**	**16048933**	**66947707**
环渤海	**114**	**129471**	**122876**	**6538346**	**23874792**
北　京	39	57000	53127	3099862	12833362
天　津	21	19922	18374	1020888	1963239
唐　山	6	7660	7621	214040	880170
沈　阳	6	4231	3889	64085	286744
大　连	25	25024	24847	967311	5256077
济　南	8	7288	7246	396000	942935
青　岛	9	8346	7772	776160	1712265
长三角	**380**	**233698**	**211260**	**8245631**	**38121922**
上　海	41	19956	19020	572626	3579227
南　京	24	15820	14859	867738	3710290
苏　州	25	13426	12639	598895	3098648
无　锡	13	25786	21375	882532	4817449
常　州	19	10990	10107	436963	2117880
镇　江	6	3335	3220	605570	502700
南　通	43	25762	23199	605277	2153915
扬　州	19	8140	7863	237138	1799786
泰　州	5	3805	3699	84012	334191
杭　州	44	30679	27275	971904	5883459
宁　波	44	25613	23558	946910	4364007
嘉　兴	20	12225	10245	216506	731208
湖　州	20	10725	9526	504086	1530457
绍　兴	11	5440	5270	243922	1106692
舟　山	6	4213	3352	80194	315551
台　州	40	17783	16053	391358	2076462
珠三角	**54**	**39655**	**34079**	**1264956**	**4950993**
广　州	17	11065	10194	341541	1032442
深　圳	9	10621	8047	220144	1067595
珠　海	5	3347	2705	24459	574003
佛　山	9	5143	4591	176973	830308
江　门	6	2670	2393	96615	158757
东　莞	2	1635	1212	264231	380670
中　山	1	568	388	25354	11708
惠　州	3	4210	4210	107775	854716
肇　庆	2	396	339	7864	40794

2-20 续表 1

(生产资料综合市场)

地　区	市场数量（个）	总摊位数（个）	年末出租摊位数（个）	营业面积（平方米）	成交额（万元）
三大地带合计	**21**	**12540**	**11383**	**1374208**	**1610312**
环渤海	**5**	**1404**	**1404**	**122353**	**113853**
北　京					
天　津	1	427	427	65000	38000
唐　山					
沈　阳					
大　连	3	867	867	27353	57353
济　南					
青　岛	1	110	110	30000	18500
长三角	**16**	**11136**	**9979**	**1251855**	**1496459**
上　海	1	350	350	10000	26000
南　京	1	795	778	66000	105821
苏　州	1	890	890	100000	10144
无　锡	1	2400	1748	150000	34253
常　州	1	820	700	3000	45000
镇　江	2	2287	2244	554570	364167
南　通					
扬　州	1	320	240	52000	26283
泰　州					
杭　州	1	57	57	16672	118000
宁　波	3	1196	1196	104618	442965
嘉　兴					
湖　州	3	1149	914	144801	155826
绍　兴					
舟　山	1	872	862	50194	168000
台　州					
珠三角					
广　州					
深　圳					
珠　海					
佛　山					
江　门					
东　莞					
中　山					
惠　州					
肇　庆					

2-20 续表 2

（工业消费品综合市场）

地 区	市场数量（个）	总摊位数（个）	年末出租摊位数（个）	营业面积（平方米）	成交额（万元）
三大地带合计	**101**	**116149**	**109747**	**3689478**	**16413042**
环 渤 海	**39**	**44757**	**43826**	**1303308**	**4797231**
北 京	10	12887	12533	185603	840531
天 津	4	7504	7293	171994	465351
唐 山	1	1018	1018	45000	586450
沈 阳	2	2007	1843	26193	65978
大 连	13	11103	11103	284358	1489310
济 南	5	4928	4894	140000	166246
青 岛	4	5310	5142	450160	1183365
长 三 角	**47**	**55796**	**53088**	**1936382**	**9839711**
上 海	2	1600	1533	20000	56652
南 京	5	2297	2280	82864	484195
苏 州	2	1098	1017	59000	162421
无 锡	4	14945	13683	339830	2612348
常 州	2	2159	2159	59360	821305
镇 江					
南 通	6	4779	4495	246564	438716
扬 州	1	1313	1313	32000	1062974
泰 州	1	1230	1230	32212	60155
杭 州	6	9506	9066	238850	904025
宁 波	6	7358	7083	444333	1233084
嘉 兴					
湖 州	2	1373	1324	34794	345116
绍 兴	3	1803	1803	158179	655507
舟 山					
台 州	7	6335	6102	188396	1003213
珠 三 角	**15**	**15596**	**12833**	**449788**	**1776100**
广 州	7	4329	4113	143675	699197
深 圳	2	5715	3435	145534	50024
珠 海					
佛 山	2	1612	1539	67678	642639
江 门	2	322	308	17547	43528
东 莞					
中 山	1	568	388	25354	11708
惠 州	1	3050	3050	50000	329004
肇 庆					

2-20 续表 3

(农产品综合市场)

地 区	市场数量(个)	总摊位数(个)	年末出租摊位数(个)	营业面积(平方米)	成交额(万元)
三大地带合计	**357**	**201652**	**180858**	**7385221**	**33746938**
环 渤 海	**43**	**41485**	**38315**	**3376878**	**11629534**
北 京	21	26299	24140	2455119	8686919
天 津	7	5136	4494	251199	677967
唐 山	2	703	664	84000	91920
沈 阳	2	917	917	11960	173028
大 连	7	5340	5340	282600	792360
济 南	2	1560	1552	176000	766514
青 岛	2	1530	1208	116000	440826
长 三 角	**284**	**140962**	**125695**	**3325189**	**19115472**
上 海	34	16254	15385	483196	3390945
南 京	14	6818	6167	91326	370256
苏 州	21	10603	9899	394595	2543102
无 锡	8	8441	5944	392702	2170848
常 州	14	6645	5913	76008	405780
镇 江	3	868	819	47500	121938
南 通	32	16215	14561	262741	1569367
扬 州	17	6507	6310	153138	710529
泰 州	4	2575	2469	51800	274036
杭 州	31	14370	12486	339897	2125351
宁 波	32	16078	14424	356039	2467274
嘉 兴	19	11326	9906	181506	701208
湖 州	12	6462	6130	198491	750140
绍 兴	8	3637	3467	85743	451185
舟 山	5	3341	2490	30000	147551
台 州	30	10822	9325	180507	915962
珠 三 角	**30**	**19205**	**16848**	**683154**	**3001932**
广 州	8	6165	5547	184521	289120
深 圳	4	3226	3174	38960	973024
珠 海	5	3347	2705	24459	574003
佛 山	6	2781	2355	89295	175383
江 门	2	990	851	30049	51938
东 莞	2	1635	1212	264231	380670
中 山					
惠 州	1	665	665	43775	517000
肇 庆	2	396	339	7864	40794

2-20 续表 4

(其他综合市场)

地 区	市场数量（个）	总摊位数（个）	年末出租摊位数（个）	营业面积（平方米）	成交额（万元）
三大地带合计	**69**	**72483**	**66227**	**3600026**	**15177415**
环 渤 海	**27**	**41825**	**39331**	**1735807**	**7334174**
北 京	8	17814	16454	459140	3305912
天 津	9	6855	6160	532695	781921
唐 山	3	5939	5939	85040	201800
沈 阳	2	1307	1129	25932	47738
大 连	2	7714	7537	373000	2917054
济 南	1	800	800	80000	10175
青 岛	2	1396	1312	180000	69574
长 三 角	**33**	**25804**	**22498**	**1732205**	**7670280**
上 海	4	1752	1752	59430	105630
南 京	4	5910	5634	627548	2750018
苏 州	1	835	833	45300	382981
无 锡					
常 州	2	1366	1335	298595	845795
镇 江	1	180	157	3500	16595
南 通	5	4768	4143	95972	145832
扬 州					
泰 州					
杭 州	6	6746	5666	376485	2736083
宁 波	3	981	855	41920	220684
嘉 兴	1	899	339	35000	30000
湖 州	3	1741	1158	126000	279375
绍 兴					
舟 山					
台 州	3	626	626	22455	157287
珠 三 角	**9**	**4854**	**4398**	**132014**	**172961**
广 州	2	571	534	13345	44125
深 圳	3	1680	1438	35650	44547
珠 海					
佛 山	1	750	697	20000	12286
江 门	2	1358	1234	49019	63291
东 莞					
中 山					
惠 州	1	495	495	14000	8712
肇 庆					

2-20 续表 5

(专业市场)

地 区	市场数量(个)	总摊位数(个)	年末出租摊位数(个)	营业面积(平方米)	成交额(万元)
三大地带合计	**1442**	**892363**	**814757**	**79478155**	**379067012**
环 渤 海	**345**	**258229**	**233375**	**18845472**	**75992830**
北 京	101	76098	63378	4277591	12644635
天 津	56	34022	32745	4210418	23694625
唐 山	17	11654	9503	800533	2251175
沈 阳	57	58374	52550	2514638	14532806
大 连	22	10902	10630	575835	9351812
济 南	33	17151	16413	1855419	4138369
青 岛	59	50028	48156	4611038	9379408
长 三 角	**837**	**487883**	**448851**	**43791773**	**262005076**
上 海	139	60204	56367	7040398	64319911
南 京	37	27836	25632	2126972	9410142
苏 州	68	64177	60965	5078138	32035955
无 锡	51	21480	18366	3351673	34807685
常 州	40	29454	25274	3850220	14112953
镇 江	14	4775	4386	769391	3219163
南 通	45	22895	21472	1972166	9060812
扬 州	45	13510	12559	1828644	4884819
泰 州	19	13532	10935	1327693	2241010
杭 州	127	57084	52514	3833400	30754865
宁 波	87	48860	45362	3974793	17295626
嘉 兴	39	35651	34065	2430550	10571915
湖 州	25	14677	12008	1313656	4347113
绍 兴	39	43099	42238	3455046	18463090
舟 山	5	1304	1304	144770	1220356
台 州	57	29345	25404	1294263	5259661
珠 三 角	**260**	**146251**	**132531**	**16840910**	**41069106**
广 州	141	72869	67400	6345953	19346584
深 圳	21	19724	17749	488590	3347463
珠 海	7	2245	2223	121200	1192732
佛 山	29	15880	15226	6767046	6074662
江 门	4	872	846	76149	715670
东 莞	43	26935	22032	2568861	9403020
中 山	5	3556	3099	79043	77012
惠 州	7	3267	3267	357568	837933
肇 庆	3	903	689	36500	74030

2-20　续表 5

(生产资料市场)

地　区	市场数量（个）	总摊位数（个）	年末出租摊位数（个）	营业面积（平方米）	成交额（万元）
三大地带合计	**318**	**129517**	**116126**	**22243324**	**178938694**
环 渤 海	**67**	**22204**	**20669**	**5113229**	**28413756**
北　京	13	5207	4827	502642	714427
天　津	21	4694	4624	1519927	14361504
唐　山	4	562	562	156076	456110
沈　阳	11	5654	4983	641264	3901825
大　连	4	1595	1553	179000	6291714
济　南	4	1132	1043	180400	297650
青　岛	10	3360	3077	1933920	2390526
长 三 角	**228**	**98274**	**87794**	**14700977**	**141984258**
上　海	48	14397	13305	4067242	51813420
南　京	9	11511	11165	678735	5818574
苏　州	24	10766	9654	949184	8488615
无　锡	22	9368	8442	1732747	29867429
常　州	14	9493	7056	1170111	6961496
镇　江	2	660	471	14500	2621964
南　通	9	1413	1273	174030	280976
扬　州	12	3228	3159	474836	868349
泰　州	6	5512	4716	549460	616433
杭　州	26	9138	8531	1101981	16267493
宁　波	24	10480	9633	2376878	12168961
嘉　兴	5	1614	1550	201598	1590517
湖　州	7	4207	3247	404061	1578693
绍　兴	9	3324	2958	553148	1855775
舟　山	1	1	1	3200	555373
台　州	10	2662	2633	249266	630190
珠 三 角	**23**	**9039**	**7663**	**2429118**	**8540680**
广　州	9	2943	2668	777680	2610476
深　圳	1	106	105	50000	11923
珠　海					
佛　山	6	1239	871	687438	1065531
江　门					
东　莞	7	4751	4019	914000	4852750
中　山					
惠　州					
肇　庆					

2-20 续表 7

(农业生产用具市场)

地区	市场数量(个)	总摊位数(个)	年末出租摊位数(个)	营业面积(平方米)	成交额(万元)
三大地带合计	**4**	**970**	**864**	**289872**	**184045**
环渤海	**2**	**240**	**214**	**129000**	**90800**
北京					
天津					
唐山					
沈阳					
大连					
济南					
青岛	2	240	214	129000	90800
长三角	**1**	**550**	**470**	**45857**	**57125**
上海					
南京					
苏州					
无锡					
常州	1	550	470	45857	57125
镇江					
南通					
扬州					
泰州					
杭州					
宁波					
嘉兴					
湖州					
绍兴					
舟山					
台州					
珠三角	**1**	**180**	**180**	**115015**	**36120**
广州					
深圳					
珠海					
佛山	1	180	180	115015	36120
江门					
东莞					
中山					
惠州					
肇庆					

2-20 续表 8

(农用生产资料市场)

地 区	市场数量（个）	总摊位数（个）	年末出租摊位数（个）	营业面积（平方米）	成交额（万元）
三大地带合计	**3**	**200**	**175**	**52336**	**61165**
环渤海					
北京					
天津					
唐山					
沈阳					
大连					
济南					
青岛					
长三角	**2**	**199**	**174**	**8380**	**50191**
上海					
南京					
苏州					
无锡					
常州					
镇江					
南通					
扬州					
泰州					
杭州					
宁波	2	199	174	8380	50191
嘉兴					
湖州					
绍兴					
舟山					
台州					
珠三角	**1**	**1**	**1**	**43956**	**10974**
广州					
深圳					
珠海					
佛山	1	1	1	43956	10974
江门					
东莞					
中山					
惠州					
肇庆					

2-20 续表 9

(煤炭市场)

地　区	市场数量（个）	总摊位数（个）	年末出租摊位数（个）	营业面积（平方米）	成交额（万元）
三大地带合计	**6**	**935**	**934**	**409153**	**4789805**
环渤海	**4**	**856**	**856**	**2300**	**3388828**
北　京					
天　津	4	856	856	2300	3388828
唐　山					
沈　阳					
大　连					
济　南					
青　岛					
长三角	**2**	**79**	**78**	**406853**	**1400977**
上　海	1	10	10	1500	11725
南　京					
苏　州					
无　锡					
常　州					
镇　江					
南　通					
扬　州					
泰　州					
杭　州					
宁　波	1	69	68	405353	1389252
嘉　兴					
湖　州					
绍　兴					
舟　山					
台　州					
珠三角					
广　州					
深　圳					
珠　海					
佛　山					
江　门					
东　莞					
中　山					
惠　州					
肇　庆					

2-20 续表 10

(木材市场)

地 区	市场数量 (个)	总摊位数 (个)	年末出租摊位数 (个)	营业面积 (平方米)	成交额 (万元)
三大地带合计	**29**	**12780**	**11694**	**1765178**	**2777030**
环 渤 海	**4**	**1550**	**1516**	**520760**	**145244**
北 京	1	600	600	40000	11342
天 津					
唐 山					
沈 阳	1	200	200	2800	39260
大 连					
济 南					
青 岛	2	750	716	477960	94642
长 三 角	**21**	**10128**	**9169**	**1034008**	**2167801**
上 海	7	941	767	149426	297724
南 京	1	864	864	8800	53149
苏 州					
无 锡					
常 州	3	3421	3307	323550	584027
镇 江					
南 通	1	120	120	6660	12800
扬 州	1	128	128	30000	65107
泰 州					
杭 州	2	239	239	35000	64919
宁 波	1	800	800	143000	145369
嘉 兴					
湖 州	3	3228	2557	295965	863232
绍 兴	1	70	70	11607	66389
舟 山					
台 州	1	317	317	30000	15085
珠 三 角	**4**	**1102**	**1009**	**210410**	**463985**
广 州	1	526	489	64410	258562
深 圳	1	106	105	50000	11923
珠 海					
佛 山					
江 门					
东 莞	2	470	415	96000	193500
中 山					
惠 州					
肇 庆					

2-20 续表 11

(建材市场)

地　区	市场数量(个)	总摊位数(个)	年末出租摊位数(个)	营业面积(平方米)	成交额(万元)
三大地带合计	**74**	**35630**	**33857**	**6996896**	**5356462**
环 渤 海	**18**	**7637**	**7016**	**1454242**	**1505436**
北　京	9	3682	3392	385851	391064
天　津	1	400	400	450000	144600
唐　山	1	17	17	20010	12000
沈　阳	3	826	578	91421	400076
大　连	1	1100	1100	69000	87000
济　南	1	510	500	45000	198000
青　岛	2	1102	1029	392960	272696
长 三 角	**54**	**26889**	**25810**	**5301644**	**3590322**
上　海	10	4305	4243	2847040	584863
南　京	5	9155	8818	392135	439425
苏　州	7	3143	3075	289729	438731
无　锡	1	999	999	430800	236000
常　州	3	475	474	325304	412740
镇　江	1	260	260	4500	20400
南　通	2	138	138	21800	58480
扬　州	7	2003	1994	315296	375504
泰　州	3	1212	1118	46500	105125
杭　州	3	1588	1561	138889	298030
宁　波	4	1616	1423	276330	341770
嘉　兴	2	580	516	94131	62348
湖　州	2	683	469	44000	32485
绍　兴	2	560	560	53550	144614
舟　山					
台　州	2	172	162	21640	39807
珠 三 角	**2**	**1104**	**1031**	**241010**	**260704**
广　州	1	967	899	180010	183804
深　圳					
珠　海					
佛　山					
江　门					
东　莞	1	137	132	61000	76900
中　山					
惠　州					
肇　庆					

2-20 续表 12

(化工材料及制品市场)

地区	市场数量(个)	总摊位数(个)	年末出租摊位数(个)	营业面积(平方米)	成交额(万元)
三大地带合计	**23**	**15822**	**13581**	**1549710**	**24672093**
环渤海	**3**	**434**	**434**	**10050**	**2095306**
北京					
天津	3	434	434	10050	2095306
唐山					
沈阳					
大连					
济南					
青岛					
长三角	**16**	**11642**	**9806**	**817300**	**18251437**
上海	2	964	964	20000	883600
南京					
苏州	3	4750	4131	51700	5579730
无锡	2	571	569	42000	2504479
常州	2	1712	927	221000	2840000
镇江					
南通					
扬州					
泰州					
杭州	1	82	82	2000	180198
宁波	3	2623	2518	374600	5710100
嘉兴					
湖州					
绍兴	2	633	308	51000	431530
舟山					
台州	1	307	307	55000	121800
珠三角	**4**	**3746**	**3341**	**722360**	**4325350**
广州	1	202	200	5360	40000
深圳					
珠海					
佛山					
江门					
东莞	3	3544	3141	717000	4285350
中山					
惠州					
肇庆					

2-20 续表 13

(金属材料市场)

地　区	市场数量(个)	总摊位数(个)	年末出租摊位数(个)	营业面积(平方米)	成交额(万元)
三大地带合计	**144**	**51310**	**44329**	**10433609**	**119447526**
环渤海	**30**	**9782**	**9276**	**2885778**	**14815104**
北　京	1	268	260	23235	22837
天　津	13	3004	2934	1057577	8732770
唐　山	3	545	545	136066	444110
沈　阳	6	4080	3923	543500	3416055
大　连	1	175	133	80000	186154
济　南	3	622	543	135400	99650
青　岛	3	1088	938	910000	1913528
长三角	**106**	**39719**	**33765**	**6515164**	**101567190**
上　海	21	5790	4994	898576	37291018
南　京	3	1492	1483	277800	5326000
苏　州	13	2723	2298	577755	2451254
无　锡	18	7948	6626	1241947	26923350
常　州	3	2127	895	232140	2775297
镇　江	1	400	211	10000	2601564
南　通	4	423	283	65610	91196
扬　州	4	1097	1037	129540	427738
泰　州	2	3800	3108	437960	478622
杭　州	15	4736	4286	847867	15161576
宁　波	12	4818	4295	1139215	4490260
嘉　兴	2	511	511	64133	1292769
湖　州	1	295	220	63861	664976
绍　兴	3	1879	1838	416600	1191736
舟　山					
台　州	4	1680	1680	112160	399834
珠三角	**8**	**1809**	**1288**	**1032667**	**3065232**
广　州	4	751	598	504200	2046795
深　圳					
珠　海					
佛　山	4	1058	690	528467	1018437
江　门					
东　莞					
中　山					
惠　州					
肇　庆					

2-20 续表 14

(机械设备市场)

地 区	市场数量（个）	总摊位数（个）	年末出租摊位数（个）	营业面积（平方米）	成交额（万元）
三大地带合计	**20**	**6252**	**5654**	**407202**	**2195848**
环 渤 海	**2**	**557**	**480**	**57000**	**228860**
北 京	1	377	300	33000	210000
天 津					
唐 山					
沈 阳					
大 连					
济 南					
青 岛	1	180	180	24000	18860
长 三 角	**16**	**5198**	**4692**	**326502**	**1885673**
上 海	2	496	466	84000	87553
南 京					
苏 州	1	150	150	30000	18900
无 锡	1	350	248	18000	203600
常 州	2	1208	983	22260	292307
镇 江					
南 通	1	132	132	39960	90000
扬 州					
泰 州					
杭 州	5	2493	2363	78225	562770
宁 波					
嘉 兴					
湖 州					
绍 兴	1	182	182	20391	21506
舟 山	1	1	1	3200	555373
台 州	2	186	167	30466	53664
珠 三 角	**2**	**497**	**482**	**23700**	**81315**
广 州	2	497	482	23700	81315
深 圳					
珠 海					
佛 山					
江 门					
东 莞					
中 山					
惠 州					
肇 庆					

2-20 续表 15

(其他生产资料市场)

地　区	市场数量(个)	总摊位数(个)	年末出租摊位数(个)	营业面积(平方米)	成交额(万元)
三大地带合计	**15**	**5618**	**5038**	**339368**	**19454720**
环渤海	**4**	**1148**	**877**	**54099**	**6144178**
北　京	1	280	275	20556	79184
天　津					
唐　山					
沈　阳	1	548	282	3543	46434
大　连	2	320	320	30000	6018560
济　南					
青　岛					
长三角	**10**	**3870**	**3830**	**245269**	**13013542**
上　海	5	1891	1861	66700	12656937
南　京					
苏　州					
无　锡					
常　州					
镇　江					
南　通	1	600	600	40000	28500
扬　州					
泰　州	1	500	490	65000	32686
杭　州					
宁　波	1	355	355	30000	42019
嘉　兴	1	523	523	43334	235400
湖　州	1	1	1	235	18000
绍　兴					
舟　山					
台　州					
珠三角	**1**	**600**	**331**	**40000**	**297000**
广　州					
深　圳					
珠　海					
佛　山					
江　门					
东　莞	1	600	331	40000	297000
中　山					
惠　州					
肇　庆					

2-20 续表 16

(农产品市场)

地　　区	市场数量 (个)	总摊位数 (个)	年末出租摊位数 (个)	营业面积 (平方米)	成交额 (万元)
三大地带合计	**336**	**196824**	**169046**	**12027063**	**55536188**
环 渤 海	**94**	**88577**	**72836**	**5063736**	**18342023**
北　京	20	22210	12205	951310	3935020
天　津	13	14735	14160	847990	4119887
唐　山	6	4678	2532	347254	720411
沈　阳	15	8058	5964	392817	3048673
大　连	9	4057	4057	140880	1403251
济　南	9	4708	4587	638170	1251492
青　岛	22	30131	29331	1745315	3863289
长 三 角	**175**	**80354**	**71840**	**4475372**	**24507766**
上　海	29	10374	9437	568974	3786311
南　京	10	4221	2923	393750	1720298
苏　州	18	5118	4608	356542	1496873
无　锡	4	1162	980	137666	461137
常　州	2	2198	2198	432764	1879968
镇　江	2	880	836	42000	158024
南　通	10	2428	2377	121872	470629
扬　州	10	1653	1362	200134	2239235
泰　州	6	980	681	362733	585485
杭　州	25	8779	8600	447481	3221309
宁　波	19	24554	23063	442573	1959090
嘉　兴	11	3548	3377	455725	3247851
湖　州	5	2318	1895	76296	461288
绍　兴	7	2776	2745	186145	990259
舟　山	2	1222	1222	108100	598256
台　州	15	8143	5536	142617	1231753
珠 三 角	**67**	**27893**	**24370**	**2487955**	**12686399**
广　州	26	7958	6512	674102	4298984
深　圳	8	4100	3614	129316	2566337
珠　海	4	960	960	78000	1133121
佛　山	6	4331	4238	474929	986485
江　门	3	802	796	73000	701456
东　莞	13	6850	5545	984700	2869641
中　山	3	1955	1768	34120	50324
惠　州	2	384	384	8788	31123
肇　庆	2	553	553	31000	48928

2-20 续表 17

(粮油市场)

地 区	市场数量(个)	总摊位数(个)	年末出租摊位数(个)	营业面积(平方米)	成交额(万元)
三大地带合计	**39**	**10090**	**9017**	**1216469**	**5740705**
环渤海	**10**	**3827**	**3734**	**489147**	**2069840**
北 京	3	1803	1735	170000	1244501
天 津	2	801	801	61076	287330
唐 山					
沈 阳	1	288	288	37000	212107
大 连	1	600	600	7000	10270
济 南					
青 岛	3	335	310	214071	315632
长三角	**19**	**3151**	**2881**	**494922**	**2324247**
上 海	4	653	626	39200	459304
南 京	2	168	168	28000	345472
苏 州	2	218	172	4550	121831
无 锡	1	542	457	101000	224814
常 州					
镇 江					
南 通					
扬 州					
泰 州	1	89	79	176400	351252
杭 州	4	669	567	23260	414097
宁 波	1	195	195	23000	153177
嘉 兴	2	449	449	70200	70061
湖 州					
绍 兴	2	168	168	29312	184239
舟 山					
台 州					
珠三角	**10**	**3112**	**2402**	**232400**	**1346618**
广 州	5	1611	1242	121000	552528
深 圳	1	485	478	6000	14467
珠 海					
佛 山					
江 门					
东 莞	4	1016	682	105400	779623
中 山					
惠 州					
肇 庆					

2-20 续表 18

(肉禽蛋市场)

地 区	市场数量(个)	总摊位数(个)	年末出租摊位数(个)	营业面积(平方米)	成交额(万元)
三大地带合计	**46**	**11091**	**8336**	**741721**	**4512888**
环渤海	**8**	**3588**	**1581**	**112304**	**227896**
北 京	2	594	340	30901	41395
天 津					
唐 山	1	381	246	10986	18200
沈 阳	3	2333	785	46917	140258
大 连					
济 南					
青 岛	2	280	210	23500	28043
长三角	**26**	**4596**	**4256**	**275550**	**2877717**
上 海	4	507	442	14300	105608
南 京	2	412	412	13400	365146
苏 州	4	1227	1170	77300	776528
无 锡					
常 州					
镇 江					
南 通	4	636	597	22010	145010
扬 州	3	255	226	13740	347711
泰 州	2	498	363	8300	28771
杭 州	5	635	620	110880	950691
宁 波	1	246	246	12500	139252
嘉 兴					
湖 州					
绍 兴					
舟 山					
台 州	1	180	180	3120	19000
珠三角	**12**	**2907**	**2499**	**353867**	**1407275**
广 州	6	1277	922	103830	563478
深 圳					
珠 海					
佛 山	2	1133	1098	148737	333495
江 门	1	302	302	38000	450000
东 莞	2	77	59	57800	49500
中 山					
惠 州					
肇 庆	1	118	118	5500	10802

2-20 续表 19

(水产品市场)

地　区	市场数量 (个)	总摊位数 (个)	年末出租摊位数 (个)	营业面积 (平方米)	成交额 (万元)
三大地带合计	**86**	**61055**	**55187**	**2578698**	**15550725**
环 渤 海	**21**	**18131**	**17870**	**914690**	**6900586**
北　京	3	1938	1746	77000	1253638
天　津	3	954	954	253950	1567433
唐　山	2	497	497	27918	172100
沈　阳	3	929	919	99000	655432
大　连	3	860	860	67200	1096217
济　南	2	1250	1208	37800	742000
青　岛	5	11703	11686	351822	1413766
长 三 角	**53**	**40062**	**34924**	**1510617**	**7488049**
上　海	5	2526	2378	217780	1949569
南　京	3	3343	2087	304000	921942
苏　州	5	1631	1523	104124	390036
无　锡	2	200	200	31666	215145
常　州	1	100	100	6780	40104
镇　江	1	512	468	25000	122614
南　通	3	1210	1200	74862	229650
扬　州	4	623	411	56354	343105
泰　州	2	193	193	112000	174462
杭　州	2	1107	1107	123568	400213
宁　波	10	20510	19804	217240	835264
嘉　兴	2	192	136	23825	59272
湖　州	1	360	360	8000	28052
绍　兴	1	137	137	7200	177278
舟　山	1	1180	1180	105000	585330
台　州	10	6238	3640	93218	1016013
珠 三 角	**12**	**2862**	**2393**	**153391**	**1162090**
广　州	7	1524	1061	59391	657099
深　圳	2	818	818	30000	160000
珠　海	1	120	120	23000	260000
佛　山	1	110	110	36000	63535
江　门	1	290	284	5000	21456
东　莞					
中　山					
惠　州					
肇　庆					

2-20 续表 20

(蔬菜市场)

地 区	市场数量（个）	总摊位数（个）	年末出租摊位数（个）	营业面积（平方米）	成交额（万元）
三大地带合计	**61**	**57374**	**45469**	**3061418**	**6956258**
环 渤 海	**26**	**42506**	**32083**	**2252298**	**3311363**
北 京	5	10066	2410	190400	311944
天 津	5	11136	10856	386006	526243
唐 山	2	2800	789	275000	506111
沈 阳	2	972	972	102000	203675
大 连					
济 南	4	1830	1808	298570	277659
青 岛	8	15702	15248	1000322	1485731
长 三 角	**29**	**11959**	**10813**	**658024**	**3051825**
上 海	6	2655	2621	123809	577386
南 京	3	298	256	48350	87738
苏 州	3	1300	1054	92804	115713
无 锡					
常 州					
镇 江					
南 通	2	422	422	18000	54791
扬 州	1	155	155	50300	760000
泰 州					
杭 州	5	3874	3869	57628	506437
宁 波	4	1863	1078	109733	336050
嘉 兴	2	483	469	68300	391425
湖 州					
绍 兴	1	765	745	66000	143359
舟 山	1	42	42	3100	12926
台 州	1	102	102	20000	66000
珠 三 角	**6**	**2909**	**2573**	**151096**	**593070**
广 州	3	2042	1836	88096	241708
深 圳					
珠 海					
佛 山					
江 门					
东 莞	3	867	737	63000	351362
中 山					
惠 州					
肇 庆					

2-20 续表 21

(干鲜果品市场)

地　区	市场数量(个)	总摊位数(个)	年末出租摊位数(个)	营业面积(平方米)	成交额(万元)
三大地带合计	**41**	**19706**	**16859**	**2285420**	**9362770**
环 渤 海	**9**	**5392**	**3672**	**566774**	**774684**
北　京	3	2819	1279	270774	167011
天　津					
唐　山					
沈　阳	1	500	500	40000	80844
大　连	2	370	370	27400	39085
济　南	1	1100	1100	100000	180000
青　岛	2	603	423	128600	307744
长 三 角	**22**	**7727**	**7412**	**569361**	**3521134**
上　海	3	569	568	44467	369521
南　京					
苏　州	2	402	349	33000	36345
无　锡					
常　州					
镇　江					
南　通	1	160	158	7000	41178
扬　州	2	620	570	79740	788419
泰　州	1	200	46	66033	31000
杭　州	6	1293	1290	103790	888879
宁　波	1	900	900	50000	172396
嘉　兴	2	1757	1725	136079	997388
湖　州					
绍　兴	2	206	195	29633	87168
舟　山					
台　州	2	1620	1611	19619	108840
珠 三 角	**10**	**6587**	**5775**	**1149285**	**5066952**
广　州	4	1319	1298	300285	2274071
深　圳					
珠　海	2	593	593	51500	861611
佛　山					
江　门	1	210	210	30000	230000
东　莞	2	4030	3239	742000	1663144
中　山					
惠　州					
肇　庆	1	435	435	25500	38126

2-20 续表 22

（棉麻土畜、烟叶市场）

地 区	市场数量（个）	总摊位数（个）	年末出租摊位数（个）	营业面积（平方米）	成交额（万元）
三大地带合计	**10**	**4272**	**3996**	**817765**	**4789185**
环 渤 海	**4**	**1294**	**1087**	**217800**	**1058180**
北 京					
天 津	1	650	650	1000	637088
唐 山					
沈 阳	2	600	400	17000	400535
大 连					
济 南	1	44	37	199800	20557
青 岛					
长 三 角	**6**	**2978**	**2909**	**599965**	**3731005**
上 海					
南 京					
苏 州					
无 锡					
常 州	1	2098	2098	425984	1839864
镇 江					
南 通					
扬 州					
泰 州					
杭 州					
宁 波	1	210	210	10000	139536
嘉 兴	3	667	598	157321	1729705
湖 州					
绍 兴					
舟 山					
台 州	1	3	3	6660	21900
珠 三 角					
广 州					
深 圳					
珠 海					
佛 山					
江 门					
东 莞					
中 山					
惠 州					
肇 庆					

2-20 续表 23

(其他农产品市场)

地　区	市场数量(个)	总摊位数(个)	年末出租摊位数(个)	营业面积(平方米)	成交额(万元)
三大地带合计	**53**	**33236**	**30182**	**1325572**	**8623657**
环 渤 海	**16**	**13839**	**12809**	**510723**	**3999474**
北　京	4	4990	4695	212235	916531
天　津	2	1194	899	145958	1101793
唐　山	1	1000	1000	33350	24000
沈　阳	3	2436	2100	50900	1355822
大　连	3	2227	2227	39280	257679
济　南	1	484	434	2000	31276
青　岛	2	1508	1454	27000	312373
长 三 角	**20**	**9881**	**8645**	**366933**	**1513789**
上　海	7	3464	2802	129418	324923
南　京					
苏　州	2	340	340	44764	56420
无　锡	1	420	323	5000	21178
常　州					
镇　江	1	368	368	17000	35410
南　通					
扬　州					
泰　州					
杭　州	3	1201	1147	28355	60992
宁　波	1	630	630	20100	183415
嘉　兴					
湖　州	4	1958	1535	68296	433236
绍　兴	1	1500	1500	54000	398215
舟　山					
台　州					
珠 三 角	**17**	**9516**	**8728**	**447916**	**3110394**
广　州	1	185	153	1500	10100
深　圳	5	2797	2318	93316	2391870
珠　海	1	247	247	3500	11510
佛　山	3	3088	3030	290192	589455
江　门					
东　莞	2	860	828	16500	26012
中　山	3	1955	1768	34120	50324
惠　州	2	384	384	8788	31123
肇　庆					

2-20 续表 24

（食品、饮料及烟酒市场）

地 区	市场数量（个）	总摊位数（个）	年末出租摊位数（个）	营业面积（平方米）	成交额（万元）
三大地带合计	**56**	**29383**	**26112**	**2232287**	**7373335**
环 渤 海	**8**	**5224**	**4950**	**417800**	**1360319**
北 京	1	139	139	7000	23821
天 津	3	2373	2362	273300	585499
唐 山					
沈 阳	1	1550	1380	30500	331001
大 连					
济 南	2	802	789	90000	169100
青 岛	1	360	280	17000	250898
长 三 角	**35**	**18082**	**15356**	**1588696**	**5597946**
上 海	4	1869	1353	85500	239200
南 京					
苏 州	2	473	473	9000	533010
无 锡	4	1321	1272	45080	522317
常 州	5	4355	3152	884820	2308008
镇 江	1	200	180	3200	21195
南 通	4	1369	999	79203	70506
扬 州	1	300	226	62000	195180
泰 州	2	3020	3020	66000	156079
杭 州	4	1003	980	171923	645841
宁 波	4	2564	2262	84000	603645
嘉 兴	1	550	385	36570	45395
湖 州					
绍 兴	2	941	941	55900	227480
舟 山					
台 州	1	117	113	5500	30090
珠 三 角	**13**	**6077**	**5806**	**225791**	**415070**
广 州	4	1334	1334	127250	201762
深 圳	1	1570	1560	28335	28311
珠 海	2	1065	1043	12200	39116
佛 山	1	456	355	15078	11086
江 门					
东 莞	3	935	801	31225	57913
中 山	1	301	297	4923	9998
惠 州	1	416	416	6780	66884
肇 庆					

2-20 续表 25

(食品饮料市场)

地　区	市场数量(个)	总摊位数(个)	年末出租摊位数(个)	营业面积(平方米)	成交额(万元)
三大地带合计	**22**	**11177**	**9516**	**728061**	**1712837**
环渤海	**2**	**1762**	**1592**	**31000**	**403847**
北　京					
天　津	1	212	212	500	72846
唐　山					
沈　阳	1	1550	1380	30500	331001
大　连					
济　南					
青　岛					
长三角	**12**	**5245**	**4003**	**557500**	**1169059**
上　海	1	390	386	13500	13500
南　京					
苏　州					
无　锡	2	780	754	11500	144317
常　州	2	1220	556	365000	156854
镇　江					
南　通	2	836	619	49800	32826
扬　州	1	300	226	62000	195180
泰　州					
杭　州	1	208	208	5100	193400
宁　波	2	1320	1063	43000	408502
嘉　兴					
湖　州					
绍　兴	1	191	191	7600	24480
舟　山					
台　州					
珠三角	**8**	**4170**	**3921**	**139561**	**139931**
广　州	1	308	308	50000	12623
深　圳	1	1570	1560	28335	28311
珠　海	1	600	600	10000	20000
佛　山	1	456	355	15078	11086
江　门					
东　莞	3	935	801	31225	57913
中　山	1	301	297	4923	9998
惠　州					
肇　庆					

2-20 续表 26

(茶叶市场)

地 区	市场数量(个)	总摊位数(个)	年末出租摊位数(个)	营业面积(平方米)	成交额(万元)
三大地带合计	**11**	**3822**	**3800**	**311310**	**738781**
环渤海	**3**	**941**	**928**	**97000**	**192921**
北京	1	139	139	7000	23821
天津					
唐山					
沈阳					
大连					
济南	2	802	789	90000	169100
青岛					
长三角	**5**	**1855**	**1846**	**137060**	**356721**
上海	1	290	281	15000	34380
南京					
苏州					
无锡					
常州	1	420	420	39960	23000
镇江					
南通					
扬州					
泰州					
杭州	2	395	395	33800	96341
宁波					
嘉兴					
湖州					
绍兴	1	750	750	48300	203000
舟山					
台州					
珠三角	**3**	**1026**	**1026**	**77250**	**189139**
广州	3	1026	1026	77250	189139
深圳					
珠海					
佛山					
江门					
东莞					
中山					
惠州					
肇庆					

2-20 续表 27

(烟酒市场)

地　区	市场数量(个)	总摊位数(个)	年末出租摊位数(个)	营业面积(平方米)	成交额(万元)
三大地带合计	**3**	**654**	**554**	**44200**	**351593**
环渤海	**1**	**360**	**280**	**17000**	**250898**
北　京					
天　津					
唐　山					
沈　阳					
大　连					
济　南					
青　岛	1	360	280	17000	250898
长三角	**2**	**294**	**274**	**27200**	**100695**
上　海					
南　京					
苏　州					
无　锡					
常　州					
镇　江	1	200	180	3200	21195
南　通					
扬　州					
泰　州					
杭　州					
宁　波	1	94	94	24000	79500
嘉　兴					
湖　州					
绍　兴					
舟　山					
台　州					
珠三角					
广　州					
深　圳					
珠　海					
佛　山					
江　门					
东　莞					
中　山					
惠　州					
肇　庆					

2-20　续表 28

(其他食品饮料及烟酒市场)

地　区	市场数量（个）	总摊位数（个）	年末出租摊位数（个）	营业面积（平方米）	成交额（万元）
三大地带合计	**20**	**13730**	**12242**	**1148716**	**4570124**
环 渤 海	**2**	**2161**	**2150**	**272800**	**512653**
北　京					
天　津	2	2161	2150	272800	512653
唐　山					
沈　阳					
大　连					
济　南					
青　岛					
长 三 角	**16**	**10688**	**9233**	**866936**	**3971471**
上　海	2	1189	686	57000	191320
南　京					
苏　州	2	473	473	9000	533010
无　锡	2	541	518	33580	378000
常　州	2	2715	2176	479860	2128154
镇　江					
南　通	2	533	380	29403	37680
扬　州					
泰　州	2	3020	3020	66000	156079
杭　州	1	400	377	133023	356100
宁　波	1	1150	1105	17000	115643
嘉　兴	1	550	385	36570	45395
湖　州					
绍　兴					
舟　山					
台　州	1	117	113	5500	30090
珠 三 角	**2**	**881**	**859**	**8980**	**86000**
广　州					
深　圳					
珠　海	1	465	443	2200	19116
佛　山					
江　门					
东　莞					
中　山					
惠　州	1	416	416	6780	66884
肇　庆					

2-20 续表 29

(纺织、服装、鞋帽市场)

地　区	市场数量(个)	总摊位数(个)	年末出租摊位数(个)	营业面积(平方米)	成交额(万元)
三大地带合计	**200**	**281261**	**271510**	**12131681**	**71415690**
环渤海	**48**	**73785**	**71478**	**1851621**	**9038357**
北　京	13	17442	16925	474583	381246
天　津	5	3895	3889	154378	518141
唐　山	5	5686	5686	114803	1020514
沈　阳	12	29462	27928	665071	4708359
大　连	2	3038	3038	30800	204309
济　南	4	4918	4918	160576	605513
青　岛	7	9344	9094	251410	1600275
长三角	**92**	**154007**	**151247**	**8243930**	**53029916**
上　海	13	11382	11068	277617	991752
南　京	2	3700	3699	80537	500726
苏　州	4	32235	32170	1730800	18365650
无　锡	2	2900	2735	157996	344172
常　州	2	3352	3352	90000	282611
镇　江	5	2110	1985	620919	190529
南　通	4	10260	10126	621150	7236890
扬　州	3	3116	3090	361000	376390
泰　州	1	220	220	3500	13308
杭　州	19	15891	15573	475730	4158939
宁　波	6	4313	4233	126760	760961
嘉　兴	12	25315	24535	1426512	4340352
湖　州	3	4054	4001	341985	1610951
绍　兴	9	30074	29630	1828394	12885711
舟　山					
台　州	7	5085	4830	101030	970974
珠三角	**60**	**53469**	**48785**	**2036130**	**9347417**
广　州	41	32873	30794	1027652	6021478
深　圳					
珠　海	1	220	220	31000	20495
佛　山	3	5316	5316	465584	2069709
江　门					
东　莞	12	11359	9020	379894	1027513
中　山	1	1300	1034	40000	16690
惠　州	2	2401	2401	92000	191532
肇　庆					

2-20 续表 30

(布料及纺织品市场)

地 区	市场数量（个）	总摊位数（个）	年末出租摊位数（个）	营业面积（平方米）	成交额（万元）
三大地带合计	**40**	**80696**	**77324**	**5269538**	**42076568**
环渤海	**3**	**1304**	**858**	**54500**	**199067**
北 京	2	950	510	34500	22490
天 津					
唐 山					
沈 阳					
大 连					
济 南					
青 岛	1	354	348	20000	176577
长三角	**23**	**60859**	**59893**	**4248338**	**36284476**
上 海					
南 京					
苏 州	2	7550	7485	722800	10345148
无 锡	1	1300	1300	100000	188000
常 州					
镇 江					
南 通	2	9700	9570	610000	7209802
扬 州	2	1216	1190	181000	128390
泰 州					
杭 州	4	2623	2486	191009	2098580
宁 波	1	1650	1650	35700	298320
嘉 兴	3	5068	4873	294542	1723750
湖 州	2	3626	3576	333693	1595324
绍 兴	6	28126	27763	1779594	12697162
舟 山					
台 州					
珠三角	**14**	**18533**	**16573**	**966700**	**5593025**
广 州	3	7693	7272	260300	2855103
深 圳					
珠 海	1	220	220	31000	20495
佛 山	3	5316	5316	465584	2069709
江 门					
东 莞	7	5304	3765	209816	647718
中 山					
惠 州					
肇 庆					

2-20 续表 31

(服装市场)

地　区	市场数量(个)	总摊位数(个)	年末出租摊位数(个)	营业面积(平方米)	成交额(万元)
三大地带合计	**116**	**149412**	**144720**	**4803905**	**21022776**
环渤海	**29**	**44770**	**43792**	**1195221**	**3375481**
北　京	10	15392	15315	420083	331550
天　津	4	3430	3424	115378	437424
唐　山	2	3990	3990	61200	281864
沈　阳	8	10173	9489	288070	565813
大　连					
济　南	2	4185	4185	121600	440600
青　岛	3	7600	7389	188890	1318230
长三角	**52**	**77893**	**76214**	**2921981**	**15184602**
上　海	11	8997	8708	167617	802165
南　京	1	1617	1617	33537	108701
苏　州	2	24685	24685	1008000	8020502
无　锡	1	1600	1435	57996	156172
常　州					
镇　江	2	1190	1065	59078	62832
南　通	1	300	296	3500	13988
扬　州					
泰　州	1	220	220	3500	13308
杭　州	14	12408	12239	270721	2043356
宁　波	4	2308	2305	87260	430530
嘉　兴	9	20247	19662	1131970	2616602
湖　州	1	428	425	8292	15627
绍　兴	2	948	867	14500	28355
舟　山					
台　州	3	2945	2690	76010	872464
珠三角	**35**	**26749**	**24714**	**686703**	**2462693**
广　州	31	19661	18260	548625	2073055
深　圳					
珠　海					
佛　山					
江　门					
东　莞	2	4487	4119	86078	343180
中　山	1	1300	1034	40000	16690
惠　州	1	1301	1301	12000	29768
肇　庆					

2-20 续表 32

(鞋帽市场)

地区	市场数量（个）	总摊位数（个）	年末出租摊位数（个）	营业面积（平方米）	成交额（万元）
三大地带合计	**20**	**14640**	**13532**	**1131553**	**2493148**
环渤海	**8**	**5078**	**4195**	**139496**	**1021045**
北京					
天津	1	465	465	39000	80717
唐山	1	600	600	24000	375000
沈阳	2	2750	1900	16500	327117
大连					
济南	2	733	733	38976	164913
青岛	2	530	497	21020	73298
长三角	**4**	**3683**	**3683**	**732969**	**370668**
上海					
南京					
苏州					
无锡					
常州					
镇江	2	583	583	546969	66868
南通					
扬州	1	1900	1900	180000	248000
泰州					
杭州					
宁波					
嘉兴					
湖州					
绍兴					
舟山					
台州	1	1200	1200	6000	55800
珠三角	**8**	**5879**	**5654**	**259088**	**1101435**
广州	6	5019	4798	195088	1081320
深圳					
珠海					
佛山					
江门					
东莞	2	860	856	64000	20115
中山					
惠州					
肇庆					

2-20 续表 33

(其他纺织服装鞋帽市场)

地　区	市场数量(个)	总摊位数(个)	年末出租摊位数(个)	营业面积(平方米)	成交额(万元)
三大地带合计	**24**	**36513**	**35934**	**926685**	**5823198**
环 渤 海	**8**	**22633**	**22633**	**462404**	**4442764**
北　京	1	1100	1100	20000	27206
天　津					
唐　山	2	1096	1096	29603	363650
沈　阳	2	16539	16539	360501	3815429
大　连	2	3038	3038	30800	204309
济　南					
青　岛	1	860	860	21500	32170
长 三 角	**13**	**11572**	**11457**	**340642**	**1190170**
上　海	2	2385	2360	110000	189587
南　京	1	2083	2082	47000	392025
苏　州					
无　锡					
常　州	2	3352	3352	90000	282611
镇　江	1	337	337	14872	60829
南　通	1	260	260	7650	13100
扬　州					
泰　州					
杭　州	1	860	848	14000	17003
宁　波	1	355	278	3800	32111
嘉　兴					
湖　州					
绍　兴	1	1000	1000	34300	160194
舟　山					
台　州	3	940	940	19020	42710
珠 三 角	**3**	**2308**	**1844**	**123639**	**190264**
广　州	1	500	464	23639	12000
深　圳					
珠　海					
佛　山					
江　门					
东　莞	1	708	280	20000	16500
中　山					
惠　州	1	1100	1100	80000	161764
肇　庆					

2-20　续表 34

（日用品及文化用品市场）

地　　区	市场数量（个）	总摊位数（个）	年末出租摊位数（个）	营业面积（平方米）	成交额（万元）
三大地带合计	**47**	**36827**	**34687**	**1394003**	**6678145**
环渤海	**10**	**11815**	**11413**	**254979**	**657442**
北　　京	5	8230	7884	165279	447300
天　　津					
唐　　山					
沈　　阳	2	2308	2255	46900	165713
大　　连	1	62	62	6900	12000
济　　南					
青　　岛	2	1215	1212	35900	32429
长三角	**20**	**12263**	**11231**	**315028**	**3688081**
上　　海	3	841	836	43650	3172951
南　　京	2	800	800	20000	45475
苏　　州	2	1803	1756	30400	49921
无　　锡					
常　　州	3	2558	2548	24448	142636
镇　　江	1	142	131	5720	13956
南　　通					
扬　　州	2	347	317	23976	45700
泰　　州					
杭　　州	3	1708	1708	37500	54336
宁　　波					
嘉　　兴					
湖　　州	1	1643	830	98234	27792
绍　　兴					
舟　　山					
台　　州	3	2421	2305	31100	135314
珠三角	**17**	**12749**	**12043**	**823996**	**2332622**
广　　州	17	12749	12043	823996	2332622
深　　圳					
珠　　海					
佛　　山					
江　　门					
东　　莞					
中　　山					
惠　　州					
肇　　庆					

2-20 续表 35

(小商品市场)

地 区	市场数量(个)	总摊位数(个)	年末出租摊位数(个)	营业面积(平方米)	成交额(万元)
三大地带合计	**19**	**19130**	**18849**	**400047**	**828287**
环渤海	**4**	**7978**	**7959**	**129779**	**286409**
北 京	3	6948	6932	102879	270850
天 津					
唐 山					
沈 阳					
大 连					
济 南					
青 岛	1	1030	1027	26900	15559
长三角	**6**	**5638**	**5607**	**79668**	**212037**
上 海					
南 京					
苏 州	1	1683	1683	19500	35000
无 锡					
常 州	2	2063	2063	16448	128881
镇 江	1	142	131	5720	13956
南 通					
扬 州	1	250	230	15000	10200
泰 州					
杭 州	1	1500	1500	23000	24000
宁 波					
嘉 兴					
湖 州					
绍 兴					
舟 山					
台 州					
珠三角	**9**	**5514**	**5283**	**190600**	**329841**
广 州	9	5514	5283	190600	329841
深 圳					
珠 海					
佛 山					
江 门					
东 莞					
中 山					
惠 州					
肇 庆					

2-20 续表 35

(箱包市场)

地　区	市场数量（个）	总摊位数（个）	年末出租摊位数（个）	营业面积（平方米）	成交额（万元）
三大地带合计	**1**	**3600**	**3245**	**500000**	**1669750**
环渤海					
北　京					
天　津					
唐　山					
沈　阳					
大　连					
济　南					
青　岛					
长三角					
上　海					
南　京					
苏　州					
无　锡					
常　州					
镇　江					
南　通					
扬　州					
泰　州					
杭　州					
宁　波					
嘉　兴					
湖　州					
绍　兴					
舟　山					
台　州					
珠三角	**1**	**3600**	**3245**	**500000**	**1669750**
广　州	1	3600	3245	500000	1669750
深　圳					
珠　海					
佛　山					
江　门					
东　莞					
中　山					
惠　州					
肇　庆					

2-20 续表 37

(文具市场)

地　区	市场数量(个)	总摊位数(个)	年末出租摊位数(个)	营业面积(平方米)	成交额(万元)
三大地带合计	**1**	**1070**	**740**	**55400**	**157630**
环渤海	**1**	**1070**	**740**	**55400**	**157630**
北　京	1	1070	740	55400	157630
天　津					
唐　山					
沈　阳					
大　连					
济　南					
青　岛					
长三角					
上　海					
南　京					
苏　州					
无　锡					
常　州					
镇　江					
南　通					
扬　州					
泰　州					
杭　州					
宁　波					
嘉　兴					
湖　州					
绍　兴					
舟　山					
台　州					
珠三角					
广　州					
深　圳					
珠　海					
佛　山					
江　门					
东　莞					
中　山					
惠　州					
肇　庆					

2-20 续表 38

(图书、报刊杂志市场)

地　区	市场数量(个)	总摊位数(个)	年末出租摊位数(个)	营业面积(平方米)	成交额(万元)
三大地带合计	**8**	**899**	**847**	**64289**	**170287**
环渤海	**3**	**459**	**459**	**22900**	**47690**
北　京	1	212	212	7000	18820
天　津					
唐　山					
沈　阳					
大　连	1	62	62	6900	12000
济　南					
青　岛	1	185	185	9000	16870
长三角	**4**	**350**	**298**	**28400**	**86761**
上　海	1	51	46	2500	16200
南　京	1	88	88	5000	35240
苏　州	1	120	73	10900	14921
无　锡					
常　州					
镇　江					
南　通					
扬　州					
泰　州					
杭　州	1	91	91	10000	20400
宁　波					
嘉　兴					
湖　州					
绍　兴					
舟　山					
台　州					
珠三角	**1**	**90**	**90**	**12989**	**35836**
广　州	1	90	90	12989	35836
深　圳					
珠　海					
佛　山					
江　门					
东　莞					
中　山					
惠　州					
肇　庆					

2-20 续表 39

(音像制品及电子出版物市场)

地 区	市场数量(个)	总摊位数(个)	年末出租摊位数(个)	营业面积(平方米)	成交额(万元)
三大地带合计	**1**	**103**	**80**	**11000**	**8800**
环渤海					
北京					
天津					
唐山					
沈阳					
大连					
济南					
青岛					
长三角					
上海					
南京					
苏州					
无锡					
常州					
镇江					
南通					
扬州					
泰州					
杭州					
宁波					
嘉兴					
湖州					
绍兴					
舟山					
台州					
珠三角	**1**	**103**	**80**	**11000**	**8800**
广州	1	103	80	11000	8800
深圳					
珠海					
佛山					
江门					
东莞					
中山					
惠州					
肇庆					

2-20 续表 40

(体育用品市场)

地 区	市场数量（个）	总摊位数（个）	年末出租摊位数（个）	营业面积（平方米）	成交额（万元）
三大地带合计	**1**	**80**	**80**	**6700**	**12115**
环渤海					
北京					
天津					
唐山					
沈阳					
大连					
济南					
青岛					
长三角					
上海					
南京					
苏州					
无锡					
常州					
镇江					
南通					
扬州					
泰州					
杭州					
宁波					
嘉兴					
湖州					
绍兴					
舟山					
台州					
珠三角	**1**	**80**	**80**	**6700**	**12115**
广州	1	80	80	6700	12115
深圳					
珠海					
佛山					
江门					
东莞					
中山					
惠州					
肇庆					

2-20 续表 41

(其他日用品及文化用品市场)

地区	市场数量(个)	总摊位数(个)	年末出租摊位数(个)	营业面积(平方米)	成交额(万元)
三大地带合计	**16**	**11945**	**10846**	**356567**	**3831276**
环渤海	**2**	**2308**	**2255**	**46900**	**165713**
北京					
天津					
唐山					
沈阳	2	2308	2255	46900	165713
大连					
济南					
青岛					
长三角	**10**	**6275**	**5326**	**206960**	**3389283**
上海	2	790	790	41150	3156751
南京	1	712	712	15000	10235
苏州					
无锡					
常州	1	495	485	8000	13755
镇江					
南通					
扬州	1	97	87	8976	35500
泰州					
杭州	1	117	117	4500	9936
宁波					
嘉兴					
湖州	1	1643	830	98234	27792
绍兴					
舟山					
台州	3	2421	2305	31100	135314
珠三角	**4**	**3362**	**3265**	**102707**	**276280**
广州	4	3362	3265	102707	276280
深圳					
珠海					
佛山					
江门					
东莞					
中山					
惠州					
肇庆					

2-20 续表 42

（黄金、珠宝、玉器等首饰市场）

地　区	市场数量（个）	总摊位数（个）	年末出租摊位数（个）	营业面积（平方米）	成交额（万元）
三大地带合计	**8**	**5603**	**4925**	**412149**	**1493979**
环渤海	**3**	**2475**	**2270**	**208000**	**520707**
北　京	1	848	848	28000	45800
天　津					
唐　山					
沈　阳					
大　连					
济　南					
青　岛	2	1627	1422	180000	474907
长三角	**3**	**1578**	**1578**	**188649**	**886918**
上　海					
南　京					
苏　州	1	186	186	37000	138500
无　锡					
常　州					
镇　江					
南　通					
扬　州	1	464	464	44676	47371
泰　州					
杭　州					
宁　波					
嘉　兴					
湖　州					
绍　兴	1	928	928	106973	701047
舟　山					
台　州					
珠三角	**2**	**1550**	**1077**	**15500**	**86354**
广　州	1	1200	941	10000	61252
深　圳					
珠　海					
佛　山					
江　门					
东　莞					
中　山					
惠　州					
肇　庆	1	350	136	5500	25102

2-20 续表 43

(电器、通讯器材、电子设备市场)

地 区	市场数量 (个)	总摊位数 (个)	年末出租摊位数 (个)	营业面积 (平方米)	成交额 (万元)
三大地带合计	**67**	**39566**	**35811**	**983398**	**4542298**
环 渤 海	**17**	**8893**	**7734**	**295550**	**1841394**
北 京	9	5254	4565	160050	956149
天 津					
唐 山					
沈 阳	2	1298	918	54000	190932
大 连					
济 南	2	635	635	23500	285605
青 岛	4	1706	1616	58000	408708
长 三 角	**31**	**13124**	**12045**	**396577**	**1706088**
上 海	7	2950	2624	82128	394974
南 京	1	252	250	4743	54200
苏 州	1	1732	1732	44283	60453
无 锡	2	426	426	14300	160740
常 州	1	426	151	10000	11555
镇 江					
南 通					
扬 州	1	248	248	9000	100059
泰 州	1	400	400	11000	46200
杭 州	9	2865	2729	109893	439455
宁 波	3	1020	1006	37000	143291
嘉 兴	1	113	113	5000	20013
湖 州	1	300	300	11000	10000
绍 兴	1	145	145	5680	42118
舟 山					
台 州	2	2247	1921	52550	223030
珠 三 角	**19**	**17549**	**16032**	**291271**	**994816**
广 州	10	2899	2833	96844	535102
深 圳	7	13288	11837	186739	412722
珠 海					
佛 山	1	862	862	6188	36968
江 门					
东 莞	1	500	500	1500	10024
中 山					
惠 州					
肇 庆					

2-20 续表 44

(家电市场)

地　区	市场数量（个）	总摊位数（个）	年末出租摊位数（个）	营业面积（平方米）	成交额（万元）
三大地带合计	**13**	**3872**	**3460**	**179731**	**549791**
环 渤 海	**2**	**860**	**632**	**33000**	**34012**
北　京					
天　津					
唐　山					
沈　阳	1	728	500	24000	16732
大　连					
济　南					
青　岛	1	132	132	9000	17280
长 三 角	**6**	**1577**	**1574**	**98600**	**352603**
上　海	1	230	230	20000	84000
南　京					
苏　州					
无　锡					
常　州					
镇　江					
南　通					
扬　州					
泰　州	1	400	400	11000	46200
杭　州	3	457	454	47600	106323
宁　波	1	490	490	20000	116080
嘉　兴					
湖　州					
绍　兴					
舟　山					
台　州					
珠 三 角	**5**	**1435**	**1254**	**48131**	**163176**
广　州	4	837	833	38050	142249
深　圳	1	593	421	10081	20927
珠　海					
佛　山					
江　门					
东　莞					
中　山					
惠　州					
肇　庆					

2-20 续表 45

(通讯器材市场)

地 区	市场数量 (个)	总摊位数 (个)	年末出租摊位数 (个)	营业面积 (平方米)	成交额 (万元)
三大地带合计	**10**	**15868**	**14358**	**273491**	**663581**
环 渤 海	**1**	**570**	**418**	**30000**	**174200**
北 京					
天 津					
唐 山					
沈 阳	1	570	418	30000	174200
大 连					
济 南					
青 岛					
长 三 角	**4**	**3150**	**3035**	**74833**	**112420**
上 海	1	958	958	17000	11900
南 京					
苏 州	1	1732	1732	44283	60453
无 锡					
常 州					
镇 江					
南 通					
扬 州					
泰 州					
杭 州	1	300	300	6000	24067
宁 波					
嘉 兴					
湖 州					
绍 兴					
舟 山					
台 州	1	160	45	7550	16000
珠 三 角	**5**	**12148**	**10905**	**168658**	**376961**
广 州					
深 圳	5	12148	10905	168658	376961
珠 海					
佛 山					
江 门					
东 莞					
中 山					
惠 州					
肇 庆					

2-20　续表 46

(照相、摄像器材市场)

地　区	市场数量(个)	总摊位数(个)	年末出租摊位数(个)	营业面积(平方米)	成交额(万元)
三大地带合计	**2**	**455**	**455**	**17600**	**55472**
环渤海	**1**	**285**	**285**	**13000**	**24215**
北　京	1	285	285	13000	24215
天　津					
唐　山					
沈　阳					
大　连					
济　南					
青　岛					
长三角	**1**	**170**	**170**	**4600**	**31257**
上　海	1	170	170	4600	31257
南　京					
苏　州					
无　锡					
常　州					
镇　江					
南　通					
扬　州					
泰　州					
杭　州					
宁　波					
嘉　兴					
湖　州					
绍　兴					
舟　山					
台　州					
珠三角					
广　州					
深　圳					
珠　海					
佛　山					
江　门					
东　莞					
中　山					
惠　州					
肇　庆					

2-20 续表 47

(计算机及辅助设备市场)

地　区	市场数量(个)	总摊位数(个)	年末出租摊位数(个)	营业面积(平方米)	成交额(万元)
三大地带合计	**35**	**14304**	**12895**	**411290**	**2874937**
环渤海	**11**	**6368**	**5734**	**202350**	**1491557**
北　京	6	4159	3615	129850	814524
天　津					
唐　山					
沈　阳					
大　连					
济　南	2	635	635	23500	285605
青　岛	3	1574	1484	49000	391428
长三角	**18**	**5840**	**5090**	**162544**	**992778**
上　海	4	1592	1266	40528	267817
南　京	1	252	250	4743	54200
苏　州					
无　锡	2	426	426	14300	160740
常　州	1	426	151	10000	11555
镇　江					
南　通					
扬　州	1	248	248	9000	100059
泰　州					
杭　州	5	2108	1975	56293	309065
宁　波	2	530	516	17000	27211
嘉　兴	1	113	113	5000	20013
湖　州					
绍　兴	1	145	145	5680	42118
舟　山					
台　州					
珠三角	**6**	**2096**	**2071**	**46396**	**390602**
广　州	5	1234	1209	40208	353634
深　圳					
珠　海					
佛　山	1	862	862	6188	36968
江　门					
东　莞					
中　山					
惠　州					
肇　庆					

2-20 续表 48

(其他电器、通讯器材、电子设备市场)

地 区	市场数量(个)	总摊位数(个)	年末出租摊位数(个)	营业面积(平方米)	成交额(万元)
三大地带合计	**7**	**5067**	**4643**	**101286**	**398517**
环渤海	**2**	**810**	**665**	**17200**	**117410**
北 京	2	810	665	17200	117410
天 津					
唐 山					
沈 阳					
大 连					
济 南					
青 岛					
长三角	**2**	**2387**	**2176**	**56000**	**217030**
上 海					
南 京					
苏 州					
无 锡					
常 州					
镇 江					
南 通					
扬 州					
泰 州					
杭 州					
宁 波					
嘉 兴					
湖 州	1	300	300	11000	10000
绍 兴					
舟 山					
台 州	1	2087	1876	45000	207030
珠三角	**3**	**1870**	**1802**	**28086**	**64077**
广 州	1	828	791	18586	39219
深 圳	1	542	511	8000	14834
珠 海					
佛 山					
江 门					
东 莞	1	500	500	1500	10024
中 山					
惠 州					
肇 庆					

2-20 续表 49

(医药、医疗用品及器材市场)

地区	市场数量(个)	总摊位数(个)	年末出租摊位数(个)	营业面积(平方米)	成交额(万元)
三大地带合计	**2**	**762**	**578**	**12771**	**76972**
环渤海					
北京					
天津					
唐山					
沈阳					
大连					
济南					
青岛					
长三角	**1**	**324**	**287**	**7800**	**60000**
上海	1	324	287	7800	60000
南京					
苏州					
无锡					
常州					
镇江					
南通					
扬州					
泰州					
杭州					
宁波					
嘉兴					
湖州					
绍兴					
舟山					
台州					
珠三角	**1**	**438**	**291**	**4971**	**16972**
广州	1	438	291	4971	16972
深圳					
珠海					
佛山					
江门					
东莞					
中山					
惠州					
肇庆					

2-20　续表 50

(中药材市场)

地　　区	市场数量（个）	总摊位数（个）	年末出租摊位数（个）	营业面积（平方米）	成交额（万元）
三大地带合计	**2**	**762**	**578**	**12771**	**76972**
环渤海					
北　京					
天　津					
唐　山					
沈　阳					
大　连					
济　南					
青　岛					
长三角	**1**	**324**	**287**	**7800**	**60000**
上　海	1	324	287	7800	60000
南　京					
苏　州					
无　锡					
常　州					
镇　江					
南　通					
扬　州					
泰　州					
杭　州					
宁　波					
嘉　兴					
湖　州					
绍　兴					
舟　山					
台　州					
珠三角	**1**	**438**	**291**	**4971**	**16972**
广　州	1	438	291	4971	16972
深　圳					
珠　海					
佛　山					
江　门					
东　莞					
中　山					
惠　州					
肇　庆					

2-20 续表 51

(家具、五金及装饰材料市场)

地　区	市场数量(个)	总摊位数(个)	年末出租摊位数(个)	营业面积(平方米)	成交额(万元)
三大地带合计	**229**	**121131**	**109907**	**15674540**	**18985829**
环 渤 海	**55**	**26537**	**24586**	**3073651**	**3570188**
北　京	19	8031	7686	910318	1063916
天　津	10	5798	5190	1019289	1492157
唐　山	1	485	480	120000	12000
沈　阳	9	7058	6500	400296	607388
大　连	4	1640	1470	88255	90538
济　南	5	1602	1488	248000	138863
青　岛	7	1923	1772	287493	165326
长 三 角	**150**	**85928**	**77515**	**10603886**	**14331561**
上　海	15	14571	14018	1594950	1123229
南　京	9	7027	6478	858341	928629
苏　州	11	10956	9672	1393377	2103912
无　锡	10	4590	3511	891717	1816668
常　州	10	4962	4898	943077	1325154
镇　江	2	473	473	77202	35495
南　通	15	5777	5241	747311	712259
扬　州	8	2705	2465	489222	739525
泰　州	3	3400	1898	335000	823505
杭　州	22	10223	8835	949473	1326715
宁　波	16	3651	3476	633530	503362
嘉　兴	5	3642	3582	219627	373958
湖　州	6	1802	1435	217080	522190
绍　兴	6	4373	4353	665078	1265304
舟　山	1	80	80	20815	12080
台　州	11	7696	7100	568086	719576
珠 三 角	**24**	**8666**	**7806**	**1997003**	**1084080**
广　州	9	3796	3456	350495	289505
深　圳	1	214	199	26000	11940
珠　海					
佛　山	8	2781	2689	1433617	389130
江　门	1	70	50	3149	14214
东　莞	5	1805	1412	183742	379291
中　山					
惠　州					
肇　庆					

2-20　续表 52

(家具市场)

地　区	市场数量(个)	总摊位数(个)	年末出租摊位数(个)	营业面积(平方米)	成交额(万元)
三大地带合计	**64**	**23868**	**20913**	**4285329**	**3199903**
环 渤 海	**18**	**7216**	**6853**	**1087453**	**849218**
北　京	8	3793	3672	590684	497865
天　津					
唐　山					
沈　阳	2	931	904	150343	126991
大　连	3	1150	1010	70955	60538
济　南	2	572	528	98000	87463
青　岛	3	770	739	177471	76361
长 三 角	**44**	**15990**	**13428**	**3090868**	**2295089**
上　海	5	756	682	274710	113767
南　京	3	923	861	182088	91001
苏　州	5	5095	4722	708413	1013079
无　锡	1	580	536	146517	40000
常　州	4	1518	1496	374236	208890
镇　江					
南　通	3	906	605	173861	80374
扬　州	2	1130	1072	311327	182216
泰　州					
杭　州	5	2236	1003	284722	157254
宁　波	7	1343	1258	349704	98411
嘉　兴	1	150	150	53646	12000
湖　州	2	820	510	28866	131500
绍　兴	4	478	478	152778	130937
舟　山					
台　州	2	55	55	50000	35660
珠 三 角	**2**	**662**	**632**	**107008**	**55596**
广　州	1	512	497	67008	43596
深　圳					
珠　海					
佛　山	1	150	135	40000	12000
江　门					
东　莞					
中　山					
惠　州					
肇　庆					

2-20 续表 53

(装饰材料市场)

地　区	市场数量(个)	总摊位数(个)	年末出租摊位数(个)	营业面积(平方米)	成交额(万元)
三大地带合计	**95**	**41937**	**38794**	**5823606**	**5632608**
环 渤 海	**21**	**7805**	**7248**	**695675**	**720470**
北　京	7	2020	1982	148132	218683
天　津	4	1425	1419	109743	166877
唐　山	1	485	480	120000	12000
沈　阳	4	2091	1726	137500	228650
大　连	1	490	460	17300	30000
济　南	2	822	752	110000	28400
青　岛	2	472	429	53000	35860
长 三 角	**59**	**28458**	**26255**	**3386666**	**4313479**
上　海	6	8315	8043	783461	759657
南　京	2	832	825	79795	43500
苏　州	1	760	485	63000	22600
无　锡	7	2388	1353	563800	1271500
常　州	2	461	457	116200	202507
镇　江	2	473	473	77202	35495
南　通	9	4463	4229	504000	577585
扬　州	4	963	850	113435	368115
泰　州	1	256	252	40000	56238
杭　州	10	2391	2321	301631	234773
宁　波	6	1008	918	202526	197774
嘉　兴	4	3492	3432	165981	361958
湖　州	1	67	67	8614	10525
绍　兴					
舟　山	1	80	80	20815	12080
台　州	3	2509	2470	346206	159172
珠 三 角	**15**	**5674**	**5291**	**1741265**	**598659**
广　州	5	2460	2194	262899	164507
深　圳	1	214	199	26000	11940
珠　海					
佛　山	7	2631	2554	1393617	377130
江　门	1	70	50	3149	14214
东　莞	1	299	294	55600	30868
中　山					
惠　州					
肇　庆					

2-20 续表 54

(灯具市场)

地区	市场数量（个）	总摊位数（个）	年末出租摊位数（个）	营业面积（平方米）	成交额（万元）
三大地带合计	**9**	**4417**	**4294**	**553450**	**844445**
环渤海	**4**	**916**	**793**	**138000**	**109238**
北京	1	260	255	30000	13195
天津	1	172	170	14000	31000
唐山					
沈阳	1	276	160	54000	42043
大连					
济南	1	208	208	40000	23000
青岛					
长三角	**5**	**3501**	**3501**	**415450**	**735207**
上海					
南京					
苏州					
无锡					
常州	3	2433	2433	360000	691457
镇江					
南通	1	88	88	7450	10750
扬州					
泰州					
杭州	1	980	980	48000	33000
宁波					
嘉兴					
湖州					
绍兴					
舟山					
台州					
珠三角					
广州					
深圳					
珠海					
佛山					
江门					
东莞					
中山					
惠州					
肇庆					

2-20 续表 55

(厨具、盥洗设备市场)

地　区	市场数量(个)	总摊位数(个)	年末出租摊位数(个)	营业面积(平方米)	成交额(万元)
三大地带合计	**2**	**860**	**806**	**22300**	**139066**
环 渤 海	**1**	**360**	**306**	**21000**	**20126**
北　京					
天　津					
唐　山					
沈　阳					
大　连					
济　南					
青　岛	1	360	306	21000	20126
长 三 角	**1**	**500**	**500**	**1300**	**118940**
上　海					
南　京					
苏　州					
无　锡					
常　州					
镇　江					
南　通					
扬　州					
泰　州					
杭　州					
宁　波	1	500	500	1300	118940
嘉　兴					
湖　州					
绍　兴					
舟　山					
台　州					
珠 三 角					
广　州					
深　圳					
珠　海					
佛　山					
江　门					
东　莞					
中　山					
惠　州					
肇　庆					

2-20 续表 56

（五金材料市场）

地 区	市场数量（个）	总摊位数（个）	年末出租摊位数（个）	营业面积（平方米）	成交额（万元）
三大地带合计	**34**	**27624**	**24131**	**1925026**	**4329100**
环 渤 海	**4**	**2611**	**2561**	**391206**	**278918**
北 京	1	536	536	8794	15568
天 津	2	875	875	360959	234975
唐 山					
沈 阳	1	1200	1150	21453	28375
大 连					
济 南					
青 岛					
长 三 角	**23**	**22683**	**19687**	**1385090**	**3620357**
上 海	2	3200	2993	294179	128268
南 京	2	2268	2268	80110	241992
苏 州	2	3230	2615	206000	393002
无 锡	1	1122	1122	61400	221668
常 州	1	550	512	92641	222300
镇 江					
南 通					
扬 州	2	612	543	64460	189194
泰 州	1	2800	1302	215000	742722
杭 州	3	2194	2182	87120	538960
宁 波	2	800	800	80000	88237
嘉 兴					
湖 州					
绍 兴	1	775	775	32300	329270
舟 山					
台 州	6	5132	4575	171880	524744
珠 三 角	**7**	**2330**	**1883**	**148730**	**429825**
广 州	3	824	765	20588	81402
深 圳					
珠 海					
佛 山					
江 门					
东 莞	4	1506	1118	128142	348423
中 山					
惠 州					
肇 庆					

2-20 续表 57

(其他装修市场)

地 区	市场数量(个)	总摊位数(个)	年末出租摊位数(个)	营业面积(平方米)	成交额(万元)
三大地带合计	**25**	**22425**	**20969**	**3064829**	**4840707**
环渤海	**7**	**7629**	**6825**	**740317**	**1592218**
北 京	2	1422	1241	132708	318605
天 津	3	3326	2726	534587	1059305
唐 山					
沈 阳	1	2560	2560	37000	181329
大 连					
济 南					
青 岛	1	321	298	36022	32979
长三角	**18**	**14796**	**14144**	**2324512**	**3248489**
上 海	2	2300	2300	242600	121537
南 京	2	3004	2524	516348	552136
苏 州	3	1871	1850	415964	675231
无 锡	1	500	500	120000	283500
常 州					
镇 江					
南 通	2	320	319	62000	43550
扬 州					
泰 州	1	344	344	80000	24545
杭 州	3	2422	2349	228000	362728
宁 波					
嘉 兴					
湖 州	3	915	858	179600	380165
绍 兴	1	3120	3100	480000	805097
舟 山					
台 州					
珠三角					
广 州					
深 圳					
珠 海					
佛 山					
江 门					
东 莞					
中 山					
惠 州					
肇 庆					

2-20　续表 58

(汽车、摩托车及零配件市场)

地　区	市场数量 (个)	总摊位数 (个)	年末出租摊位数 (个)	营业面积 (平方米)	成交额 (万元)
三大地带合计	**136**	**31380**	**27488**	**5773053**	**29927107**
环渤海	**37**	**13144**	**12204**	**2191808**	**12090674**
北　京	16	5162	4724	979311	4968356
天　津	3	1727	1720	355534	2601087
唐　山	1	243	243	62400	42140
沈　阳	5	2986	2622	283790	1578915
大　连	2	510	450	130000	1350000
济　南	6	2154	2093	278773	1357126
青　岛	4	362	352	102000	193050
长三角	**72**	**13453**	**10577**	**2337806**	**12837375**
上　海	13	1967	1964	223937	2215933
南　京	4	325	317	90866	342240
苏　州	3	553	428	519852	758021
无　锡	7	1213	1000	372167	1635222
常　州	2	510	319	60000	213525
镇　江					
南　通	2	568	436	93600	182992
扬　州	4	374	357	85800	129810
泰　州					
杭　州	16	5983	4419	435565	4447911
宁　波	9	996	422	203091	530647
嘉　兴	3	273	225	48659	928722
湖　州	1	150	150	65000	104199
绍　兴	1	8	8	15000	30716
舟　山	1	1	1	12655	54647
台　州	6	532	531	111614	1262790
珠三角	**27**	**4783**	**4707**	**1243439**	**4999058**
广　州	18	3649	3585	507577	2676873
深　圳	2	68	56	61200	293550
珠　海					
佛　山	3	265	265	350862	1274353
江　门					
东　莞	2	735	735	73800	205888
中　山					
惠　州	2	66	66	250000	548394
肇　庆					

2-20 续表 59

(汽车市场)

地 区	市场数量(个)	总摊位数(个)	年末出租摊位数(个)	营业面积(平方米)	成交额(万元)
三大地带合计	**93**	**14889**	**11885**	**4405399**	**25701637**
环渤海	**20**	**5595**	**5253**	**1522585**	**10316772**
北 京		1554	1279	676861	4441407
天 津	3	1727	1720	355534	2601087
唐 山	1	243	243	62400	42140
沈 阳	2	1418	1418	117790	932612
大 连	2	510	450	130000	1350000
济 南	1	81	81	127000	896526
青 岛	2	62	62	53000	53000
长三角	**57**	**7707**	**5068**	**1853676**	**10879656**
上 海	9	379	376	119748	1689732
南 京	4	325	317	90866	342240
苏 州	3	553	428	519852	758021
无 锡	5	658	475	298167	1420212
常 州	1	60	59	15000	48496
镇 江					
南 通	2	568	436	93600	182992
扬 州	2	74	74	18000	67400
泰 州					
杭 州	12	3386	1822	262650	3503412
宁 波	8	960	386	198091	518357
嘉 兴	3	273	225	48659	928722
湖 州	1	150	150	65000	104199
绍 兴	1	8	8	15000	30716
舟 山	1	1	1	12655	54647
台 州	5	312	311	96388	1230510
珠三角	**16**	**1587**	**1564**	**1029138**	**4505209**
广 州	7	453	442	293276	2183024
深 圳	2	68	56	61200	293550
珠 海					
佛 山	3	265	265	350862	1274353
江 门					
东 莞	2	735	735	73800	205888
中 山					
惠 州	2	66	66	250000	548394
肇 庆					

2-20　续表 60

(摩托车市场)

地　区	市场数量（个）	总摊位数（个）	年末出租摊位数（个）	营业面积（平方米）	成交额（万元）
三大地带合计	**1**	**220**	**220**	**15226**	**32280**
环 渤 海					
北　京					
天　津					
唐　山					
沈　阳					
大　连					
济　南					
青　岛					
长 三 角	**1**	**220**	**220**	**15226**	**32280**
上　海					
南　京					
苏　州					
无　锡					
常　州					
镇　江					
南　通					
扬　州					
泰　州					
杭　州					
宁　波					
嘉　兴					
湖　州					
绍　兴					
舟　山					
台　州	1	220	220	15226	32280
珠 三 角					
广　州					
深　圳					
珠　海					
佛　山					
江　门					
东　莞					
中　山					
惠　州					
肇　庆					

2-20 续表 61

(机动车零配件市场)

地　区	市场数量 (个)	总摊位数 (个)	年末出租摊位数 (个)	营业面积 (平方米)	成交额 (万元)
三大地带合计	**42**	**16271**	**15383**	**1352428**	**4193190**
环渤海	**17**	**7549**	**6951**	**669223**	**1773902**
北　京	7	3608	3445	302450	526949
天　津					
唐　山					
沈　阳	3	1568	1204	166000	646303
大　连					
济　南	5	2073	2012	151773	460600
青　岛	2	300	290	49000	140050
长三角	**14**	**5526**	**5289**	**468904**	**1925439**
上　海	4	1588	1588	104189	526201
南　京					
苏　州					
无　锡	2	555	525	74000	215010
常　州	1	450	260	45000	165029
镇　江					
南　通					
扬　州	2	300	283	67800	62410
泰　州					
杭　州	4	2597	2597	172915	944499
宁　波	1	36	36	5000	12290
嘉　兴					
湖　州					
绍　兴					
舟　山					
台　州					
珠三角	**11**	**3196**	**3143**	**214301**	**493849**
广　州	11	3196	3143	214301	493849
深　圳					
珠　海					
佛　山					
江　门					
东　莞					
中　山					
惠　州					
肇　庆					

2-20　续表 62

（花鸟鱼虫市场）

地　区	市场数量（个）	总摊位数（个）	年末出租摊位数（个）	营业面积（平方米）	成交额（万元）
三大地带合计	**12**	**8536**	**7965**	**5817004**	**1950733**
环 渤 海	**2**	**1010**	**1010**	**43000**	**34600**
北　京	1	210	210	3000	18250
天　津	1	800	800	40000	16350
唐　山					
沈　阳					
大　连					
济　南					
青　岛					
长 三 角	**7**	**5154**	**4619**	**522654**	**1413626**
上　海	1	380	360	35800	16200
南　京					
苏　州					
无　锡					
常　州	1	1600	1600	235000	988000
镇　江					
南　通	1	1080	1020	135000	106560
扬　州	1	600	500	13000	110000
泰　州					
杭　州	3	1494	1139	103854	192866
宁　波					
嘉　兴					
湖　州					
绍　兴					
舟　山					
台　州					
珠 三 角	**3**	**2372**	**2336**	**5251350**	**502507**
广　州	2	1742	1706	1918000	261107
深　圳					
珠　海					
佛　山	1	630	630	3333350	241400
江　门					
东　莞					
中　山					
惠　州					
肇　庆					

2-20 续表 63

(花卉市场)

地　　区	市场数量(个)	总摊位数(个)	年末出租摊位数(个)	营业面积(平方米)	成交额(万元)
三大地带合计	**10**	**7436**	**6956**	**5772978**	**1899733**
环 渤 海	**1**	**210**	**210**	**3000**	**18250**
北　京	1	210	210	3000	18250
天　津					
唐　山					
沈　阳					
大　连					
济　南					
青　岛					
长 三 角	**6**	**4854**	**4410**	**518628**	**1378976**
上　海	1	380	360	35800	16200
南　京					
苏　州					
无　锡					
常　州	1	1600	1600	235000	988000
镇　江					
南　通	1	1080	1020	135000	106560
扬　州	1	600	500	13000	110000
泰　州					
杭　州	2	1194	930	99828	158216
宁　波					
嘉　兴					
湖　州					
绍　兴					
舟　山					
台　州					
珠 三 角	**3**	**2372**	**2336**	**5251350**	**502507**
广　州	2	1742	1706	1918000	261107
深　圳					
珠　海					
佛　山	1	630	630	3333350	241400
江　门					
东　莞					
中　山					
惠　州					
肇　庆					

2-20　续表 64

(其他花鸟鱼虫市场)

地　　区	市场数量（个）	总摊位数（个）	年末出租摊位数（个）	营业面积（平方米）	成交额（万元）
三大地带合计	**2**	**1100**	**1009**	**44026**	**51000**
环 渤 海	**1**	**800**	**800**	**40000**	**16350**
北　　京					
天　　津	1	800	800	40000	16350
唐　　山					
沈　　阳					
大　　连					
济　　南					
青　　岛					
长 三 角	**1**	**300**	**209**	**4026**	**34650**
上　　海					
南　　京					
苏　　州					
无　　锡					
常　　州					
镇　　江					
南　　通					
扬　　州					
泰　　州					
杭　　州	1	300	209	4026	34650
宁　　波					
嘉　　兴					
湖　　州					
绍　　兴					
舟　　山					
台　　州					
珠 三 角					
广　　州					
深　　圳					
珠　　海					
佛　　山					
江　　门					
东　　莞					
中　　山					
惠　　州					
肇　　庆					

2-20 续表 65

(旧货市场)

地 区	市场数量(个)	总摊位数(个)	年末出租摊位数(个)	营业面积(平方米)	成交额(万元)
三大地带合计	**11**	**6041**	**5717**	**194488**	**650849**
环渤海	**1**	**3196**	**3196**	**14968**	**62629**
北 京	1	3196	3196	14968	62629
天 津					
唐 山					
沈 阳					
大 连					
济 南					
青 岛					
长三角	**9**	**2215**	**1891**	**176520**	**575720**
上 海					
南 京					
苏 州					
无 锡					
常 州					
镇 江					
南 通					
扬 州	1	75	71	37000	19000
泰 州					
杭 州					
宁 波	5	1102	1087	70161	475669
嘉 兴	1	596	298	36859	25107
湖 州					
绍 兴					
舟 山					
台 州	2	442	435	32500	55944
珠三角	**1**	**630**	**630**	**3000**	**12500**
广 州	1	630	630	3000	12500
深 圳					
珠 海					
佛 山					
江 门					
东 莞					
中 山					
惠 州					
肇 庆					

2-20 续表 66

(古玩、古董、字画市场)

地　区	市场数量（个）	总摊位数（个）	年末出租摊位数（个）	营业面积（平方米）	成交额（万元）
三大地带合计	**1**	**630**	**630**	**3000**	**12500**
环渤海					
北　京					
天　津					
唐　山					
沈　阳					
大　连					
济　南					
青　岛					
长三角					
上　海					
南　京					
苏　州					
无　锡					
常　州					
镇　江					
南　通					
扬　州					
泰　州					
杭　州					
宁　波					
嘉　兴					
湖　州					
绍　兴					
舟　山					
台　州					
珠三角	**1**	**630**	**630**	**3000**	**12500**
广　州	1	630	630	3000	12500
深　圳					
珠　海					
佛　山					
江　门					
东　莞					
中　山					
惠　州					
肇　庆					

2-20 续表 67

(其他旧货市场)

地　区	市场数量(个)	总摊位数(个)	年末出租摊位数(个)	营业面积(平方米)	成交额(万元)
三大地带合计	**10**	**5411**	**5087**	**191488**	**638349**
环 渤 海	**1**	**3196**	**3196**	**14968**	**62629**
北　京	1	3196	3196	14968	62629
天　津					
唐　山					
沈　阳					
大　连					
济　南					
青　岛					
长 三 角	**9**	**2215**	**1891**	**176520**	**575720**
上　海					
南　京					
苏　州					
无　锡					
常　州					
镇　江					
南　通					
扬　州	1	75	71	37000	19000
泰　州					
杭　州					
宁　波	5	1102	1087	70161	475669
嘉　兴	1	596	298	36859	25107
湖　州					
绍　兴					
舟　山					
台　州	2	442	435	32500	55944
珠 三 角					
广　州					
深　圳					
珠　海					
佛　山					
江　门					
东　莞					
中　山					
惠　州					
肇　庆					

2-20 续表 68

(其他专业市场)

地 区	市场数量(个)	总摊位数(个)	年末出租摊位数(个)	营业面积(平方米)	成交额(万元)
三大地带合计	**20**	**5532**	**4885**	**582394**	**1497193**
环 渤 海	**3**	**1369**	**1029**	**317130**	**60741**
北 京	2	169	169	81130	27721
天 津					
唐 山					
沈 阳					
大 连					
济 南	1	1200	860	236000	33020
青 岛					
长 三 角	**14**	**3127**	**2871**	**233878**	**1385821**
上 海	5	1149	1115	52800	505941
南 京					
苏 州	2	355	286	7700	41000
无 锡					
常 州					
镇 江	1	310	310	5850	178000
南 通					
扬 州	1	400	300	28000	14200
泰 州					
杭 州					
宁 波	1	180	180	800	150000
嘉 兴					
湖 州	1	203	150	100000	32000
绍 兴	3	530	530	38728	464680
舟 山					
台 州					
珠 三 角	**3**	**1036**	**985**	**31386**	**50631**
广 州	2	658	607	24386	27951
深 圳	1	378	378	7000	22680
珠 海					
佛 山					
江 门					
东 莞					
中 山					
惠 州					
肇 庆					

2-21 商品交易市场情况(按营业状态分)

(常年营业)

地 区	市场数量(个)	总摊位数(个)	年末出租摊位数(个)	营业面积(平方米)	成交额(万元)
三大地带合计	**1970**	**1285651**	**1176012**	**94857078**	**444837107**
环 渤 海	**453**	**383154**	**353749**	**24987818**	**99562646**
北 京	138	130442	115458	7112453	25366585
天 津	77	53944	51119	5231306	25657864
唐 山	23	19314	17124	1014573	3131345
沈 阳	63	62605	56439	2578723	14819550
大 连	46	35526	35077	1539146	14594610
济 南	40	24129	23354	2232419	5049669
青 岛	66	57194	55178	5279198	10943023
长 三 角	**1207**	**717576**	**656424**	**51819394**	**299589162**
上 海	179	80069	75296	7576958	67807902
南 京	60	43056	39901	2986710	13085352
苏 州	90	75808	71905	5645589	35025273
无 锡	64	47266	39741	4234205	39625134
常 州	59	40444	35381	4287183	16230833
镇 江	20	8110	7606	1374961	3721863
南 通	87	48057	44071	2537443	11186227
扬 州	63	21310	20294	2028782	6648550
泰 州	24	17337	14634	1411705	2575201
杭 州	170	87595	79621	4798804	36595024
宁 波	130	74092	68539	4869703	21505403
嘉 兴	59	47876	44310	2647056	11303123
湖 州	45	25402	21534	1817742	5877570
绍 兴	49	48509	47478	3691968	19529677
舟 山	11	5517	4656	224964	1535907
台 州	97	47128	41457	1685621	7336123
珠 三 角	**310**	**184921**	**165839**	**18049866**	**45685299**
广 州	157	83854	77514	6685494	20367454
深 圳	30	30345	25796	708734	4415058
珠 海	11	5472	4808	122659	1506735
佛 山	38	21023	19817	6944019	6904970
江 门	10	3542	3239	172764	874427
东 莞	45	28570	23244	2833092	9783690
中 山	6	4124	3487	104397	88720
惠 州	10	7477	7477	465343	1692649
肇 庆	3	514	457	13364	51596

2-21 续表 1

(季节性营业)

地 区	市场数量（个）	总摊位数（个）	年末出租摊位数（个）	营业面积（平方米）	成交额（万元）
三大地带合计	**17**	**7445**	**4879**	**619944**	**986296**
环 渤 海	**6**	**4546**	**2502**	**396000**	**304976**
北 京	2	2656	1047	265000	111412
天 津					
唐 山					
沈 阳					
大 连	1	400	400	4000	13279
济 南	1	310	305	19000	31635
青 岛	2	1180	750	108000	148650
长 三 角	**7**	**1914**	**1606**	**167944**	**346520**
上 海					
南 京					
苏 州	2	395	299	25444	44330
无 锡					
常 州					
镇 江					
南 通	1	600	600	40000	28500
扬 州	1	340	128	37000	36055
泰 州					
杭 州	1	168	168	6500	43300
宁 波	1	381	381	52000	154230
嘉 兴					
湖 州					
绍 兴	1	30	30	7000	40105
舟 山					
台 州					
珠 三 角	**4**	**985**	**771**	**56000**	**334800**
广 州	1	80	80	2000	11572
深 圳					
珠 海	1	120	120	23000	260000
佛 山					
江 门					
东 莞					
中 山					
惠 州					
肇 庆	2	785	571	31000	63228

2-21 续表 2

(其他)

地　区	市场数量(个)	总摊位数(个)	年末出租摊位数(个)	营业面积(平方米)	成交额(万元)
三大地带合计	**3**	**2091**	**2081**	**50066**	**191316**
环 渤 海					
北　京					
天　津					
唐　山					
沈　阳					
大　连					
济　南					
青　岛					
长 三 角	**3**	**2091**	**2081**	**50066**	**191316**
上　海	1	91	91	36066	91236
南　京	1	600	590	8000	35080
苏　州	1	1400	1400	6000	65000
无　锡					
常　州					
镇　江					
南　通					
扬　州					
泰　州					
杭　州					
宁　波					
嘉　兴					
湖　州					
绍　兴					
舟　山					
台　州					
珠 三 角					
广　州					
深　圳					
珠　海					
佛　山					
江　门					
东　莞					
中　山					
惠　州					
肇　庆					

2-22 商品交易市场情况(按经营方式分)

(批发为主)

地　区	市场数量(个)	总摊位数(个)	年末出租摊位数(个)	营业面积(平方米)	成交额(万元)
三大地带合计	**1103**	**835043**	**763641**	**72200365**	**384280011**
环渤海	**266**	**257849**	**235680**	**18626049**	**83095509**
北　京	64	85070	71752	4629018	17031032
天　津	55	40192	38291	4227261	24605984
唐　山	15	12685	10630	794234	2879161
沈　阳	35	38484	36559	1753617	12598461
大　连	22	15519	15210	978133	12568850
济　南	30	18841	18123	1789919	3684594
青　岛	45	47058	45115	4453867	9727427
长三角	**625**	**439542**	**403002**	**37590140**	**261245971**
上　海	100	49692	46580	5879186	63772640
南　京	19	13841	11916	1689298	9981459
苏　州	50	60823	58224	4080435	32451693
无　锡	39	22373	17906	2735895	33494107
常　州	33	25724	21472	3577879	14937029
镇　江	8	3931	3755	1113039	3318134
南　通	33	22204	20495	1560579	9088775
扬　州	35	11300	10440	1255710	5272360
泰　州	15	12763	10282	1276893	2161822
杭　州	96	53950	51220	3316439	30295813
宁　波	65	49654	46451	3579863	18635770
嘉　兴	27	27943	26210	1963230	9570531
湖　州	20	13690	11155	1389719	4570302
绍　兴	34	39915	39038	2943598	17886550
舟　山	4	2095	2085	161494	1321629
台　州	47	29594	25773	1066883	4487357
珠三角	**212**	**137652**	**124959**	**15984176**	**39938531**
广　州	122	72320	67047	5975353	17648474
深　圳	16	16154	14539	424683	3963927
珠　海	6	2198	2176	113500	1678316
佛　山	24	15280	14708	6414204	5353293
江　门	4	1206	1186	115949	725928
东　莞	30	21036	16679	2497358	8955318
中　山	3	2518	1898	76354	54117
惠　州	5	6155	6155	335775	1495930
肇　庆	2	785	571	31000	63228

2-22 续表 1

(零售为主)

地　区	市场数量(个)	总摊位数(个)	年末出租摊位数(个)	营业面积(平方米)	成交额(万元)
三大地带合计	**887**	**460144**	**419331**	**23326723**	**61734708**
环 渤 海	**193**	**129851**	**120571**	**6757769**	**16772113**
北　京	76	48028	44753	2748435	8446965
天　津	22	13752	12828	1004045	1051880
唐　山	8	6629	6494	220339	252184
沈　阳	28	24121	19880	825106	2221089
大　连	25	20407	20267	565013	2039039
济　南	11	5598	5536	461500	1396710
青　岛	23	11316	10813	933331	1364246
长 三 角	**592**	**282039**	**257109**	**14447264**	**38881027**
上　海	80	30468	28807	1733838	4126498
南　京	42	29815	28575	1305412	3138973
苏　州	43	16780	15380	1596598	2682910
无　锡	25	24893	21835	1498310	6131027
常　州	26	14720	13909	709304	1293804
镇　江	12	4129	3851	261922	403729
南　通	55	26453	24176	1016864	2125952
扬　州	29	10350	9982	810072	1412245
泰　州	9	4574	4352	134812	413379
杭　州	75	33813	28569	1488865	6342511
宁　波	66	24819	22469	1341840	3023863
嘉　兴	32	19933	18100	683826	1732592
湖　州	25	11712	10379	428023	1307268
绍　兴	16	8624	8470	755370	1683232
舟　山	7	3422	2571	63470	214278
台　州	50	17534	15684	618738	2848766
珠 三 角	**102**	**48254**	**41651**	**2121690**	**6081568**
广　州	36	11614	10547	712141	2730552
深　圳	14	14191	11257	284051	451131
珠　海	6	3394	2752	32159	88419
佛　山	14	5743	5109	529815	1551677
江　门	6	2336	2053	56815	148499
东　莞	15	7534	6565	335734	828372
中　山	3	1606	1589	28043	34603
惠　州	5	1322	1322	129568	196719
肇　庆	3	514	457	13364	51596

2-23 商品交易市场情况(按经营环境分)

(露天式)

地区	市场数量(个)	总摊位数(个)	年末出租摊位数(个)	营业面积(平方米)	成交额(万元)
三大地带合计	**233**	**130806**	**113600**	**18412466**	**56704407**
环渤海	**88**	**67862**	**54780**	**8373950**	**23188426**
北京	21	28754	19135	2625096	8802179
天津	15	16962	15099	1889278	3462390
唐山	6	1105	1105	338476	775800
沈阳	16	8803	8118	847550	5895498
大连	6	2437	2437	157500	577263
济南	10	4673	4468	663138	1428113
青岛	14	5128	4418	1852912	2247183
长三角	**111**	**48125**	**45939**	**5076769**	**28832146**
上海	13	4602	4500	368949	3393825
南京	7	1937	1871	254666	512989
苏州	7	2437	2317	238700	576335
无锡	10	3435	2590	736031	7051146
常州	6	2362	2317	419675	1318046
镇江	1	400	211	10000	2601564
南通	8	1050	940	78980	330631
扬州	8	1894	1875	176478	694509
泰州	3	393	239	178033	205462
杭州	17	3374	3203	459531	4126055
宁波	16	22607	22471	1360065	4093741
嘉兴					
湖州	3	828	700	363861	729762
绍兴	7	2474	2434	367860	3026164
舟山					
台州	5	282	271	63940	171917
珠三角	**34**	**14819**	**12881**	**4961747**	**4683835**
广州	10	4676	4167	308441	775927
深圳	6	4912	3916	192100	1212573
珠海					
佛山	6	1094	1094	3780318	522642
江门					
东莞	8	3279	2846	496600	1645050
中山					
惠州	3	423	423	158788	489517
肇庆	1	435	435	25500	38126

2-23 续表 1

(封闭式)

地 区	市场数量（个）	总摊位数（个）	年末出租摊位数（个）	营业面积（平方米）	成交额（万元）
三大地带合计	**1488**	**997926**	**919014**	**59877136**	**305063121**
环渤海	**336**	**281247**	**267698**	**14610711**	**67024280**
北 京	106	88002	82764	4161308	13560641
天 津	52	32010	31094	2749422	19641144
唐 山	15	15026	14847	483657	2114874
沈 阳	46	53602	48121	1726173	8637217
大 连	39	28142	27782	1105646	11407070
济 南	28	17471	17306	1267281	3546371
青 岛	50	46994	45784	3117224	8116963
长三角	**917**	**574989**	**525513**	**36435763**	**210494477**
上 海	124	55940	52227	3174837	51854433
南 京	50	40127	37058	2673594	12178386
苏 州	72	67624	64503	5088096	27645012
无 锡	39	30797	26827	2014221	14021433
常 州	42	30702	26673	3039187	11237167
镇 江	17	5716	5401	817992	749360
南 通	67	42266	38932	2225103	10244856
扬 州	46	16334	15149	1497424	5455733
泰 州	17	13602	11208	1132972	1983865
杭 州	123	67781	61899	2891860	20755939
宁 波	107	49231	43881	3369558	16774995
嘉 兴	55	47238	43677	2585022	10848152
湖 州	33	18255	15937	1151016	3581533
绍 兴	39	43580	42609	3179501	15803045
舟 山	9	4295	3434	116864	937651
台 州	77	41501	36098	1478516	6422917
珠三角	**235**	**141690**	**125803**	**8830662**	**27544364**
广 州	140	70782	65146	3888338	13660768
深 圳	18	20229	16712	427724	2837412
珠 海	9	4315	3880	114459	1465491
佛 山	23	11521	10455	1955724	2198130
江 门	6	2396	2128	111388	360367
东 莞	28	22459	17999	2064067	5819095
中 山	4	2906	2623	68043	51293
惠 州	5	6532	6532	192555	1104420
肇 庆	2	550	328	8364	47388

2-23 续表 2

(其他)

地 区	市场数量（个）	总摊位数（个）	年末出租摊位数（个）	营业面积（平方米）	成交额（万元）
三大地带合计	**269**	**166455**	**150358**	**17237486**	**84247191**
环渤海	**35**	**38591**	**33773**	**2399157**	**9654916**
北 京	13	16342	14606	591049	3115177
天 津	10	4972	4926	592606	2554330
唐 山	2	3183	1172	192440	240671
沈 阳	1	200	200	5000	286835
大 连	2	5347	5258	280000	2623556
济 南	3	2295	1885	321000	106820
青 岛	4	6252	5726	417062	727527
长三角	**189**	**98467**	**88659**	**10524872**	**60800375**
上 海	43	19618	18660	4069238	12650880
南 京	4	1592	1562	66450	429057
苏 州	14	7542	6784	350237	6913256
无 锡	15	12984	10324	1483953	18552555
常 州	11	7380	6391	828321	3675620
镇 江	2	1994	1994	546969	370939
南 通	13	5341	4799	273360	639240
扬 州	10	3422	3398	391880	534363
泰 州	4	3342	3187	100700	385874
杭 州	31	16608	14687	1453913	11756330
宁 波	8	2635	2568	192080	790897
嘉 兴	4	638	633	62034	454971
湖 州	9	6319	4897	302865	1566275
绍 兴	4	2485	2465	151607	740573
舟 山	2	1222	1222	108100	598256
台 州	15	5345	5088	143165	741289
珠三角	**45**	**29397**	**27926**	**4313457**	**13791900**
广 州	8	8476	8281	2490715	5942331
深 圳	6	5204	5168	88910	365073
珠 海	3	1277	1048	31200	301244
佛 山	9	8408	8268	1207977	4184198
江 门	4	1146	1111	61376	514060
东 莞	9	2832	2399	272425	2319545
中 山	2	1218	864	36354	37427
惠 州	2	522	522	114000	98712
肇 庆	2	314	265	10500	29310

2-24 商品交易市场成交情况(按摊位分)

地区	粮油、食品、饮料、烟酒类		粮油、食品类		#粮油类	
	摊位数(个)	成交额(万元)	摊位数(个)	成交额(万元)	摊位数(个)	成交额(万元)
三大地带合计	**368598**	**97757792**	**346081**	**89825926**	**25030**	**11793775**
环渤海	**120848**	**32706248**	**112239**	**30159305**	**7786**	**3978763**
北京	39770	14690217	36150	13413305	3296	1892465
天津	22314	5156312	20919	4704279	1840	696054
唐山	4964	947284	4193	890992	248	63538
沈阳	6913	2107264	6693	2046382	670	262283
大连	9513	3136090	8758	2877696	1028	214650
济南	7330	2162145	6163	1984266	141	433436
青岛	30044	4506936	29363	4242385	563	416337
长三角	**204378**	**49028414**	**192573**	**44967743**	**12912**	**5607508**
上海	23278	7300040	21748	7075233	1563	844663
南京	10000	3902097	9497	2981865	588	722111
苏州	14306	4735523	13566	4441483	786	248307
无锡	7698	3089966	6874	2724265	1323	602029
常州	8651	3219409	7038	2699814	694	479617
镇江	1835	281757	1636	250863	177	21440
南通	19075	2192096	17713	2016847	1188	81998
扬州	7641	3105929	7027	2918572	421	111413
泰州	3748	962925	3380	912507	206	366929
杭州	21937	6837825	20816	6431166	1213	1002516
宁波	38829	4898674	38191	4634917	822	417161
嘉兴	12696	2235616	12578	2180680	1925	225823
湖州	9115	1493654	8543	1329560	565	132303
绍兴	6737	1784394	5770	1463055	408	236012
舟山	3700	745481	3700	745481	136	3522
台州	15132	2243028	14496	2161435	897	111664
珠三角	**43372**	**16023130**	**41269**	**14698878**	**4332**	**2207504**
广州	12755	4768045	11444	4517317	1481	565066
深圳	7066	3463670	6870	2527121	839	259726
珠海	3912	1731561	3851	1728150	98	4321
佛山	6566	1250159	6362	1175353	210	65102
江门	2178	786604	2004	757494	207	52582
东莞	7264	3297892	7186	3274235	1181	988536
中山	1370	49196	1332	48771	60	1548
惠州	1467	588725	1430	583321	232	267085
肇庆	794	87278	790	87116	24	3538

2-24 续表 1

地区	#肉禽蛋类		#水产品类		#蔬菜类	
	摊位数（个）	成交额（万元）	摊位数（个）	成交额（万元）	摊位数（个）	成交额（万元）
三大地带合计	**52262**	**14669172**	**77739**	**22124829**	**129835**	**19012083**
环渤海	**11108**	**2881924**	**17183**	**7751301**	**51750**	**7706620**
北京	4774	1468832	3895	2088403	12091	3445890
天津	1218	383655	1498	1375866	13284	1235520
唐山	796	53337	838	162215	1380	445382
沈阳	957	257595	1282	786342	1352	256003
大连	1258	309326	2285	1277566	2472	373204
济南	379	126862	1184	684182	2966	488269
青岛	1726	282317	6201	1376727	18205	1462352
长三角	**31633**	**8818580**	**54571**	**12752357**	**65160**	**8402484**
上海	3469	1444369	4174	2361401	9394	1413550
南京	2666	657513	1655	815837	3735	472339
苏州	2788	1309118	3060	1231239	3780	553674
无锡	796	528307	1015	641350	2190	417560
常州	1399	353407	1247	790396	2508	539910
镇江	432	52094	239	88850	547	30918
南通	4058	718730	4111	624263	6750	360946
扬州	1296	585955	1438	470588	2663	887237
泰州	746	143982	573	245420	1485	88057
杭州	3839	1407770	2533	942467	9363	1062850
宁波	3057	674472	22161	1744433	9091	1134843
嘉兴	2477	173408	1952	206819	3259	595000
湖州	1793	305829	1327	302172	3575	227992
绍兴	771	148839	689	329832	2652	334428
舟山	203	47413	2217	630589	1106	41806
台州	1843	267374	6180	1326701	3062	241374
珠三角	**9521**	**2968668**	**5985**	**1621171**	**12925**	**2902979**
广州	2257	678444	1804	706072	4176	987865
深圳	1795	484354	1600	347458	1648	593603
珠海	649	268045	811	298368	1694	525647
佛山	2362	671293	697	126136	2420	206529
江门	478	378482	262	62047	396	7996
东莞	1201	421023	355	51437	1474	387957
中山	400	17187	311	14248	396	9694
惠州	229	21313	94	8001	623	177021
肇庆	150	28527	51	7404	98	6667

2-24 续表 2

地区	#干鲜果品类		饮料类		烟酒类	
	摊位数（个）	成交额（万元）	摊位数（个）	成交额（万元）	摊位数（个）	成交额（万元）
三大地带合计	**47249**	**18911703**	**13139**	**4530098**	**9378**	**3401768**
环渤海	**18102**	**6218264**	**4341**	**1062063**	**4268**	**1484880**
北京	8668	3819927	1705	492191	1915	784721
天津	2420	848047	637	177636	758	274397
唐山	931	160520	447	23175	324	33117
沈阳	1034	219733	107	37254	113	23628
大连	1162	268730	404	122190	351	136204
济南	1479	250903	1006	171609	161	6270
青岛	2408	650404	35	38008	646	226543
长三角	**21749**	**7810161**	**7330**	**2402061**	**4475**	**1658610**
上海	1994	904430	1174	167974	356	56833
南京	477	251957	282	385299	221	534933
苏州	1821	346184	399	148865	341	145175
无锡	1189	415615	653	297219	171	68482
常州	652	415094	1202	480460	411	39135
镇江	241	57488	33	988	166	29906
南通	1503	205667	592	56501	770	118748
扬州	1183	862575	297	111625	317	75732
泰州	100	24901	203	30308	165	20110
杭州	3133	1838856	748	226964	373	179695
宁波	2651	594579	245	91098	393	172659
嘉兴	2472	965507	62	22321	56	32615
湖州	1097	328735	251	73239	321	90855
绍兴	991	388982	872	265796	95	55543
舟山	38	2151				
台州	2207	207440	317	43404	319	38189
珠三角	**7398**	**4883278**	**1468**	**1065974**	**635**	**258278**
广州	1190	1494696	1057	191893	254	58835
深圳	921	841080	76	795729	120	140820
珠海	500	629708	29	1385	32	2026
佛山	670	106291	129	42594	75	32212
江门	304	232858	83	16356	91	12754
东莞	2960	1425281	49	16783	29	6874
中山	165	6094	27	118	11	307
惠州	221	106651	16	1040	21	4364
肇庆	467	40619	2	76	2	86

2-24 续表 3

地区	服装、鞋帽、针纺织品类		服装类		鞋帽类	
	摊位数（个）	成交额（万元）	摊位数（个）	成交额（万元）	摊位数（个）	成交额（万元）
三大地带合计	**342348**	**77164372**	**189778**	**24278151**	**43485**	**6120024**
环渤海	**101254**	**10850456**	**67844**	**6383600**	**16792**	**2156301**
北京	28660	898502	20522	587329	3239	122612
天津	9840	779717	7282	580320	2082	177297
唐山	5387	1155686	3718	448950	1056	477888
沈阳	24593	4060872	14701	2518000	4769	634530
大连	13516	1420105	8186	683676	2428	265967
济南	6088	652432	4537	423465	1261	211716
青岛	13170	1883142	8898	1141860	1957	266291
长三角	**181154**	**56239311**	**88533**	**15016509**	**18601**	**2658440**
上海	12637	1008587	9523	864509	1277	18183
南京	6496	658838	4262	418693	1173	110980
苏州	30010	17402126	17658	5989007	3390	735739
无锡	7337	1252883	2378	317990	1621	406200
常州	4998	508007	2559	156523	894	70589
镇江	2112	197434	980	85109	879	87151
南通	14090	7386787	2555	96927	1197	35426
扬州	2107	888362	591	209531	928	303075
泰州	1925	78453	1085	45467	397	20087
杭州	22717	4856058	16087	2391323	1671	113273
宁波	7391	1317757	4421	682645	999	294310
嘉兴	24103	4247800	16514	2092626	210	9138
湖州	4913	1786454	2988	564313	260	43069
绍兴	31606	13191404	2415	215348	728	56795
舟山	12	326	12	326		
台州	8700	1458035	4505	886172	2977	354425
珠三角	**59940**	**10074605**	**33401**	**2878042**	**8092**	**1305283**
广州	33999	6342890	20412	2145909	5264	1112751
深圳	3430	54512	2697	37186	426	10500
珠海	753	27895	469	5583	60	1245
佛山	6364	2161194	781	56731	164	21408
江门	503	29793	444	25885	49	1907
东莞	9183	1029018	4350	351866	1003	21314
中山	1651	29112	1537	27580	100	1328
惠州	4055	399682	2710	226985	1025	134638
肇庆	2	509	1	317	1	192

2-24 续表 4

地区	针纺织品类		化妆品类		金银珠宝类	
	摊位数(个)	成交额(万元)	摊位数(个)	成交额(万元)	摊位数(个)	成交额(万元)
三大地带合计	**109085**	**46766197**	**6875**	**730661**	**6345**	**1601213**
环渤海	**16618**	**2310555**	**3311**	**287267**	**2478**	**551698**
北京	4899	188561	881	62588	612	34489
天津	476	22100	380	29233	166	8029
唐山	613	228848	509	20268	11	6650
沈阳	5123	908342	508	21716		
大连	2902	470462	458	115002	98	20363
济南	290	17251	204	5586	76	5500
青岛	2315	474991	371	32874	1515	476667
长三角	**74020**	**38564362**	**1642**	**297864**	**2693**	**955533**
上海	1837	125895	42	2690	11	377
南京	1061	129165	89	22182	22	4536
苏州	8962	10677380	72	7438	194	142426
无锡	3338	528693	200	42920	1022	46439
常州	1545	280895	46	3600	21	1564
镇江	253	25174	35	1267	7	874
南通	10338	7254434	194	32208	16	1439
扬州	588	375756	30	63051	464	47371
泰州	443	12899	360	20164		
杭州	4959	2351462	183	9099	2	784
宁波	1971	340802	176	26739		
嘉兴	7379	2146036	35	2595	4	236
湖州	1665	1179072	54	43437	1	95
绍兴	28463	12919261	3	308	928	701047
舟山						
台州	1218	217438	123	20166	1	8345
珠三角	**18447**	**5891280**	**1922**	**145530**	**1174**	**93982**
广州	8323	3084230	1395	119580	565	39730
深圳	307	6826	135	2037	175	2588
珠海	224	21067	15	240	1	10
佛山	5419	2083055	10	112	2	18
江门	10	2001	22	7932		
东莞	3830	655838	6	162		
中山	14	204	91	3651	55	450
惠州	320	38059	248	11816	240	26084
肇庆					136	25102

2-24 续表 5

地区	日用品类		#洗涤用品类		#儿童玩具类	
	摊位数（个）	成交额（万元）	摊位数（个）	成交额（万元）	摊位数（个）	成交额（万元）
三大地带合计	**75427**	**14382507**	**12017**	**1237174**	**6612**	**620350**
环渤海	**27199**	**2867918**	**5382**	**668721**	**2626**	**161230**
北京	13097	989202	3239	437817	1230	41639
天津	1981	232963	174	33959	73	3960
唐山	508	53252	162	20175	294	31354
沈阳	6274	950172	695	78632	407	46402
大连	2014	455475	221	15510	90	3381
济南	1706	52112	182	6037	207	4893
青岛	1619	134742	709	76591	325	29601
长三角	**34946**	**9160687**	**5046**	**471743**	**2871**	**343705**
上海	1585	3227247	136	43830	25	12770
南京	2366	378816	155	13059	62	13268
苏州	2342	258812	122	28957	76	4392
无锡	4959	2162874	179	11619	458	171356
常州	5830	959410	193	8150	152	8148
镇江	311	24826	102	2139	7	1075
南通	1685	132753	521	68906	203	9087
扬州	1790	288474	333	84959	998	40543
泰州	521	12470	232	6864	26	1044
杭州	5669	637334	2052	78292	494	24041
宁波	2400	376387	582	52294	39	6654
嘉兴	732	117828	10	4	14	103
湖州	669	67935	109	27334	31	21761
绍兴	716	176519	168	9186	121	10470
舟山						
台州	3371	339002	152	36150	165	18993
珠三角	**13282**	**2353902**	**1589**	**96710**	**1115**	**115415**
广州	10627	2160304	106	14791	444	18685
深圳	889	13204	711	8733	112	1421
珠海	106	3098	5	138	8	227
佛山	581	129808	158	55094	265	72849
江门	337	12726	270	8326	49	1342
东莞	79	1296	17	636	13	280
中山	111	3315	3	53	1	2
惠州	552	30151	319	8939	223	20609
肇庆						

2-24 续表 6

地区	五金、电料类		体育、娱乐用品类		书报杂志类	
	摊位数(个)	成交额(万元)	摊位数(个)	成交额(万元)	摊位数(个)	成交额(万元)
三大地带合计	**40872**	**7692484**	**3471**	**499933**	**1705**	**189966**
环渤海	**8851**	**1525303**	**1717**	**297301**	**1051**	**59791**
北京	1841	124833	1126	191061	240	19615
天津	2855	638620	58	11457	26	296
唐山	391	158043	166	36310	10	4500
沈阳	1437	44614	77	8422	502	8853
大连	924	192041	40	3612	84	12339
济南	400	6091	151	2150	10	155
青岛	1003	361061	99	44289	179	14033
长三角	**27468**	**5235598**	**1324**	**142137**	**540**	**94074**
上海	3845	200999	198	32466	52	17386
南京	2443	332832	40	4656	97	36123
苏州	3316	512455	101	5841	60	10237
无锡	3289	654963	68	12708	194	5842
常州	1098	464312	9	343	1	21
镇江	83	1710	3	247	5	129
南通	447	42922	128	11297	30	3542
扬州	740	294927			2	351
泰州	1508	527161	83	403		
杭州	3527	1020917	403	16749	91	20400
宁波	1979	269024	135	8480	6	14
嘉兴	247	12610	3	150		
湖州	226	29126			1	14
绍兴	1116	425958	5	4937	1	15
舟山						
台州	3604	445682	148	43860		
珠三角	**4553**	**931583**	**430**	**60495**	**114**	**36101**
广州	2640	442533	289	32525	107	35961
深圳	283	6593	20	250		
珠海	13	600	8	250	1	9
佛山	246	82196	57	22648	3	45
江门			10	402		
东莞	1255	387939				
中山	9	83			1	8
惠州	107	11639	46	4420	2	78
肇庆						

2-24　续表 7

地　区	电子出版物及音像制品类		家用电器和音像器材类		中西药品类	
	摊位数（个）	成交额（万元）	摊位数（个）	成交额（万元）	摊位数（个）	成交额（万元）
三大地带合计	**1309**	**221899**	**10053**	**1975221**	**901**	**303141**
环渤海	**472**	**71937**	**4196**	**666951**	**76**	**12372**
北　京	47	4829	2175	338053	24	1533
天　津	28	1707	158	16287	5	250
唐　山	55	18043	111	32022	20	8500
沈　阳	5	112	355	11848		
大　连	318	46241	822	215134	11	1581
济　南	17	460	256	3536	1	20
青　岛	2	545	319	50071	15	488
长三角	**316**	**108187**	**3674**	**983965**	**424**	**268797**
上　海	32	3632	328	90418	291	60663
南　京	15	5419	163	67506		
苏　州	36	10888	288	50376	24	3005
无　锡	93	3332	291	68897	12	40044
常　州	31	76220	37	179778	4	146759
镇　江	6	167	18	883	22	1345
南　通	42	492	148	16520	19	2155
扬　州	2	3900	93	32935	4	176
泰　州			246	37849	1	28
杭　州	3	294	682	133070	5	308
宁　波	20	217	692	150380		
嘉　兴			5	236		
湖　州	4	62	150	33705	5	860
绍　兴	3	2562	113	2350		
舟　山						
台　州	29	1002	420	119062	37	13454
珠三角	**521**	**41775**	**2183**	**324305**	**401**	**21972**
广　州	405	24918	1302	194197	332	18685
深　圳	26	697	580	21867	2	43
珠　海	2	60	10	330	5	202
佛　山	50	12613	72	76560	15	168
江　门			9	6520	5	621
东　莞	5	40	60	8522	8	230
中　山	1	6			19	1027
惠　州	32	3441	150	16309	15	996
肇　庆						

2-24 续表 8

地区	#西药类		#中草药及中成药类		文化办公用品类	
	摊位数(个)	成交额(万元)	摊位数(个)	成交额(万元)	摊位数(个)	成交额(万元)
三大地带合计	**127**	**154811**	**731**	**95229**	**21144**	**4402874**
环渤海	**62**	**10391**	**6**	**231**	**9536**	**2475086**
北京	14	893	6	231	4276	694911
天津	5	250			515	46329
唐山	20	8500			277	32483
沈阳					463	13079
大连	8	640			1233	945191
济南	1	20			1057	295164
青岛	14	88			1715	447929
长三角	**49**	**143642**	**348**	**74910**	**8278**	**1432654**
上海	3	606	287	60000	1286	279860
南京					1109	85109
苏州	14	1605	8	1000	270	33772
无锡	5	472	2	210	651	183548
常州	1	138925			243	21968
镇江	12	884	10	461	12	868
南通	6	737	4	564	322	81646
扬州	3	104	1	72	286	176588
泰州	1	28			132	624
杭州	4	281			2270	362619
宁波					954	77339
嘉兴					130	20643
湖州					136	9689
绍兴					211	46841
舟山						
台州			36	12603	266	51540
珠三角	**16**	**778**	**377**	**20088**	**3330**	**495134**
广州	2	52	329	18273	1855	415754
深圳	2	43			154	2929
珠海	1	40	3	90	7	220
佛山			15	168	923	51801
江门					27	3532
东莞	4	126	3	51	213	4693
中山	3	123	16	904	1	8
惠州	4	394	11	602	150	16197
肇庆						

2-24　续表 9

地　区	家具类		通讯器材类		煤炭及制品类	
	摊位数（个）	成交额（万元）	摊位数（个）	成交额（万元）	摊位数（个）	成交额（万元）
三大地带合计	**28456**	**4972472**	**17818**	**1326353**	**1064**	**5762903**
环渤海	**10227**	**1395479**	**2672**	**595873**	**886**	**3405415**
北　京	4265	708940	1461	349015	1	4
天　津	769	12123	82	32145	856	3388828
唐　山	314	11125	15	9200	20	12500
沈　阳	1843	207383	420	174366		
大　连	1346	125072	445	12929		
济　南	634	97963	156	1258		
青　岛	1056	232873	93	16960	9	4083
长三角	**17622**	**3501452**	**3783**	**303734**	**177**	**2357368**
上　海	2183	221111	974	12749	10	11725
南　京	1322	316163	7	87		
苏　州	4828	1077320	1135	52904	14	3700
无　锡	654	66056	137	27958	27	923575
常　州	979	165944	2	63		
镇　江	45	3459	19	1122	7	226
南　通	645	88867	21	1030	39	1800
扬　州	1006	240058			4	2250
泰　州	162	27298	8	600		
杭　州	1287	175865	438	100601		
宁　波	1898	267567			68	1389252
嘉　兴	93	8000				
湖　州	989	328748	197	6030		
绍　兴	1430	428376			8	24840
舟　山						
台　州	101	86620	845	100590		
珠三角	**607**	**75541**	**11363**	**426746**	**1**	**120**
广　州	376	36491	56	3595	1	120
深　圳			11091	386817		
珠　海			5	160		
佛　山	209	37540	13	18392		
江　门			1	24		
东　莞	22	1510	105	8057		
中　山			5	314		
惠　州			87	9387		
肇　庆						

2-24 续表 10

地区	木材及制品类		石油及制品类		化工材料及制品类	
	摊位数（个）	成交额（万元）	摊位数（个）	成交额（万元）	摊位数（个）	成交额（万元）
三大地带合计	**13265**	**3238452**	**760**	**18612527**	**15170**	**25283593**
环渤海	**2722**	**289157**	**208**	**6005986**	**1093**	**2206556**
北京	932	44448			222	17673
天津	193	34001	2	286	442	2103362
唐山	135	5324	2	1500	12	7500
沈阳	200	39260			336	62134
大连	363	46181	200	6000000	71	15527
济南						
青岛	899	119943	4	4200	10	360
长三角	**9404**	**2459146**	**548**	**12606249**	**10651**	**18684361**
上海	1498	357225	536	12602500	1084	899362
南京	387	196232			29	6878
苏州	457	213571	5	1527	4137	5582297
无锡	759	65276			621	2559649
常州	2165	427404			727	2640000
镇江	86	7224	7	2222	49	76649
南通	264	27525			37	12584
扬州	258	84164			2	1780
泰州	120	12808			48	6986
杭州	362	89919			190	378728
宁波	814	174903			3112	6077703
嘉兴					8	6150
湖州	1737	681191			7	775
绍兴	180	106619			293	313020
舟山						
台州	317	15085			307	121800
珠三角	**1139**	**490149**	**4**	**292**	**3426**	**4392676**
广州	672	289289	2	27	278	106200
深圳	52	7360				
珠海						
佛山						
江门					1	11
东莞	415	193500	2	265	3147	4286465
中山						
惠州						
肇庆						

2-24　续表 11

地　区	#化肥类		金属材料类		建筑及装潢材料类	
	摊位数（个）	成交额（万元）	摊位数（个）	成交额（万元）	摊位数（个）	成交额（万元）
三大地带合计	**45**	**17976**	**46226**	**119070850**	**89966**	**14198236**
环 渤 海	**20**	**11220**	**9414**	**14864610**	**18356**	**3238341**
北　京			355	49201	5880	730580
天　津	5	7360	2993	8754830	3228	880658
唐　山	5	3500	600	455660	634	58105
沈　阳			3923	3416055	3528	675056
大　连			150	189241	1863	169964
济　南			441	85150	1252	226400
青　岛	10	360	952	1914473	1971	497578
长 三 角	**24**	**6745**	**35299**	**101059003**	**66389**	**10254932**
上　海	5	642	6131	37408696	12248	1176773
南　京			1502	5342591	13099	1169553
苏　州	5	2537	2288	2451283	5215	756991
无　锡			6679	25904032	2286	523855
常　州			1092	2972716	3962	1430939
镇　江	2	475	250	2657669	934	80367
南　通	9	591	473	123777	4202	589243
扬　州	1	580	1042	429223	2799	639212
泰　州			3321	672962	1508	134624
杭　州	2	1920	4447	15201082	6083	1168026
宁　波			3625	4255454	3764	863330
嘉　兴			772	1398699	3997	422156
湖　州			220	664976	2054	454696
绍　兴			1751	1165574	1463	636395
舟　山					80	12080
台　州			1706	410269	2695	196692
珠 三 角	**1**	**11**	**1513**	**3147237**	**5221**	**704963**
广　州			486	1997104	2035	203169
深　圳			193	4553	230	13470
珠　海						
佛　山			758	1045265	2554	377130
江　门	1	11			53	14762
东　莞			76	100315	349	96432
中　山						
惠　州						
肇　庆						

2-24 续表 12

地区	机电产品及设备类		#农机类		汽车类	
	摊位数（个）	成交额（万元）	摊位数（个）	成交额（万元）	摊位数（个）	成交额（万元）
三大地带合计	**15555**	**3859548**	**916**	**182812**	**27644**	**30168731**
环渤海	**2223**	**547785**	**257**	**96176**	**12211**	**12124213**
北京	453	230263			4724	4968356
天津	473	138300			1732	2634847
唐山	20	10750	5	3750	243	42140
沈阳					2617	1578694
大连	733	41300			450	1350000
济南	140	16126	38	1626	2093	1357126
青岛	404	111046	214	90800	352	193050
长三角	**12449**	**3023251**	**475**	**50453**	**10723**	**13042582**
上海	913	102645			1969	2224743
南京	248	23146			317	342240
苏州	1788	182986	5	84	436	758083
无锡	273	217993			1001	1638395
常州	1835	282237	370	40360	312	320273
镇江	918	160863	79	9875	1	962
南通	776	122639	21	134	427	193059
扬州	5	2250			375	148893
泰州	270	52732				
杭州	3173	911944			4419	4447911
宁波	145	43348			419	533497
嘉兴	102	17400			225	928722
湖州	1	90			503	196974
绍兴	202	49706			7	23673
舟山	863	723373			1	54647
台州	937	129899			311	1230510
珠三角	**883**	**288512**	**184**	**36183**	**4710**	**5001936**
广州	556	94833	4	63	3588	2679751
深圳					56	293550
珠海						
佛山	202	43543	180	36120	265	1274353
江门						
东莞	125	150136			735	205888
中山						
惠州					66	548394
肇庆						

2-24 续表 13

地区	种子饲料类		棉麻类		其他类	
	摊位数（个）	成交额（万元）	摊位数（个）	成交额（万元）	摊位数（个）	成交额（万元）
三大地带合计	**662**	**285674**	**2102**	**3928478**	**45236**	**8384839**
环渤海	**407**	**239296**	**761**	**655178**	**14082**	**1927405**
北京	6	160	87	950	5370	328574
天津	132	53568	650	637088	1241	66628
唐山	10	5500			2710	39000
沈阳	233	179437			2212	1260213
大连	5	200			820	94301
济南			20	16460	1627	95470
青岛	21	431	4	680	102	43219
长三角	**236**	**45659**	**1341**	**3273300**	**24652**	**5568740**
上海	2	185	17	584	4237	656475
南京					740	225428
苏州	18	486	84	306165	2180	574391
无锡	2	11			1488	133918
常州	12	363	549	1148841	2777	1260662
镇江	3	138			838	219455
南通	20	539	3	291	1568	149516
扬州	11	148			1761	234563
泰州					673	27114
杭州					1901	268791
宁波	164	43718	210	139536	2119	746314
嘉兴			436	1677200	722	207082
湖州	2	46	42	683	508	78330
绍兴	2	25			733	485219
舟山						
台州					2407	301482
珠三角	**19**	**719**			**6502**	**888694**
广州	13	356			3260	372969
深圳					1414	140918
珠海					90	2100
佛山	3	320			924	321105
江门					93	11500
东莞	3	43			192	11287
中山					173	1550
惠州					260	25330
肇庆					96	1935

第三部分　市场篇

简要说明：

本篇资料的主要内容是按成交额排名居前列的大型商品交易市场的名称，包括按照市场类别划分的综合市场、专业市场等。

3-1 前100家商品交易市场

顺序	市场名称	顺序	市场名称
1	上海物贸有色金属交易市场	51	聊城大东钢管市场
2	中国东方丝绸市场(苏州市)	52	深圳市布吉农产品批发中心
3	中国常熟服装城(苏州市)	53	中亚国际钢材交易中心(乌鲁木齐市)
4	上海中油石油交易中心	54	北京市旧机动车交易市场
5	大连石油交易所	55	无锡招商城市场
6	浙江省中国义乌小商品城(金华市)	56	天津北方汽车市场
7	博兴县兴福镇黑白铁市场(滨州市)	57	张家港保税区纺织原料市场
8	上海石化物资交易中心	58	江苏凌家塘市场(常州市)
9	江阴长江港口物流园区交易中心	59	湖南钢材大市场(长沙市)
10	浙江绍兴中国轻纺城	60	福州市南方钢材交易市场
11	白沟新城(保定市)	61	广东西樵轻纺城(佛山市)
12	浙江中国科技五金城(金华市)	62	江阴景澄物流交易市场
13	石家庄市新华集贸市场	63	江苏长江塑料化工交易市场(常州市)
14	余姚市中国塑料城	64	广州江南果菜批发市场
15	叠石桥国际家纺城(南通市)	65	杭州物资城
16	钱清中国轻纺原料城(绍兴市)	66	湖南省三湘南湖大市场(长沙市)
17	北京市丰台新发地农副产品批发市场	67	张家港保税区华东化工交易市场
18	沈阳五爱市场	68	东莞市华南塑胶城
19	江阴市金属材料市场	69	江苏湖塘纺织城(常州市)
20	石家庄市南三条小商品批发市场	70	哈尔滨先锋钢材市场(中国铁路物资哈尔滨物流公司)
21	张家港保税区化工品交易市场	71	上海宝山钢材交易市场
22	无锡南方不锈钢市场	72	南京众彩农副产品批发市场
23	江苏东方钢材城(无锡市)	73	柳州市生产资料大市场
24	山东泰山钢材大市场(泰安市)	74	洛阳市洛龙区关林市场
25	安徽省徽商钢材市场(合肥市)	75	中国茧丝绸交易市场(嘉兴市)
26	南通市通州区志浩综合市场	76	广州市花都区狮岭皮革皮具城
27	杭州运河钢材市场	77	天津石化交易中心市场
28	上海外高桥钟表交易中心	78	北京大洋路农副产品市场
29	浙江新世纪金属材料现货市场(杭州市)	79	北京锦绣大地农副产品批发市场
30	亳州市(中国)中药材交易中心	80	桐乡市濮院羊毛衫市场
31	天津储宝钢材现货交易市场	81	湖南高桥大市场(长沙市)
32	南京生产资料中心批发市场	82	昆明螺蛳湾国际商贸城一期市场
33	运城市禹都市场	83	苏州南环桥市场
34	广州市海珠区中大布匹市场	84	上海逸仙钢材市场
35	无锡市国联金属材料市场	85	合肥周谷堆农产品批发市场
36	杭州城北金属材料市场	86	浙江纺织采购博览城(杭州市)
37	海城市西柳服装市场	87	宁波中国液体化工产品交易市场
38	大连双兴商品城	88	上海松江钢材城
39	镇江市惠龙港国际钢铁交易中心	89	天津滨海钢材城
40	南京幕燕金属交易中心	90	东莞市大京九塑胶原料市场
41	重庆市观音桥农贸市场	91	长沙市红星实业集团有限公司农副产品大市场
42	杭州萧山商业城	92	许昌市长葛市新区钢材市场
43	安庆市光彩大市场	93	天津稀有金属交易市场有限公司
44	绍兴越州轻纺工贸园区	94	广东鱼珠国际建材市场(广州市)
45	重庆巨龙钢材市场	95	中国(十堰)汽配城
46	河北省香河家具城(廊坊市)	96	商丘农产品中心批发市场
47	南昌市洪城大市场	97	揭阳市国际金属材料市场
48	江苏华东石化物资交易市场(无锡市)	98	天津天保大宗煤炭交易中心
49	杭州三里洋钢材市场	99	中国织里童装市场(湖州市)
50	重庆朝天门市场	100	中南汽车世界大中南汽车贸易公司(长沙市)

3-2　前100家综合贸易市场

序号	市场名称	序号	市场名称
1	浙江省中国义乌小商品城(金华市)	51	无锡朝阳农产品大市场
2	白沟新城(保定市)	52	北京八里桥农产品中心批发市场
3	浙江中国科技五金城(金华市)	53	慈溪市农副产品批发市场
4	北京市丰台新发地农副产品批发市场	54	唐山市鸦鸿桥镇河西日杂市场
5	石家庄市南三条小商品批发市场	55	余姚市农副产品批发市场
6	运城市禹都市场	56	北京鼎好天地电子市场
7	大连双兴商品城有限公司	57	吉安农产品批发市场
8	重庆市观音桥农贸市场	58	芜湖市长江市场园
9	杭州萧山商业城	59	南京金桥市场
10	安庆市光彩大市场	60	乌鲁木齐北园春有限责任公司农产品中心批发市场
11	南昌市洪城大市场	61	珠海市和平物流中心
12	重庆朝天门市场	62	惠州江北农产品中心批发市场
13	无锡招商城市场	63	四川好一新商贸城
14	南京众彩农副产品批发市场	64	兰州瑞德摩尔城市购物广场(兰新)
15	洛阳市洛龙区关林市场	65	诸暨市小商品市场
16	北京大洋路农副产品市场	66	宁波轻纺城
17	湖南高桥大市场(长沙市)	67	华蓥市市场
18	北京锦绣大地农副产品批发市场	68	莆田市涵江商贸批发中心
19	苏州南环桥市场	69	台州市路桥小商品批发市场
20	合肥周谷堆农产品批发市场	70	皖西北商贸城(阜阳市)
21	长沙市红星实业集团有限公司农副产品大市场	71	安徽省广德县农贸市场(宣城市)
22	商丘农产品中心批发市场	72	闽南商业城批发市场(漳州市)
23	北京城北回龙观商品交易市场	73	邵阳市邵东县工业品市场
24	哈尔滨哈达农副产品市场	74	慈溪市工业品批发市场(宁波市)
25	徐州区域生产资料市场	75	连云港市农副产品批发市场
26	青岛市城阳蔬菜水产品批发市场	76	天津金元宝滨海农产品交易市场
27	聊城香江光彩大市场	77	宜昌金东山市场
28	武汉白沙洲农副产品大市场	78	柳州市柳邕农副产品批发市场
29	南昌深圳农产品中心批发市场	79	上海曹安农产品市场
30	烟台市三站市场	80	江阴市江南农副产品批发交易市场
31	扬州曲江商品城	81	南宁市桂果香果品有限公司五里亭蔬菜批发市场
32	上海农产品中心批发市场	82	新疆华凌工贸集团有限公司华凌综合市场
33	上海江杨农产品批发市场	83	邯郸市魏县天仙果菜批发市场
34	重庆市永川区商贸城	84	天津万隆大胡同商业中心
35	浙江省农都农副产品批发交易市场	85	张家港市青草巷农副产品批发市场
36	成都农产品中心批发市场	86	周口市荷花市场
37	深圳市福田农产品批发市场	87	长兴县农副产品综合批发市场
38	北京农产品中央批发市场	88	杭州汽车东站小商品市场
39	北京顺鑫石门农产品批发市场	89	东莞市江南市场
40	台州市路桥中国日用品商城	90	温州市浙南农副产品中心市场
41	江苏苏浙皖边界市场	91	青岛胶州市胶州商城
42	大连奥林匹克电子城	92	广东南国小商品城(佛山市)
43	襄阳华中光彩大市场	93	江苏华东灯具城(镇江市)
44	山东黑马集团有限公司商贸批发市场	94	大连长兴购物中心
45	无锡天鹏食品城	95	安徽省广德县太极商城(宣城市)
46	济南市七里堡蔬菜综合批发市场	96	湖州市长兴金陵商城
47	石家庄桥西蔬菜中心批发市场	97	惠州义乌小商品城
48	江苏亚邦物流市场	98	乌鲁木齐北园春(集团)有限责任公司北园春市场
49	重庆马家岩板材批发市场	99	浙西南农贸城(丽水市)
50	青岛市即墨小商品城	100	金三角建材家居广场(大连东方置业)

3-3　前100家专业市场

序号	市场名称	序号	市场名称
1	上海物贸有色金属交易市场	51	广州江南果菜批发市场
2	中国东方丝绸市场(苏州市)	52	杭州物资城
3	中国常熟服装城	53	湖南省三湘南湖大市场
4	上海中油石油交易中心	54	张家港保税区华东化工交易市场
5	大连石油交易所	55	东莞市华南塑胶城
6	滨州市博兴县兴福镇黑白铁市场	56	江苏湖塘纺织城
7	上海石化物资交易中心	57	哈尔滨先锋钢材市场(中国铁路物资哈尔滨物流公司)
8	江阴长江港口物流园区交易中心	58	上海宝山钢材交易市场
9	浙江绍兴中国轻纺城	59	柳州市生产资料大市场
10	石家庄市新华集贸市场	60	中国茧丝绸交易市场(嘉兴市)
11	余姚市中国塑料城	61	广州市花都区狮岭皮革皮具城
12	南通市叠石桥国际家纺城	62	天津石化交易中心市场
13	绍兴市钱清中国轻纺原料城	63	嘉兴市桐乡市濮院羊毛衫市场
14	沈阳市五爱市场	64	昆明螺蛳湾国际商贸城
15	江阴市金属材料市场	65	上海逸仙钢材市场
16	张家港保税区化工品交易市场	66	浙江纺织采购博览城(杭州市)
17	无锡南方不锈钢市场	67	宁波中国液体化工产品交易市场
18	山东泰山钢材大市场(泰安市)	68	上海松江钢材城
19	江苏东方钢材城	69	天津滨海钢材城
20	安徽省徽商钢材市场(合肥市)	70	东莞市大京九塑胶原料市场
21	南通市通州区志浩综合市场	71	长葛市新区钢材市场
22	杭州运河钢材市场	72	天津稀有金属交易市场
23	上海外高桥钟表交易中心	73	广东鱼珠国际建材市场(广州市)
24	浙江新世纪金属材料现货市场(杭州市)	74	中国(十堰)汽配城
25	亳州市(中国)中药材交易中心	75	揭阳市国际金属材料市场
26	天津储宝钢材现货市场	76	天津天保大宗煤炭交易市场
27	南京生产资料中心批发市场	77	中国织里童装市场(湖州市)
28	广州市海珠区中大布匹市场	78	中南汽车世界大中南汽车交易市场
29	无锡市国联金属材料市场	79	宁波市镇海煤炭交易市场
30	杭州城北金属材料市场	80	江苏宣武集团市场
31	海城市西柳服装市场	81	沈阳张士农副产品交易市场
32	镇江市惠龙港国际钢铁交易市场	82	淄博市淄川建材城
33	南京幕燕金属交易市场	83	南宁市虎丘城北钢材市场
34	绍兴越州轻纺工贸园区	84	重庆万吨冷储食品交易城
35	重庆巨龙钢材市场	85	长春北方汽贸城市场
36	河北省香河家具城(廊坊市)	86	即墨市服装批发市场(青岛市)
37	江苏华东石化物资交易市场(无锡市)	87	邯郸市永年县标准件市场
38	杭州三里洋钢材市场	88	重庆市渝南汽车销售有限公司
39	聊城大东钢管市场	89	重庆恒冠钢材市场
40	深圳市布吉农产品批发中心	90	常州钢材现货交易市场
41	中亚国际钢材交易中心(乌鲁木齐市)	91	沧州市肃宁县尚村皮毛交易市场
42	北京市旧机动车交易市场	92	中昊化工交易中心(上海市)
43	天津北方汽车市场	93	通辽经济技术开发区煤炭市场
44	张家港保税区纺织原料市场	94	重庆市绿云石都建材交易城
45	江苏凌家塘市场(常州市)	95	北京大红门京深海鲜批发市场
46	湖南钢材大市场(长沙市)	96	常州龙成钢材城有限公司
47	福州市南方钢材交易市场	97	潍坊星河国际轻纺城
48	广东西樵轻纺城(佛山市)	98	长春汽车批发中心市场
49	江阴景澄物流交易市场	99	江苏八里钢铁市场(徐州市)
50	江苏长江塑料化工交易市场(常州市)	100	无锡龙之杰钢材市场

3-4 前20家生产资料综合市场

序号	市场名称
1	浙江中国科技五金城(金华市)
2	安庆市光彩大市场
3	徐州区域生产资料市场
4	襄阳华中光彩大市场
5	重庆马家岩板材批发市场
6	芜湖市长江市场园
7	新疆华凌工贸集团有限公司华凌综合市场
8	江苏华东灯具城(镇江市)
9	宁波万国商城
10	成都国融金府机电城
11	武汉市舵落口大市场
12	南宁农业科技市场
13	铁岭东北物流城
14	舟山市船用商品交易市场
15	长春顺风大市场
16	长兴轻纺国际贸易城(湖州市)
17	浙江汇宇棉纱市场(杭州市)
18	南京高淳大市场
19	宁波市宁海县红枫生资建材综合市场
20	武安市建材市场(邯郸市)

3-5 前20家工业消费品综合市场

序号	市场名称
1	浙江省中国义乌小商品城(金华市)
2	保定市白沟新城
3	石家庄市南三条小商品批发市场
4	南昌市洪城大市场
5	重庆朝天门市场
6	无锡招商城市场
7	洛阳市洛龙区关林市场
8	湖南高桥大市场(长沙市)
9	聊城香江光彩大市场
10	烟台市三站市场
11	扬州曲江商品城
12	重庆市永川区商贸城
13	台州市路桥中国日用品商城
14	大连奥林匹克电子城
15	山东黑马集团有限公司商贸批发市场
16	江苏亚邦物流市场
17	青岛即墨小商品城
18	唐山鸦鸿桥镇河西日杂市场
19	北京鼎好天地电子市场
20	四川好一新商贸城

3-6 前20家农产品综合市场

序号	市场名称
1	北京市丰台新发地农副产品批发市场
2	重庆市观音桥农贸市场
3	北京大洋路农副产品市场
4	苏州南环桥市场
5	合肥周谷堆农产品批发市场
6	长沙市红星实业集团有限公司农副产品大市场
7	商丘农产品中心批发市场
8	哈尔滨哈达农副产品市场
9	青岛市城阳蔬菜水产品批发市场
10	武汉白沙洲农副产品大市场
11	南昌深圳农产品中心批发市场
12	上海农产品中心批发市场
13	上海江杨农产品批发市场
14	浙江省农都农副产品批发交易市场(杭州市)
15	成都农产品中心批发市场
16	深圳市福田农产品批发市场
17	北京农产品中央批发市场
18	北京顺鑫石门农产品批发市场
19	无锡天鹏食品城
20	济南市七里堡蔬菜综合批发市场

3-7 前20家其他综合市场

序号	市场名称
1	运城市禹都市场
2	大连双兴商品城
3	杭州萧山商业城
4	南京众彩农副产品批发市场
5	北京锦绣大地农副产品批发市场
6	北京城北回龙观商品交易市场
7	江苏苏浙皖边界市场(常州市)
8	九江市京九农副产品中心批发市场
9	南京金桥市场
10	莆田市涵江商贸批发中心
11	安徽省广德县农贸市场(宣城市)
12	漳州市闽南商业城批发市场
13	邯郸市魏县天仙果菜批发市场
14	张家港市青草巷农副产品批发市场
15	安徽省广德县太极商城(宣城市)
16	浙西南农贸城(丽水市)
17	大连金三角建材家居广场(大连东方置业)
18	通辽市团结路贸易区
19	上饶市信州区江南商贸城
20	天津市兴耀粮油食品批发市场

3-8　19家农业生产用具市场

序号	市场名称
1	保定市高阳县庞口汽车农机配件城
2	邢台市宁晋县大陆村镇农机配件市场
3	合肥裕隆市场
4	湖北武汉市农机市场
5	南昌县农机大市场(南昌市)
6	平度市农机及配件市场(青岛市)
7	长葛市金桥农机商贸市场(许昌市)
8	常州农机机电市场
9	西北农资城(银川博源物业)
10	德州市临邑县农机大市场
11	德州市陵县农机市场
12	佛山市南海东方国际机械广场
13	通辽经济技术开发区农机市场
14	天门市银丰农机市场
15	新乐市三轮车市场(石家庄市)
16	平度市机动车配件城(青岛市)
17	德州市武城县农机大世界
18	扎兰屯市蒙东农机具交易市场
19	阜城县崔庙镇粮保器材批发市场(衡水市)

3-9　前20家农用生产资料市场

序号	市场名称
1	漳州市芗城闽南饲料批发市场
2	中国荣昌畜牧产品交易市场(重庆市)
3	新沂市农资市场(徐州市)
4	滨州市博兴县吕艺镇生资市场
5	阿克苏市农哈哈农资市场
6	南宁市种畜场饲料兽药禽苗市场
7	德州市七西农资批发市场
8	德州市临邑县金家园农资市场
9	海兴县辛集镇鱼子鱼粉市场沧州市
10	龙岩市闽西粮油饲料城
11	昆明市呈贡潮涌经贸市场
12	菏泽市牡丹区农业科技市场
13	怀化市供销农资批发市场
14	徐州大自然牧业市场
15	南宁市武鸣县农资专业市场
16	宁波禽蛋市场
17	贺州市八步区八达饲料市场
18	吉林市农业生产资料市场
19	邢台市第一农业生产资料总公司批发市场
20	扎兰屯市蒙东农业生产资料市场

3-10　18家煤炭市场

序号	市场名称
1	天津天保大宗煤炭交易市场
2	宁波市镇海煤炭交易市场
3	通辽经济技术开发区煤炭市场
4	天津港散货交易市场
5	天津考尔煤炭交易市场
6	张家口市怀来县土木煤炭市场
7	天津市煤炭交易市场
8	阿克苏地区温宿县煤炭联合销售市场
9	江苏徐州港务集团煤炭交易市场
10	张家口市宣化区煤炭市场
11	张家口市万全县逯家湾煤炭市场
12	十堰市煤炭市场
13	大同市新荣区公路煤炭交易市场
14	万全县马连堡煤炭市场
15	石嘴山市平罗县煤炭交易市场
16	阳泉市盂县煤炭运销公司市场
17	张家口市宣化县煤炭市场
18	上海华电煤炭交易市场

3-11　前20家木材市场

序号	市场名称
1	华东胶合板市场(临沂市)
2	日照市碑廓木材市场
3	浙江南浔建材市场(湖州市)
4	鲁北木材市场(德州市)
5	常州长贸中心市场
6	广东鱼珠国际木材市场(广州市)
7	通辽经济技术开发区木材市场
8	东莞市兴业国际物流城
9	宁波现代家园市场
10	上海市砖桥建材市场
11	浙江贺村木业市场(衢州市)
12	常州武进奔牛港木材交易市场
13	上海金翔木材批发市场
14	湖州市南浔地板城
15	绍兴市塔山竹木交易市场
16	扬州兴森木业市场
17	青岛市金胶州木材市场
18	株洲江山建材大市场
19	南京普迪建材实业集团有限公司木材市场
20	德州市临邑县建材大市场

3-12 前20家建材市场

序号	市场名称
1	福州市南方建材市场
2	成都富森美家居置业市场
3	重庆新世界建材市场
4	长葛市九鼎美达建材市场(许昌市)
5	江西省装潢建材大市场(南昌市)
6	金华市浙中建筑装饰材料市场
7	沈阳红旗台石材市场
8	湖南万家丽家居建材市场(长沙市)
9	宁波华东物资城浙甬市场
10	青岛启城建材批发市场
11	上海恒大建材市场
12	浙江世纪建材装饰市场(杭州市)
13	徐州新世纪建材装饰城
14	江苏省华东石材市场(无锡市)
15	扬州万都装饰城
16	南京跨世纪装饰建材市场
17	山东罗庄建材批发市场(临沂市)
18	山东建材市场(济南市)
19	广东天健国际家居装饰广场(广州市)
20	福建天工陶瓷城(晋江市)

3-13 前20家化工材料及制品市场

序号	市场名称
1	余姚市中国塑料城
2	张家港保税区化工品交易市场
3	江苏华东石化物资交易市场(无锡市)
4	江苏长江塑料化工交易市场(常州市)
5	张家港保税区华东化工交易市场
6	东莞市华南塑胶城
7	天津石化交易中心市场
8	宁波中国液体化工产品交易市场
9	东莞市大京九塑胶原料市场
10	东莞市樟木头塑胶原料市场
11	江苏万商商贸城(常州市)
12	上海危险化学品交易市场
13	上海中山化工市场
14	绍兴染料城
15	成都西部化工市场
16	天津危险化学品交易市场
17	河北衡水橡胶城
18	天津滨海新区危险化学品交易市场
19	临沂鲁南化工市场
20	浙江化工市场(杭州市)

3-14 前20家金属材料市场

序号	市场名称
1	上海物贸有色金属交易市场
2	滨州市博兴县兴福镇黑白铁市场
3	江阴长江港口物流园区交易中心
4	江阴市金属材料市场
5	无锡南方不锈钢市场
6	山东泰山钢材大市场(泰安市)
7	江苏东方钢材城
8	安徽省徽商钢材市场(合肥市)
9	杭州运河钢材市场
10	浙江新世纪金属材料现货市场(杭州市)
11	天津储宝钢材现货交易市场
12	南京生产资料中心批发市场
13	无锡市国联金属材料市场
14	杭州城北金属材料市场
15	镇江市惠龙港国际钢铁交易市场
16	南京幕燕金属交易中心
17	重庆巨龙钢材市场
18	杭州三里洋钢材市场
19	聊城大东钢管市场
20	中亚国际钢材交易中心(乌鲁木齐市)

3-15 前20家机械设备市场

序号	市场名称
1	临清市烟店轴承市场(聊城市)
2	浙江船舶交易市场(舟山市)
3	成都万贯五金机电市场
4	常州德嘉美吉特科技五金城
5	重庆陈家坪机电市场
6	湛江海田新五金机电产品批发市场
7	湘潭市长株潭大市场
8	北京经开万佳国际机械商城
9	无锡市机电五金市场
10	杭州长城机电市场
11	杭州华东建设机械市场
12	长沙市设备交易中心
13	长沙市五金机电大市场
14	德州市庆云县万通机车市场
15	德州市庆云县金融机具礼品市场
16	重庆市高新机电批发配送中心
17	乐清市柳市电器城(温州市)
18	重庆金科机电城
19	杭州南方浙金机电市场
20	南宁东博国际五金机电城

3-16　前20家其他生产资料市场

序号	市场名称
1	上海中油石油交易中心
2	大连石油交易所
3	上海石化物资交易中心
4	中昊化工交易中心(上海市)
5	正定县恒山板材批发市场(石家庄市)
6	东莞市金铭国际机械模具城
7	中国轴承大世界(邢台市)
8	嘉善汾湖金属材料交易市场(嘉兴市)
9	乌兰浩特市融佳建材市场
10	湛江海田建饰材料综合批发市场
11	广西百色市南大建材综合市场
12	莱阳市恒基建材批发市场
13	新疆通汇市场(乌鲁木齐市)
14	温州浙江皮革市场
15	张家口市张北县华北牲畜交易市场
16	重庆华岩陶瓷市场
17	新疆华凌工贸(集团)有限责任公司华凌市场
18	德州市晏城镇建材市场
19	温州浙南鞋料市场
20	北京益麒麟家居建材广场

3-17　前20家粮油市场

序号	市场名称
1	北京盛华宏林粮油批发市场
2	临沂鲁南国际粮油市场
3	河南万客来食品城(郑州市)
4	松原市扶余县三井子镇杂粮市场
5	南方粮食交易市场(九江市)
6	黄河商品交易市场(德州市)
7	东莞市南方粮油市场
8	兴化市粮食交易市场(泰州市)
9	盐城市阜宁县古河粮油批发交易市场
10	东莞市常平粮油饲料批发市场
11	杭州粮油批发交易市场
12	广州市瑞宝粮油食杂批发市场
13	西安粮油批发交易市场
14	贵阳市谷丰粮油食品批发市场
15	大庆市四季通达粮贸市场
16	北京锦绣大地玉泉路粮油市场
17	山东省武城县粮食批发市场(德州市)
18	南京粮油交易市场
19	衢州市粮食批发市场
20	无锡市粮油中转储备仓库市场

3-18　前20家肉禽蛋市场

序号	市场名称
1	杭州农副产品物流中心冷冻食品交易市场
2	邯郸市馆陶县金凤禽蛋农贸批发市场
3	苏州食品有限公司肉食品批发交易市场
4	江门市水产冻品副食批发市场
5	四川三联禽产品市场
6	南京金厨副食品批发交易市场
7	广州市嘉禾禽畜交易市场
8	广西淡村商贸城(南宁市)
9	扬州朝苏农副畜产品冷冻食品批发市场
10	鹤岗市工农集贸市场
11	佛山市南海区大沥桂江市场
12	双城市黑龙江省新胜蛋禽批发市场
13	合肥市洪福家禽批发市场
14	合肥徽商城农产品批发市场
15	华凌畜牧产业基地(乌鲁木齐市)
16	张家港市第一集贸市场
17	宁波市肉禽蛋批发市场
18	南昌县小蓝禽蛋批发市场(南昌市)
19	金华新辰冻品市场
20	江苏华东苗禽交易市场

3-19　前20家水产品市场

序号	市场名称
1	重庆万吨冷储食品交易城
2	北京大红门京深海鲜批发市场
3	天津市王顶堤批发市场
4	福州海峡水产品交易市场
5	大连水产品交易市场
6	上海铜川水产交易市场
7	湛江市霞山区水产品批发市场
8	日照市岚山区安东卫海货城市场
9	上海东方国际水产中心市场
10	舟山水产品中心批发市场
11	重庆西三街农副水产品市场
12	济南海鲜大市场
13	日照市岚山鲜活水产城
14	沈阳水产批发市场
15	南京惠民桥农副产品市场
16	天津市食品公司冷冻厂交易市场
17	诸城市龙海水产品批发市场(潍坊市)
18	长沙市马王堆海鲜水产批发市场
19	温州市浙福边贸水产城
20	日照市安东卫国际水产城

3-20 前20家蔬菜市场

序号	市场名称
1	寿光市农产品物流园(潍坊市)
2	昌邑市宏大农副产品批发市场(潍坊市)
3	江苏联谊农副产品批发市场(扬州市)
4	成都龙泉聚和(国际)果蔬交易中心
5	临沂皇山农副产品批发市场
6	德州市庆云县蔬菜水果批发市场
7	山东省济宁市金乡县蔬菜批发市场
8	牡丹江市东宁县绥阳黑木耳大市场
9	郑州毛庄农产品批发市场
10	长沙市马王堆蔬菜批发市场
11	定州市鲜活农产品批发市场(保定市)
12	衢州农贸城
13	郑州市农产品物流配送中心
14	上海市江桥批发市场
15	秦皇岛海阳农副产品批发市场
16	青岛丁家庄蔬菜果品批发市场
17	咸阳新阳光农副产品批发市场
18	衡水市饶阳县瓜菜果品交易市场
19	嘉兴市蔬菜批发交易市场
20	云南龙城农产品交易市场

3-21 前20家干鲜果品市场

序号	市场名称
1	广州江南果菜批发市场
2	湖北省荆州市蓝特商业城(蓝特集团有限公司)
3	珠海市农副产品批发物流中心
4	滕州市杏花村干杂货市场
5	东莞市果菜副食交易市场
6	嘉兴水果市场
7	沧州红枣交易市场
8	滕州市嘉誉市场
9	杭州近江食品市场
10	齐齐哈尔市哈达农果品副产品综合市场
11	金华农产品批发市场
12	嘉兴市嘉善商城
13	扬州农副产品交易中心(江苏亚联农副产品有限公司)
14	扬州市广陵区东花园副食品批发市场
15	淄博市鲁中果品批发市场
16	赣州市南北大市场
17	达州市塔沱农副产品综合批发市场
18	杭州农副产品物流中心果品批发市场
19	徐州农副产品中心批发市场
20	江门市新会区水果食品批发市场

3-22 前20家棉麻土畜、烟叶市场

序号	市场名称
1	中国茧丝绸交易市场(常州市)
2	沧州市肃宁县尚村皮毛交易市场
3	德州市武城县老城棉花交易市场
4	天津棉花交易市场
5	德州市武城县银山棉花市场
6	秦皇岛市昌黎县佳朋皮毛交易市场
7	兴安盟扎赉特旗石头城子牲畜交易市场
8	沈阳市辽中县顺发黄牛交易市场
9	德州市陵县棉花市场
10	宁波市江北浙东轻纺城
11	德州市陵县皮毛市场
12	通辽市成峰牲畜交易市场
13	沈阳市叶茂台牲畜交易市场
14	赤峰市阿鲁科尔沁旗牲畜交易市场
15	张家口市张北县华北牲畜交易市场
16	无棣县西小王乡枣棉市场
17	乌市绒毛市场(绒毛协会)
18	夏津县棉花交易中心
19	新野县棉花交易市场
20	承德市平泉县六河源牲畜交易市场

3-23 前20家其他农产品市场

序号	市场名称
1	深圳市布吉农产品批发中心
2	江苏凌家塘市场
3	沈阳张士农副产品市场
4	东莞市信立国际农产品贸易城
5	天津市金钟河蔬菜贸易中心
6	北京京丰岳各庄农副产品批发市场
7	成都市农副产品批发中心
8	九江市京九农副产品中心批发市场
9	佛山市中南农产品市场
10	甘肃省食品股份有限公司肉食水产批发市场
11	绍兴市蔬菜果品批发交易市场
12	浙北农副产品交易中心(湖州市)
13	山东黑马集团有限公司农贸批发市场
14	玉林市宏进进农副产品批发市场
15	即墨市农产品批发市场(青岛市)
16	日照市金阳农贸中心市场
17	重庆渝州交易城
18	天津市宝坻区农产品批发交易市场
19	宁波市宁海县跃龙综合市场
20	瓦房店市复州大市场(大连市)

3-24 前20家食品饮料市场

序号	市场名称
1	德州市庆云县酒水副食市场
2	成都西博西南食品城
3	沈阳温州城商品交易市场
4	慈溪市周巷副食品批发市场(宁波市)
5	扬州大桥食品城
6	杭州江南食品市场
7	承德市裕华路市场
8	泰安市青龙路市场
9	常州新阳光西林国际食品城
10	商丘市白云副食品批发市场
11	无锡市金桥副食品市场
12	南宁市市场开发服务中心交易市场
13	宁波市路林综合市场
14	重庆万隆小食品批发市场
15	邵阳市湘运大市场
16	天津中国北方食糖批发交易市场
17	广东省阳江市漠阳市场
18	重庆市永川区玉屏市场
19	德州市迎宾大市场
20	山东东方圣都副食品批发市场(济宁市)

3-25 前20家茶叶市场

序号	市场名称
1	浙江浙南茶叶市场(丽水市)
2	绍兴市新昌县江南名茶市场
3	泉州市安溪茶叶批发市场
4	安徽江南第一茶市(芜湖市)
5	济南博茗茶叶市场
6	德州金华茶城
7	宜昌三峡国际旅游茶城
8	杭州市淳安千岛湖茶叶市场
9	广州市南方茶叶中心
10	广州市南方锦桂区茶叶市场(含广东茶业城)
11	西安金康路茶文化街
12	南方茶叶市场总汇(广州市)
13	南宁市横县横州城北市场有限公司茶叶市场
14	邵武市茶叶交易市场(南平市)
15	上海大宁国际茶城市场
16	杭州西湖茶叶市场
17	昆明雄达茶文化城
18	浙江遂昌龙谷名茶市场
19	北京市京华沅茶叶市场
20	常州茅山茶叶市场

3-26 13家烟酒市场

序号	市场名称
1	即墨市东关副食品批发市场(青岛市)
2	德州市陵县世纪商贸城
3	德州市乐陵市中心市场
4	宁波保税区进出口葡萄酒市场
5	邯郸市魏县当歌酒类专业批发市场
6	湘潭市湘乡市烟酒副食大市场
7	滕州市荆西副食品批发交易市场
8	镇江市丹徒区宝堰集贸市场
9	长沙市红星糖酒批发大市场
10	德州市临邑县副食品批发市场
11	德州市临邑县兴隆街综合市场
12	淄博市博山区掩的小商品批发市场
13	聊城市龙山副食批发城

3-27 前20家其他食品饮料烟酒市场

序号	市场名称
1	赣州市赣南贸易广场
2	贵阳海恒农副产品批发市场
3	天津韩家墅海吉星农产品市场
4	义乌市副食品市场
5	常熟华东食品城
6	杭州农副产品物流中心副食品市场
7	无锡广益商城副食品批发市场
8	温州浙闽副食品商城
9	山东省潍坊青州市副食品批发市场
10	上海漕宝路食品批发市场
11	宣城市宣州区九洲市场
12	潍坊市诸城市龙城市场
13	白山市兴泰批发市场
14	宁波市二号桥市场
15	衡阳市五一大市场
16	泰州市温泰市场
17	吴江市平望副食品市场
18	福鼎市闽浙边贸商城
19	滨州市姜家副食品批发市场
20	泰州市苏北商业市场

3-28 前20家布料及纺织品市场

序号	市场名称
1	中国东方丝绸市场(苏州市)
2	浙江绍兴中国轻纺城
3	叠石桥国际家纺城(南通市)
4	钱清中国轻纺原料城
5	南通市通州区志浩综合市场
6	广州市海珠区中大布匹市场
7	绍兴越州轻纺工贸园区
8	张家港保税区纺织原料市场
9	广东西樵轻纺城
10	江苏湖塘纺织城(常州市)
11	浙江纺织采购博览城
12	中国织里童装市场(湖州市)
13	潍坊星河国际轻纺城
14	浙江大唐轻纺袜业城
15	嘉兴市南方丝绸市场
16	温州商贸城
17	海宁中国家纺装饰城
18	河北省邯郸市冀南针纺城
19	嘉兴毛衫城
20	高阳县纺织商贸城

3-29 前20家服装市场

序号	市场名称
1	中国常熟服装城
2	石家庄市新华集贸市场
3	桐乡市濮院羊毛衫市场
4	昆明螺蛳湾国际商贸城一期市场
5	即墨市服装批发市场(青岛市)
6	石狮市服装城(泉州市)
7	路桥中国日用品商城(台州市)
8	海宁中国皮革城(嘉兴市)
9	昆明螺蛳湾国际商贸城二期市场
10	杭州四季青服装市场
11	辽阳市灯塔佟二堡海宁皮革城
12	贵州市市西大市场
13	临沂市批发城服装批发区
14	杭州意法服饰城
15	新疆边疆宾馆商贸市场(乌鲁木齐市)
16	济南泺口服装批发市场
17	哈尔滨市玛克威商厦
18	福州台农服装城
19	广州白马服装市场
20	上海新七浦服装市场

3-30 前20家鞋帽市场

序号	市场名称
1	广州市荔湾站西鞋城
2	中国西部鞋都交易城(重庆市)
3	唐山市鸦鸿桥河西村鞋市
4	临沂市鞋帽批发市场
5	江都市苏中商贸市场(扬州市)
6	沈阳南塔鞋城
7	广州新华南鞋业百货城
8	西安锦绣鞋城(明大企业集团)
9	哈尔滨大新鞋城
10	沈阳金马鞋城
11	济南众鑫鞋城
12	山东齐鲁鞋城(济南市)
13	天津市瑞景国际鞋城
14	商丘市梁园区梁园市场
15	即墨市蓝村皮鞋专业市场(青岛市)
16	沧州富华鞋城
17	台州横峰鞋业市场
18	菏泽市牡丹区花都鞋城
19	朝阳鞋城(山西五龙鞋业有限公司)
20	东方皮革商城(镇江市)

3-31 前20家其他纺织服装鞋帽市场

序号	市场名称
1	沈阳市五爱市场
2	海城市西柳服装市场
3	江苏宣武集团市场
4	瑞安商城
5	成都荷花池市场
6	南京玉桥市场
7	德州市庆云县宝艺服装城
8	赣州市龙都商城
9	淮安市汇通市场
10	唐山市鸦鸿桥镇小商品城
11	常德市鼎城桥南市场
12	重庆市万州商贸城
13	包头市太平寺商城
14	大连市大商集团股份有限公司贸易大世界
15	上海市轻纺市场(上海市轻纺集团有限公司)
16	株洲南大门市场
17	惠州市惠东县银基商贸城
18	绍兴市新昌县羊毛衫兔毛市场
19	常州市溧阳市天目市场
20	怀化市中心市场

3-32　前20家小商品市场

序号	市场名称
1	中国庆云小商品城现代批发市场(德州市)
2	临沂小商品城
3	中国自行车零件城(邢台市)
4	中国桥头钮扣城(温州市)
5	北京天意新商城市场
6	内蒙古通达市场(呼和浩特市)
7	北京世纪天鼎商品交易市场
8	常州市九龙小商品批发市场
9	广州市兴发广场
10	运城市新绛县汾河湾市场
11	鄂西北小商品市场(十堰市)
12	广州市万菱广场
13	广州市白云南方钟表城
14	日照太阳城市场
15	常州市金三角小商品批发市场
16	菏泽市牡丹区小商品城
17	福州市台江区小商品批发商场
18	广州安华美博城
19	广州一德(国际)玩具文具精品广场
20	苏州市钱万里桥小商品市场

3-33　12家图书、报刊杂志市场

序号	市场名称
1	长沙文化广场定王台书市
2	郑州图书城(郑州博雅实业有限公司)
3	武汉出版文化产业园(武汉华创版业发展有限公司)
4	广州图书市场
5	南京长三角出版物批发市场
6	杭州文化商城
7	北京图书批发交易市场
8	青岛市文化市场
9	上海文庙书刊交易市场
10	苏州文化市场
11	潍坊图书中心
12	大连市图书城

3-34　前20家其他日用品及文化用品市场

序号	市场名称
1	上海外高桥钟表交易中心
2	广州市花都区狮岭皮革皮具城
3	海城市南台箱包市场
4	金华市浦江水晶工艺品市场
5	温州礼品城
6	兰州兰大科技广场
7	武汉莱特纸张油墨市场
8	北京市永外城文化用品市场
9	浙江缝配城(金华市)
10	重庆中兴塑料市场
11	沈阳华大实业总公司东北日杂市场
12	博山陶琉大观园国际商贸城
13	临沂永兴国际玩具专业批发城
14	上海市砖贸综合市场
15	哈尔滨锦秀教化电子大世界
16	广州市新沙五金塑料城
17	广州沙溪国际酒店用品城
18	武汉市科振经贸有限公司纸张油墨市场
19	汕头市澄海区塑料玩具批发市场
20	湖南省纸业大市场(长沙市)

3-35　前20家黄金、珠宝、玉器首饰市场

序号	市场名称
1	福州特艺城
2	诸暨华东国际珠宝城(绍兴市)
3	江苏东海县水晶市场(连云港市)
4	青岛市中韩小商品城
5	福州光明桥珠宝玉石城
6	中国玉都玉器展销市场(揭阳市)
7	青岛国际工艺品城
8	苏州渭塘珍珠市场
9	中国宝石城(潍坊市)
10	天门佳美珠宝公司市场
11	广州市荔湾广场
12	扬州市工艺美术大楼
13	通辽市露天市场
14	北京市红桥市场
15	莆田市上塘珠宝交易市场
16	肇庆市四会市玉器市场
17	鞍山市岫岩满族自治县玉雕会展中心
18	河南省南阳市镇平县珠宝玉雕大世界
19	鞍山市岫岩满族自治县东北玉器交易市场
20	福州市鼓楼区保定珠宝城

3-36 前20家家电市场

序号	市场名称
1	安徽信地大市场(合肥市)
2	临沂家电厨卫城
3	商丘市睢阳区港澳大世界
4	南阳家电大世界
5	怀化市河西家电城
6	宁波市江东区颐高市场
7	盘锦市兴隆台区环球电子商贸中心
8	上海商务中心家电市场
9	邵阳市日恒电器城
10	浙江省家电市场(杭州市)
11	金华家电市场
12	广州市越秀区海印电器总汇
13	广东电器市场(广州市)
14	庆云县中南灯具市场(德州市)
15	泰州市嘉城家电市场
16	南昌长运商贸城
17	温州家电市场
18	菏泽市牡丹区中原商城
19	邵阳市邵东县家电市场
20	江西家电市场(南昌市)

3-37 前20家通讯器材市场

序号	市场名称
1	沈阳东北通讯市场
2	深圳赛格电子市场
3	华中通信广场(武汉市)
4	深圳市新亚洲电子商城
5	郑州通讯大世界
6	深圳市华强电子世界
7	苏州赛格电子市场
8	江西移动南昌分公司东湖营销市场
9	内蒙古诚信数码广场(呼和浩特市)
10	石家庄市海龙电子城
11	延吉市中关村电子科技大厦
12	深圳市都会电子城
13	瑞安市数码广场
14	杭州通信器材市场
15	义乌通信市场
16	温岭市万象城数码广场
17	十堰市茅箭区邮电街手机市场
18	石家庄跃进路手机广场
19	长沙市宝新通信器材批发市场
20	上海赛格电子市场

3-38 前20家计算机及辅助设备市场

序号	市场名称
1	河南科技市场(郑州市)
2	重庆市佰腾数码广场
3	世纪登峰(成都)科技实业有限公司世界数码广场
4	重庆泰兴通信电脑市场
5	哈尔滨工程大学科技园发展有限公司船舶电子大世界
6	北京海龙电子城
7	济南科技市场
8	长春科技城
9	长沙国储电脑城
10	亿世界(北京)电子市场
11	温州电脑市场
12	北京中关村科贸电子城
13	上海环宇太平洋数码市场
14	广州市天河区太平洋电脑市场(A)
15	温州数码科技广场
16	青岛百脑汇电脑广场
17	青岛颐高数码广场
18	重庆石桥铺赛博数码广场
19	福州大利嘉城电子市场
20	广西南宁电子科技广场

3-39 前20家中药材市场

序号	市场名称
1	亳州市(中国)中药材交易中心
2	安国市东方药城交易大厅
3	成都国际商贸城
4	邵东县廉桥药都市场
5	玉州市中药材市场
6	抚松长白山人参市场
7	铁岭市西丰县东北土特产品交易中心
8	禹州市药业市场(许昌市)
9	中宁县枸杞市场(中卫市)
10	集安市清河人参交易市场(通化市)
11	宜春市樟树中药材专业市场
12	文山三七国际交易中心
13	昆明市菊花园中药材市场
14	普宁市中药材专业市场
15	上海维韩保健品市场
16	金华市磐安县浙八味特产市场
17	阜阳市太和县李兴镇中药材交易市场
18	山东省鄄城县舜王城中药材市场
19	南阳市西峡县米坪镇中药材市场
20	赤峰市牛营子药材交易中心

3-40　前20家家具市场

序号	市场名称
1	河北省香河家具城(廊坊市)
2	重庆铠恩国际家居名都
3	浙江东阳中国木雕城(金华市)
4	江苏蠡口国际家具城(苏州市)
5	武汉汉口北专业市场
6	河南中博家具中心
7	盘锦市汇美家饰广场
8	昆明华洋家居广场
9	常州市红星家具装饰城
10	扬州宝林商业管理有限公司
11	淄博市周村区沙发城市场
12	贵阳星云五交化家电市场
13	东阳红木家具市场(金华市)
14	南浔家私广场(湖州市)
15	北京集美家居大世界市场
16	正定县恒山家具市场(石家庄市)
17	北京蓝景丽家大钟寺家居广场市场
18	霸州宾鹏钢木家具城(廊坊市)
19	临沂鲁南家俱城
20	盐城红星美凯龙世博家居广场

3-41　前20家装饰材料市场

序号	市场名称
1	淄川建材城(淄博市)
2	上海九星综合市场
3	无锡家居建材市场
4	重庆马家岩大川建材市场
5	嘉兴市建材陶瓷市场
6	扬州商城
7	衢州新凤朝装饰材料市场
8	南通市汇晟建材市场
9	无锡市广益装饰材料市场
10	天荣国际建材港(郑州市)
11	内蒙古润宇装饰城市场
12	福州汇多利建材装饰材料市场
13	无锡国际家居市场
14	九江市华东装饰材料市场
15	长沙市马王堆陶瓷建材城
16	无锡市装饰市场
17	常州富美美吉特国际家居装饰城
18	湖南省衡阳市华源大市场
19	江苏省宿迁市沭阳浙江商城
20	安徽省铜陵市铜陵大市场

3-42　14家灯具市场

序号	市场名称
1	常州市武进邹区灯具城
2	临沂灯具城
3	温州东方灯具市场
4	常州市邹区光辉灯具市场
5	成都金府灯具城
6	常州邹区发得灯具广场
7	沈阳张士灯具市场
8	重庆市南岸区南坪灯饰广场
9	云南菊花灯具市场
10	杭州灯具市场
11	山东灯具批发市场
12	北京万隆汇洋家居建材市场
13	衡水市阜城县古城灯具批发市场
14	南通东星灯饰城

3-43　前20家五金材料市场

序号	市场名称
1	姜堰华东五金城市场(泰州市)
2	潍坊豪德贸易广场
3	徐州市殷庄五金机电城
4	成都金府五金机电交易市场
5	常熟国际汽配城
6	滨州市新兴市场
7	浙江南方五金城
8	重庆市大足县龙水五金旅游城
9	浙江建华五金机电市场
10	浙江温西工量刃具交易中心
11	重庆市大足县龙水五金市场
12	怀化市河西建材市场
13	常州市江南五金机电城市场
14	无锡金桥商贸城市场
15	浙江时代电子市场
16	天津市珠江达润五金城
17	台州市机电五金城
18	东莞市迎海商贸城
19	安徽轻工商城(合肥市)
20	重庆市大足县龙水花市街市场

3-44 前20家其他装修市场

序号	市场名称
1	湖南省三湘南湖大市场(长沙市)
2	中国北方五金商贸城(天津市)
3	浙江石狮国际商贸城(绍兴市)
4	德州市庆云县装饰材料城
5	常熟市建筑装饰材料市场
6	泰安市光彩大市场
7	江西联信大市场(南昌市)
8	南京红太阳商业大世界
9	北京居然之家
10	江苏省宜兴建材装璜市场
11	南京市金盛国际家居市场
12	邯郸市魏县天龙建筑建材批发市场
13	湖州亿丰建材城
14	杭州陶瓷品市场
15	中国家具城(沈阳市)
16	胶东家具装饰材料批发市场
17	德清县莫干山卢球商贸中心
18	杭州新时代家居生活广场
19	益阳市银城大市场
20	盐城高力国际家居港

3-45 前20家汽车市场

序号	市场名称
1	北京市旧机动车交易市场
2	天津北方汽车市场
3	中南汽车世界大中南汽车市场
4	长春北方汽贸城市场
5	重庆市渝南汽车交易市场
6	长春汽车批发中心市场
7	重庆西部汽车城
8	杭州汽车城
9	浙江新世纪汽车城
10	大连汽车国际博览中心
11	山东匡山汽车大世界
12	北京北辰亚运村汽车交易市场
13	嘉兴市汽车商贸园
14	杭州机动车交易市场
15	上海市旧机动车交易市场
16	广州华南汽贸广场
17	华南汽车城(佛山市)
18	辽宁旧机动车交易市场
19	江苏无锡汽车交易市场
20	常熟市汽车市场

3-46 13家摩托车市场

序号	市场名称
1	重庆外滩摩托车配件交易市场
2	安徽国际汽车城大地汽摩配市场
3	天门市泰和摩托车行
4	驻马店豪德贸易广场
5	廊坊市大城县东阜市场
6	郑州摩托城
7	浙江(路桥)摩托车交易中心
8	兰州东部机动车配件中心
9	安徽迅捷物流摩托车仓储批发市场
10	株洲锦云摩配市场
11	株洲市中南摩托市场
12	宁乡县摩托汽配大市场
13	柳州市锦环服务有限责任公司摩托车商城

3-47 前20家机动车零配件市场

序号	市场名称
1	中国(十堰)汽配城
2	杭州浙江汽配城
3	沈阳东北机动车配件市场
4	临沂汽摩配城
5	河南汽车配件物流贸易园(郑州市)
6	江西省洪城汽配城
7	中国郑州汽配大世界
8	山东济南重汽配件城
9	上海东方汽配城
10	北京城环城国际汽车配件城
11	汽配城中国有限公司(徐州市)
12	石家庄市东联汽车配件市场
13	无锡市广益汽配城
14	中南汽车世界汽配五金批发大市场(长沙市)
15	江苏中天凤凰电器城有限公司汽配市场
16	上海百联联合汽车交易市场
17	河北省河间市米各庄汽配城
18	南阳汽车配件市场
19	北京五方天雅汽配城市场
20	青岛汽车配件城

3-48 前20家花卉市场

序号	市场名称
1	常州市武进夏溪花木市场
2	郑州市陈砦花卉市场
3	青州市黄楼镇万红花卉交易大厅(潍坊市)
4	昆明斗南花卉市场
5	佛山市顺德区陈村花卉世界
6	广州花卉博览园
7	浙江花木城(杭州市)
8	扬州阿波罗花卉园艺市场
9	如皋市花木大世界
10	合肥市肥西花木城花卉交易市场
11	广州市岭南花卉市场
12	承德万泉花卉市场
13	成都市高店子花卉交易市场
14	新疆明珠花业市场
15	临沂鲁南花卉城
16	凌源市花卉市场
17	许昌市鄢陵县花木交易市场
18	北京莱太环境艺术发展有限公司花卉市场
19	宿迁市沭阳县花木大世界
20	上海岚灵花鸟市场

3-49 18家旧货市场

序号	市场名称
1	慈溪市桥头废塑料市场
2	北京潘家园旧货市场
3	宁波市北仑区甬港废旧物资交易市场
4	昆明供销再生物资开发有限公司小板桥废旧物资交易市场
5	昆明供销再生物资开发有限公司广福废旧物资交易市场
6	温岭市泽国第二旧机床交易中心
7	莱阳市瑞源旧机动车交易市场
8	嘉兴物资调剂市场
9	慈溪市旧货交易市场
10	德州市庆云县旧货市场
11	江苏省物联苏北废旧金属调剂市场
12	沧州旧货贸易有限公司旧货交易市场
13	台州市路桥旧货市场
14	郑州古玩城
15	江西省旧货大市场
16	吉林市西关旧货物资交易市场
17	广州市源胜工艺城
18	鼓楼区寿山石文化城

3-50 前20家其他专业市场

序号	市场名称
1	中国大营国际皮草交易中心(衡水市)
2	郑州信基调味品城
3	廊坊市文安县小王东机床市场
4	上海毛家塘南北货批发市场
5	上海金桥原产地商品市场
6	郑州桑园兽药饲料批发市场
7	丹阳市华阳眼镜市场
8	绍兴市永宁废旧金属交易市场
9	绍兴市废旧金属交易市场
10	宁波市象山县船舶交易中心
11	绍兴市东浦废丝市场
12	赤峰市巴林右旗石头城
13	金华市浙中模具城
14	兰山区华东酒店用品市场
15	四川省隆昌县禽苗市场
16	辽宁绿源黄牛交易市场
17	开封市鼓楼夜市
18	德州市庆云县塑料杂品市场
19	阜阳市太和县马集乡人发马尾交易市场
20	山东泉胜物流大市场(济南市)

3-51 东部地区前100家商品交易市场

序号	市场名称	序号	市场名称
1	上海物贸有色金属交易市场	51	杭州物资城
2	中国东方丝绸市场(苏州市)	52	张家港保税区华东化工交易市场
3	中国常熟服装城(苏州市)	53	东莞市华南塑胶城
4	上海中油石油交易中心	54	江苏湖塘纺织城
5	浙江省中国义乌小商品城	55	上海宝山钢材交易市场
6	博兴县兴福镇黑白铁市场(滨州市)	56	南京众彩农副产品批发市场
7	上海石化物资交易中心	57	中国茧丝绸交易市场(嘉兴市)
8	江阴长江港口物流园区交易中心	58	广州市花都区狮岭皮革皮具城
9	浙江绍兴中国轻纺城	59	天津石化交易中心市场
10	白沟新城(保定市)	60	北京大洋路农副产品市场
11	浙江中国科技五金城(金华市)	61	北京锦绣大地农副产品批发市场
12	石家庄市新华集贸市场	62	桐乡市濮院羊毛衫市场
13	余姚市中国塑料城	63	苏州南环桥市场
14	叠石桥国际家纺城(南通市)	64	上海逸仙钢材市场
15	钱清中国轻纺原料城(绍兴市)	65	浙江纺织采购博览城(杭州市)
16	北京市丰台新发地农副产品批发市场	66	宁波中国液体化工产品交易市场
17	江阴市金属材料市场	67	上海松江钢材城
18	石家庄市南三条小商品批发市场	68	天津滨海钢材城
19	张家港保税区化工品交易市场	69	东莞市大京九塑胶原料市场
20	无锡南方不锈钢市场	70	天津稀有金属交易市场
21	山东泰山钢材大市场	71	广东鱼珠国际建材市场(广州市)
22	江苏东方钢材城	72	揭阳市国际金属材料市场
23	南通市通州区志浩综合市场	73	天津天保大宗煤炭交易市场
24	杭州运河钢材市场	74	中国织里童装市场(湖州市)
25	上海外高桥钟表交易中心	75	北京城北回龙观商品交易市场
26	浙江新世纪金属材料现货市场	76	宁波市镇海煤炭交易市场
27	天津储宝钢材现货市场	77	江苏宣武集团市场(徐州市)
28	南京生产资料中心批发市场	78	淄博市淄川建材城
29	广州市海珠区中大布匹市场	79	即墨市服装批发市场(青岛市)
30	无锡市国联金属材料市场	80	徐州区域生产资料市场
31	杭州城北金属材料市场	81	邯郸市永年县标准件市场
32	镇江市惠龙港国际钢铁交易市场	82	青岛市城阳蔬菜水产品批发市场
33	南京幕燕金属物流中心	83	常州钢材现货交易市场
34	杭州萧山商业城	84	沧州市肃宁县尚村皮毛交易市场
35	绍兴越州轻纺工贸园区	85	中昊化工交易中心(上海市)
36	河北省香河家具城(廊坊市)	86	北京大红门京深海鲜批发市场
37	江苏华东石化物资交易市场	87	聊城香江光彩大市场
38	杭州三里洋钢材市场	88	常州龙成钢材城
39	聊城大东钢管市场	89	潍坊星河国际轻纺城
40	深圳市布吉农产品批发中心	90	江苏八里钢铁市场
41	北京市旧机动车交易市场	91	无锡龙之杰钢材市场
42	无锡招商城	92	嘉兴市中国杭州湾钢贸城
43	天津北方汽车市场	93	浙江大唐轻纺袜业城
44	张家港保税区纺织原料市场(苏州市)	94	绍兴市诸暨华东汽配水暖城
45	江苏凌家塘市场(常州市)	95	烟台市三站市场
46	福州市南方钢材物流中心	96	天津市王顶堤批发市场
47	广东西樵轻纺城	97	扬州曲江商品城
48	江阴景澄物流交易市场	98	安国市东方药城交易大厅(保定市)
49	江苏长江塑料化工交易市场	99	无锡不锈钢市场
50	广州江南果菜批发市场	100	福州海峡水产品交易市场

3-52　东北地区前100家商品交易市场

序号	市场名称	序号	市场名称
1	大连石油交易所	51	大连钢材现货交易市场
2	沈阳市五爱市场	52	大连熟食品交易中心
3	海城市西柳服装市场	53	双城市黑龙江省新胜蛋禽批发市场
4	大连双兴商品城	54	中国家具城(沈阳市)
5	哈尔滨先锋钢材市场(中国铁路物资哈尔滨物流公司)	55	沈阳市于洪区东湖市场
6	哈尔滨哈达农副产品市场	56	盘锦市汇美家饰广场
7	沈阳张士农副产品市场	57	铁岭东北物流城
8	长春北方汽贸城市场	58	哈尔滨古铁市场
9	长春汽车批发中心市场	59	沈阳东北通讯市场
10	沈阳钢材中心批发市场	60	葫芦岛市蔬菜批发市场
11	大连水产品交易市场	61	阜新市瑞轩蔬菜农副产品综合批发市场
12	大连汽车国际博览中心	62	瓦房店市复州大市场
13	大连奥林匹克电子城	63	吉林省中东集团有限公司大市场
14	沈阳新塔湾钢材市场	64	长春顺风大市场
15	沈阳明廉钢材交易中心	65	集安市清河人参交易市场
16	辽宁旧机动车交易市场	66	绥芬河市青云经贸有限公司青云市场
17	辽阳市灯塔佟二堡海宁皮革城	67	大连开发区农副产品批发市场
18	沈阳东北机动车配件市场	68	沈阳市康平农贸大厅
19	沈阳炉料市场	69	黑河市嫩江县市场
20	牡丹江市东宁县绥阳黑木耳大市场	70	黑水路批发市场(长春市)
21	松原市扶余县三井子农工商市场	71	沈阳市北行农贸市场
22	大连旧机动车交易市场	72	沈阳市金山钢材市场
23	齐齐哈尔市哈达农果品副产品综合市场	73	沈阳市辽中县茨榆坨镇轻工市场
24	哈尔滨玛克威商厦	74	白山市兴泰批发市场
25	白山市抚松长白山人参市场	75	沈阳华大实业总公司东北日杂市场
26	沈阳水产批发市场	76	营口市东升市场
27	海城市南台箱包市场	77	哈尔滨香坊粮食物流中心
28	大连长兴购物中心	78	沈阳市叶茂台牲畜交易市场
29	沈阳温州城商品交易市场	79	哈尔滨红旗家装饰城
30	金三角建材家居广场(大连东方置业)	80	凌源市八里堡蔬菜果品批发市场
31	长春蔬菜中心批发市场	81	葫芦岛市玉皇商城装饰城
32	铁岭市西丰县东北土特产品交易中心	82	辽宁旺鼎皮革城(辽阳市)
33	哈尔滨工程大学科技园船舶电子大世界	83	双鸭山市集贤县商贸城综合市场
34	沈阳红旗台石材市场	84	辽宁省大连海洋渔业集团公司水产交易大厅
35	沈阳市辽中县顺发黄牛交易市场	85	哈尔滨锦秀教化电子大世界
36	鹤岗市工农集贸市场	86	铁岭市贸易城
37	哈尔滨二三五处钢材市场	87	沈阳东北装饰城
38	大庆市四季通达粮贸市场	88	哈尔滨大新鞋城
39	沈阳二手车交易市场	89	大庆市农副产品综合批发大市场
40	沈阳西湖市场	90	沈阳春天时装之苑
41	锦州市辽西小商品批发市场	91	新民市公主屯鲜蛋交易市场(沈阳市)
42	长春科技城	92	凌海市建业乡唐家蔬菜批发市场(锦州市)
43	牡丹江双合中蔬菜果品市场	93	沈阳浩松陶瓷市场
44	沈阳南塔鞋城	94	沈阳金马鞋城有限公司
45	长春远东商品批发市场	95	哈尔滨透笼轻工批发市场
46	沈阳佳农粮油食品市场	96	长春东北亚物流农贸水产市场
47	二台子钢铁交易市场	97	大连幸福家居世界
48	大商集团有限公司昌临休闲购物广场(大连市)	98	齐齐哈尔市百花园市场
49	大连金玛商城	99	锦州市金属材料总公司辽西钢材现货市场
50	大商集团股份有限公司贸易大世界(大连市)	100	盘锦市兴隆台区环球电子商贸中心

3-53 中部地区前100家商品交易市场

序号	市场名称	序号	市场名称
1	安徽省徽商钢材市场(合肥市)	51	安徽省铜商品市场(铜陵市)
2	亳州市(中国)中药材交易中心	52	河南天马汽贸中心(郑州市)
3	运城市禹都市场	53	周口市荷花市场
4	安庆市光彩大市场	54	武汉市琴台钢材市场
5	南昌市洪城大市场	55	中国郑州汽配大世界
6	湖南钢材大市场	56	郑州银基商贸城
7	湖南省三湘南湖大市场(长沙市)	57	长沙市马王堆海鲜水产批发市场
8	洛阳市洛龙区关林市场	58	安徽省广德县太极商城(宣城市)
9	湖南高桥大市场(长沙市)	59	赣州市南北大市场
10	合肥周谷堆农产品批发市场	60	江西联信大市场(南昌市)
11	长沙市红星实业集团有限公司农副产品大市场	61	赣州市龙都商城
12	长葛市新区钢材市场	62	合肥市庐阳区城隍庙市场
13	中国(十堰)汽配城	63	湖南汽车城(长沙市)
14	商丘农产品中心批发市场	64	天润国际汽车城(襄阳市)
15	中南汽车世界大中南汽车交易市场(长沙市)	65	安徽白马服装城(合肥市)
16	武汉白沙洲农副产品大市场	66	宜春市赣西农副新产品批发市场
17	南昌深圳农产品中心批发市场	67	常德市鼎城桥南市场
18	蓝特商业城(蓝特集团有限公司)	68	湖南万家丽家居建材市场(长沙市)
19	安徽信地大市场(合肥市)	69	湖北省金属材料交易市场(武汉市)
20	河南科技市场(郑州市)	70	鹰潭市杏园市场
21	郑州市陈砦花卉市场	71	临汾市尧都区奶牛场尧丰农产品批发市场
22	襄阳华中光彩大市场	72	湖南洞庭渔都水产批发市场(岳阳市)
23	赣南贸易广场(赣州市)	73	武汉汉口北专业市场
24	九江市京九农副产品中心批发市场	74	孝感市孝南区水产品市场
25	太原市尖草坪区兴业钢材市场	75	河南亚宏水产品批发市场(郑州市)
26	郑州信基调味品城	76	阜阳市瑶海农产品市场
27	江西钢材大市场(南昌市)	77	马鞍山市安民农副产品批发交易中心
28	吉安农产品批发市场	78	上饶市信州区江南商贸城
29	芜湖市长江市场园	79	滁州长江商贸城
30	武汉市竹叶山汽车市场	80	淮北市濉溪县中瑞农副产品市场
31	郑州毛庄绿园市场	81	河南中博家具中心(郑州市)
32	邵阳市邵东县廉桥药都市场	82	众信农副产品批发交易市场(驻马店市)
33	长沙市马王堆蔬菜批发市场	83	益阳市团洲蔬菜批发市场
34	河南万客来食品城	84	怀化市河西建材市场
35	长葛市九鼎美达建材市场	85	太原市河西农产品市场
36	武汉竹叶山钢材市场	86	郑州市天荣国际建材港
37	安徽国际汽车城(合肥瑶海实业集团公司)	87	中南汽车世界二手车交易市场(长沙市)
38	郑州市农产品物流配送中心	88	商丘市睢阳区港澳大世界
39	南阳金属建材市场	89	郑州金海粮油批发中心
40	皖西北商贸城(阜阳市)	90	长沙国储电脑城
41	安徽省广德县农贸市场(宣城市)	91	湘潭市长株潭大市场
42	中储发展股份有限公司洛阳分公司钢材市场	92	商丘创世钢材市场
43	合肥国强钢材交易中心	93	武汉长空机械总厂旧车交易市场
44	邵阳市邵东县工业品市场	94	新乡市红旗区洪门镇钢材市场
45	河南汽车配件物流贸易园(郑州市)	95	武汉华南海鲜水产品市场
46	江西省装潢建材大市场(南昌市)	96	禹州市药业市场
47	南方粮食交易市场(九江市)	97	九江市华东装饰材料市场
48	江西省洪城汽配城	98	长沙市马王堆陶瓷建材城
49	株洲市中南金属物流大市场	99	武汉汉正街名牌服饰市场
50	宜昌金东山市场	100	武汉市舵落口大市场

3-54　西部地区前100家商品交易市场

序号	市场名称	序号	市场名称
1	重庆市观音桥农贸市场	51	成都荷花池市场
2	重庆巨龙钢材市场	52	西北物资市场(兰州市)
3	重庆朝天门市场	53	成都万贯五金机电市场
4	中亚国际钢材交易中心	54	柳州市柳邕农副产品批发市场
5	柳州市生产资料大市场(广西柳州物资储运贸易总公司)	55	成都金府五金机电交易市场
6	昆明螺蛳湾国际商贸城一期市场	56	四川三联禽产品物流中心(成都市)
7	南宁市虎丘城北钢材市场	57	甘肃省食品股份有限公司肉食水产批发市场(兰州市)
8	重庆万吨冷储食品交易城	58	咸阳新阳光农副产品市场
9	重庆市渝南汽车市场	59	成都世纪登峰科技实业有限公司世界数码广场
10	恒冠钢材市场(恒冠物流有限公司)	60	南宁市桂果香果品有限公司五里亭蔬菜批发市场
11	通辽经济技术开发区煤炭市场	61	新疆华凌工贸集团有限公司华凌综合市场
12	重庆市绿云石都建材交易城	62	昆明斗南花卉市场
13	重庆龙文金属材料交易市场	63	重庆市大足县西部金属交易城
14	云南省钢材市场(昆明市)	64	成都西博西南食品城
15	重庆铠恩国际家居名都	65	广西旺宏房地产开发有限公司柳北钢材大市场
16	重庆金属材料现货交易市场	66	云南龙城农产品市场(昆明市)
17	重庆西部汽车城	67	重庆泰兴通信电脑市场
18	南宁市荣宝龙钢材市场	68	宁夏燕宝钢材市场(银川市)
19	包头市鹿畅达物流中心	69	乌鲁木齐北园春(集团)有限责任公司北园春市场
20	德阳市钢材炉料交易市场	70	广西淡村商贸城(南宁市)
21	重庆市永川区商贸城	71	达州市塔沱农副产品综合批发市场
22	成都农产品中心批发市场	72	重庆市大足县龙水五金旅游城
23	成都国际商贸城	73	兰州东部品牌服饰批发广场
24	重庆市恒胜钢材市场	74	云南浩宏钢材交易市场(昆明市)
25	昆明螺蛳湾国际商贸城二期市场	75	重庆市万州区小天鹅批发市场
26	贵阳东方金属材料交易中心	76	通辽市团结路贸易区
27	成都龙泉聚和(国际)果蔬交易中心	77	绵阳市高水农副产品批发市场
28	成都富森美家居置业广场	78	兴安盟扎赉特旗石头城子牲畜交易市场
29	重庆马家岩板材批发市场	79	广西金源汽车城(昆明市)
30	重庆市佰腾数码广场	80	玉林宏进进农副产品批发市场
31	成都市农副产品批发中心	81	成都市西部汽车城
32	西安海纳汽车服务有限公司西安汽配市场	82	重庆市恒鑫老顶坡汽摩综合市场
33	重庆市西三街农副水产品市场	83	重庆市万州商贸城
34	中国西部鞋都交易城(重庆市)	84	西安粮油批发交易市场
35	银川市望远现代金属物流园	85	成都蓝光金荷花市场
36	贵阳市市西大市场	86	贵阳市谷丰粮油食品批发市场
37	乌鲁木齐北园春有限责任公司农产品中心批发市场	87	遵义市红花岗区苟家井综合批发市场
38	四川好一新商贸城(达州市)	88	重庆市大足县龙水五金市场
39	贵阳海恒农副产品批发市场	89	柳州商港市场
40	重庆市新世界建材市场	90	重庆渝州交易城
41	成都量力钢材物流中心	91	包头市太平寺商城
42	兰州瑞德摩尔城市购物广场(兰新)	92	重庆市陈家坪机电市场
43	新疆赛博特国际汽车城(乌鲁木齐市)	93	重庆市大足县龙水废金属市场
44	玉州市中药材市场	94	西安朱雀农产品交易中心
45	西联钢铁物流中心(成都市)	95	成都西部化工市场
46	重庆外滩摩托车配件交易市场	96	昆明骏骐干菜副食粮油批发市场
47	广安地区华蓥市市场	97	通辽市通辽经济技术开发区木材市场
48	甘肃兰海兰州物资城	98	重庆市万州区宏远批发市场
49	重庆马家岩大川建材市场	99	成都国融金府机电成
50	新疆边疆宾馆商贸市场(乌鲁木齐市)	100	内蒙古呼和浩特市润宇装饰城市场

附录　主要统计指标解释

附录 主要统计指标解释

一、主要统计指标及市场分类

亿元以上商品交易市场：指年成交额在亿元及以上的商品交易市场。商品交易市场是指经有关部门和组织批准设立，有固定场所、设施，有经营管理部门和监管人员，若干市场经营者入内，常年或实际开业三个月以上，集中、公开、独立地进行生活消费品、生产资料等现货商品交易以及提供相关服务的交易场所，包括各类消费品市场、生产资料市场等。

营业状态：按照市场营业时间的连续性分为常年营业、季节性营业和其它等三种状态。常年营业指不受季节、时间等因素的影响，全年均营业的市场；季节性营业市场指受季节因素影响，全年间断营业的市场，如旅游旺季营业的交易市场等；其它市场指上述以外的其它营业状态的交易市场。

经营方式：指市场直接从事商品流通的买卖形式，包括批发和零售两种方式。批发市场指专门从事批发业务活动或以批发业务为主的交易市场。零售市场指专门从事零售业务的活动，并直接向城乡居民销售日用消费品、农产品的市场，或以零售业务为主，同时兼批发业务的交易市场。

经营环境：指各市场经营场所具备的基本条件，分露天式、封闭式和其它。露天式市场指市场摊位完全在室外，或70%以上的摊位在室外，包括柜台式市场及无设施市场；封闭式市场指市场摊位完全在室内（包括平房和楼房）；其它市场指上述以外的其它经营环境的交易市场。

年末出租摊位数：指该市场年末实际出租的摊位数。

成交额：指该市场所有摊位的全年商品交易额之合计。

市场类别：指根据商品交易市场经营商品类别进行分类，包括综合市场和专业市场两大类。

综合市场：指经营生产资料、工业消费品、农产品等多种商品的综合性现货商品交易市场。

综合贸易市场：分为生产资料综合市场、工业消费品综合市场、农产品综合市场及其它综合市场。

— **生产资料综合市场**：指经营两类或两类以上生产资料的交易市场，包括工业生产资料交易市场、农业生产资料交易市场，交易对象主要是生产经营者，市场内摊位成交额主要集中在生产资料商品。

— **工业消费品综合市场**：指经营两类及两类以上工业消费品的交易市场，交易对象主要是商品使用者和消费者，市场内摊位主要经营食品、服装、日用品等商品。

— **农产品综合市场**：指经营两类及两类以上农产品的交易市场，交易对象主要是商品使用者和消费者。

— **其它综合市场**：以上未列明综合性现货商品交易市场。如果市场中农产品和工业品混杂经营，成交额难以分清主次的，市场类别应为其它综合市场。

专业市场：指主要进行某一领域商品的交易活动的现货市场。根据所经营的商品类别，分为12类专业市场。专业市场类别应根据摊位交易情况确定，即经营某类商品的摊位成交额超过总成交额的60%，市场则确定为相应的专业市场。

（1）**生产资料市场**：主要经营某类生产资料的交易市场。

— **农业生产用具市场**：经营半机械化农机具及其配件、中小农具、园艺工具等为主。

— **农用生产资料市场**：经营农用生产资料为主，如农药、化肥、农膜、农用温室玻璃、园艺工具等。

— **煤炭市场**：经营煤炭及制品为主。

— **木材市场**：经营木、竹采伐产品和木材、竹非生活制品为主。

— **建材市场**：经营建筑材料、保温材料、玻璃制品等建筑施工用材为主，主要面向建筑设施的施工企业。

— **化工材料及制品市场**：经营生产经营用化工材料及制品为主。

— **金属材料市场**：经营各种黑色金属材料和有色金属材料为主。

— **机械电子设备市场**：经营机械设备、电子产品和仪器为主，面向生产经营单位。

— **其它生产资料市场**：以上未列明的生产资料专业市场。

（2）**农产品市场**：指主要经营某一类农产品的交易市场。

— **粮油市场**：经营谷物、大豆、玉米、食用油为主。

— **肉禽蛋市场**：经营肉禽蛋为主。

— **水产品市场**：经营水产品为主。

— **蔬菜市场**：经营蔬菜为主。

— **干鲜果品市场**：经营干鲜果品为主。

— **棉麻土畜、烟叶市场**：经营棉麻、土特产品、种畜、种禽、耕畜、烟叶为主。

— **其它农产品市场**： 以上未提及的或经营两种以上农产品的农产品专业市场。

（3）**食品、饮料及烟酒市场**：指主要经营食品、饮料及烟酒等商品的交易市场。

— **食品饮料市场**：经营食品、饮料为主。

— **茶叶市场**：经营茶叶为主。

— **烟酒市场**：经营烟酒为主。

— **其它食品饮料及烟酒市场**：以上未提及的或主要经营两类以上食品、饮料及烟酒商品的专业市场。

（4）**纺织、服装、鞋帽市场**：指主要经营布料及纺织品、服装、鞋帽等商品的交易市场。

— **布料及纺织品市场**：经营布料及纺织品为主。

— **服装市场**：经营服装为主。

— **鞋帽市场**：经营鞋帽为主。

— **其它纺织服装鞋帽市场**：以上未提及的或主要经营两类以上纺织、服装、鞋帽商品的专业市场。

（5）**日用品及文化用品市场**：指主要经营各类日用品及文化用品等商品的交易市场。

— **小商品市场**：经营日用小百货为主。

— **箱包市场**：经营箱包为主。

— **玩具市场**：经营玩具为主。

— **文具市场**：经营文具为主。

— **图书、报刊杂志市场**：经营图书、报刊杂志为主。

— **音像制品及电子出版物市场**：经营音像制品及电子出版物为主。

— **体育用品市场**：经营体育用品为主。

— **其它日用品及文化用品市场**：以上未提及的或经营两类以上日用品及文化用品的专业市场。

（6）**黄金、珠宝、玉器等首饰市场**：指主要经营黄金、珠宝、玉器等首饰的交易市场。

（7）**电器、通讯器材、电子设备市场**：指主要经营电器、通讯器材、电子设备等商品的交易市场。

— **家电市场**：经营家电为主。

— **通讯器材市场**：经营通讯器材为主。

— **照相、摄像器材市场**：经营照相、摄像器材为主。

— **计算机及辅助设备市场**：以经营计算机及其配件、计算机辅助设备为主。

— **其它电器、通讯器材、电子设备市场**：以上未提及的或主要经营两类以上电器、通讯器材、电子设备商品的专业市场。

（8）**医药、医疗用品及器材市场**：指主要经营药材、中西药品、医疗器械等商品的交易市场。

— **中药材市场**：经营中药材为主。

— **其它医药、医疗用品及器材市场**：中药材专业市场以外的医药、医疗用品及器材专业市场。

（9）**家具、五金及装饰材料市场**：指主要经营家具、五金电料、各种家居装修装饰材料等商品的交易市场。

— **家具市场**：经营家具为主。

— **装饰材料市场**：经营装饰材料为主。

— **灯具市场**：经营灯具为主。

— **厨具、盥洗设备市场**：经营厨具、盥洗设备为主。

— **五金材料市场**：经营五金材料为主。

— **其它家具、五金及装饰材料市场**：以上未提及的或主要经营两类以上家具、五金或装饰材料商品的专业市场。

（10）**汽车、摩托车及零配件市场**：指专门从事新、旧机动车辆及其零配件交易的市场。

— **汽车市场**：经营汽车为主，包括新车市场和旧车市场。

— **摩托车市场**：经营摩托车为主。

— **机动车零配件市场**：经营机动车零配件为主。

（11）**花、鸟、鱼、虫市场**：指主要经营花、鸟、鱼、虫等商品的交易市场。

— **花卉市场**：经营鲜花、苗木及其制品为主。

— **鸟市场**：经营鸟类商品为主。

— **观赏鱼市场**：经营观赏鱼类商品为主。

— **其它花鸟鱼虫市场**：以上未提及的或主要经营两类以上花鸟鱼虫商品的专业市场。

（12）**旧货市场**：指经营各类旧货商品的交易市场。

— **古玩、古董、字画市场**：经营古玩、古董、字画商品为主。

— **邮票、硬币市场**：经营邮票、硬币商品为主。

— **其它旧货市场**：以上未提及的或主要经营两类以上旧货商品的专业市场。

（13）**其它专业市场**：以上未提及商品的专业市场。

二、商品分类及解释

1.**粮油、食品、饮料、烟酒类**：指供人们食用的各种粮油食品、饮料、酒和烟草加工品。

（1） **粮油、食品类**：指供人们食用的各种食品，如粮油、肉禽蛋、水产品、干鲜蔬果、食糖、糖果糕点、豆制品、滋补食品、食盐、调味品、罐头食品、奶及奶制品及其他食品加工制品等。

— **粮油类**：指供人们食用的粮食和食用油。

其中，粮食，包括小麦、稻谷、玉米、豆类、杂粮及其成品粮、磨粉、淀粉及其制品等；

淀粉及其制品，包括粉皮、粉丝、粉条、淀粉等；

食用油，包括食用植物和动物油等。

— **肉禽蛋类**：指供人们食用的肉类、禽类、蛋类商品。

其中，肉类，指供食用的活猪、活牛、活羊、家兔及其鲜（冻）肉和肉制品（不含各种肉罐头，统计在“粮油、食品类”）；

禽类，指供人们食用的活鸡、活鸭、活鹅和其他人工饲养的活禽类及其鲜（冻）、腌制和卤熟制品；

蛋类，指鸡、鸭、鹅和其他禽类的鲜蛋、再制蛋。

— **水产品类**：指各种海水、淡水产的鲜的或干的鱼、虾、蟹、藻类、贝类、软体类、腔肠类等水产品。

— **蔬菜类**：指各种新鲜的蔬菜，包括各种叶菜、茎菜、根菜、花菜、果菜以及各种食用菌等。

— **干鲜果品类**：包括新鲜瓜果、干果及蜜饯果脯等干鲜果。

（2）**饮料类**：指供人们食用的各种饮料，包括液体型饮料，如汽水、果菜汁、矿泉水等；冷冻饮品；固体饮料；茶叶、咖啡、可可和其他饮料。

（3）**烟酒类**：包括酒和烟草加工品。酒，包括白酒、啤酒、黄酒、果露酒等。烟草加工品，包括卷烟、雪茄烟、烟丝、莫合烟、鼻烟等烟草加工品，不包括烤烟、晒烟等烟草加工原料（统计在“其他类”）。

2.**服装、鞋帽、针纺织品类**：指服装、鞋帽、针织品和纺织品的集合。

（1）**服装类**：指以棉布、棉化纤混纺布、化纤布、麻布、呢绒、绸缎、裘皮、化纤针织面料等为原料缝制的各种男、女、成人、儿童的单、夹、棉、皮等各种服装（包括内衣裤、外衣裤、衬衣、衬裤、胸罩、裙子等），包括以毛线、丝线、麻线和各种混纺线编织的各种服装，如毛衣、毛衫、毛裤。

（2）**鞋帽类**：鞋，指皮鞋、胶鞋、布鞋和全塑料鞋等，包括各种材料制作的靴子、凉鞋、便鞋、拖鞋、运动鞋、旅游鞋、春秋鞋等；帽，指各种面料、各种款式的男、女、童、婴儿帽子。

（3）**针、纺织品类**：针织品，指纯棉、纯化纤、化纤与棉（包括短涤纶）混纺的针棉织品、毛毯、线毯、地毯、毛巾、毛线、毛织物等纯纺、纯化纤、混纺针织品及化纤针织面料；纺织品，指布（包括棉布、棉花化纤混纺布、化纤布等外棉棉布、玻璃纤维布、再生纤维布、野杂纤维布、土纺布、无纺布、漆布等），呢绒（包括涤纶混纺物），绸缎，麻布，纱类（包括棉纱、等外棉棉纱、玻璃纤维纱、再生纤维纱、野条纤维纱、废纱、土纱、麻绒等纺织品）。针、纺织品包括除服装外的制成品，如床上用品、袜子、针纺织手套、窗帘等。

3.**化妆品类**：指洁肤护肤美容用品、洁发护发美发用品、药物美容美体用品等。

洁肤护肤美容用品，包括洁面乳、霜、油等洁肤用品，霜、香脂、乳液、润肤油、爽身粉等护肤品，香粉（粉饼）、胭脂、唇膏、眼影、眉笔、指甲油、各种化妆盒、假发等美容品；

洁发护发美发用品，包括洗发香波、洗发膏、洗发精、浴液、剃须膏、发油、发露、发腊、发宝、营养发水、护发素、发胶、摩丝、各种染发剂等；

药物美容美体用品，包括花露水、腋下香、香水、防秃生发水、浓眉露、止痒水（粉）、祛斑霜、粉刺露、防晒剂、痒子粉（水）、减肥霜等；其他化妆用品。

4.**金银珠宝类**：指以金、银、铂等金属及钻石、宝（玉）石、翡翠、珍珠、水晶、象牙、骨角等为原料，经加工和连接组合、镶嵌等方法，制成各种图案造型的装饰品、饰品、工艺品等。包括首饰，如项链、戒指、耳环、手镯、脚链、挂件、别针、发卡等，珠宝饰品，如宝（玉）石、宝（玉）石饰品、钻石镶嵌、珍珠镶嵌以及其他金银珠宝饰品等。

5.**日用品类**：指日用金属制品、日用搪瓷制品、日用塑料制品、天然皮革和人造皮革制品、玻璃器皿、日用百货、燃气灶具、儿童玩具、日用化工产品、照明器具、日用杂品、钟表眼镜及配件、各种工艺品、烟花炮竹、人力或助动车类及配件等。

其中，日用金属制品，包括精铝、铸铝、铝合金家用器皿，不锈钢制餐具，家用厨房用具及其他不锈钢制器皿等，不包括工业建筑的通用金属器皿（统计在“金属材料类”）；

日用搪瓷制品，包括单瓷、双瓷的面盆、口杯及其他搪瓷制品等，不包括工业建筑的通用搪瓷制品（统计在“建筑及装潢材料类”）；

日用百货，包括如缝纫机、保温瓶、雨衣、理发用具、剃须刀具、火柴、打火机、电池、腰带、刀、剪、锁、钳、卫生纸、卫生巾等；

日用化工产品，包括洗涤用品、杀虫剂、花肥等；

燃气灶具，包括燃气热水器、各种灶具等；

照明器具，包括各种灯具、灯泡、灯管、手电筒等；

日用杂品，包括铁锅、笼屉、瓷碗、碟等餐具和炊事用具，竹、木、藤、柳编制品，炉子、烟筒和取暖设备等；

钟包括各种机械、石英电子的闹钟、挂钟、座钟等，表包括各种机械、石英电子手表、怀表、秒表、其他表、钟表零配件等，眼镜包括成品眼镜、眼镜架、眼镜片、眼镜毛坯、眼镜零配件等；

各种工艺品，包括雕塑工艺品、人造花卉、天然植物和纤维编织工艺品、刺绣工艺品、抽纱工艺品等，其中，雕塑工艺品包括玉雕、牙雕、金属工艺品、漆器工艺品、画类工艺品等，天然植物、纤维编织工艺品包括竹编工艺品、藤编工艺品、草编工艺品等；

人力或助动车类及配件，包括自行车、助动自行车、三轮车、残疾人座车（无论是否装有发动机）、婴儿推车和手推车等及配件。

（1）**洗涤用品类**：包括洗衣粉、肥皂、香皂、浴皂、药皂、牙膏及各种清洁洗涤剂（膏、液、粉）等日用洗涤用品。

（2）**儿童玩具类**：包括各种材质制作的玩具。

6.五金、电料类：指五金工具、电工工具、工具配件、水暖器材、各种专用工具、五金杂品等，以及木瓦工具、电工电讯器材及配件等各类商品，如各种榔头、钳子、扳手、锉刀、泥刀、自来水管、各种水龙头、暖气片、阀门、螺丝、螺母、水表、电表、插座、插头、开关、电线、铁丝、镇流器、灯架、灯罩等。

7.体育、娱乐用品类：指体育用品、健身器材、游艺器材、棋牌、戏装道具、乐器、照相器材及用品等。

其中，体育用品，包括球类、球类器材、体操运动器材、举重运动器材、田径运动器材、水上运动器材、冰雪运动器材、射击、射箭、击剑器材、场地器材、航空、航海模型材料、运动保护用具、钓鱼用具等；

健身器材，指各种用于达到锻炼身体、提高身体素质目的的器材，包括侧重于肌肉训练的，如扩胸机、举重床、自重式健力器、哑铃组合架、坐式后拉器、卧式后屈腿训练器等；包括侧重于身体素质训练的，如跑步机、健步器、骑马机、滑雪器、健骑机等以及集消除疲劳、减肥健身为一体的各种按摩机（非电动）、健腹器等；

游艺器材，包括游戏机、插卡式电脑学习机、儿童运动游艺器材等；

棋牌，包括象棋、国际象棋、围棋、克郎棋、军棋、跳棋、扑克牌、麻将牌等；

乐器，包括中西乐器、电子乐器、乐器辅助用品及配件，如钢琴、提琴、手风琴、吉他等；

照相器材，包括摄影用品、暗房用品、修相用品和其他照相器材，如摄影用品，包括照相机、座机、外拍机、胶卷胶片、相纸、放大机、照相镜头、摄像灯具照相零配件及其他摄影用品，上光机、反拍机、翻版机、冲片机等，修相油、上光用品、修底版用具等，洗相药品，如显影液、定影液等，不包括X光胶片和工业胶片（统计在“化工材料及制品类”）。

8.书报杂志类：指各种以纸介质形态出版发行的中外文的书籍、工具书、课本、教材、图片、报纸和杂志等。

9.电子出版物及音像制品类：指电子出版物和音像制品。

其中，电子出版物，指以数字方式将图文音像等信息编辑加工后存储在磁、光、电介质上，通过计算机或者具有类似功能的设备读取使用，用以表达思想、普及知识和积累文化，并可复制发行的大众传播媒介，其媒体形态包括软磁盘（FD）、只读光盘（CD-ROM）、交互式光盘（CD-Ⅰ）、照片光盘（PHOTO-ROM）、高密度只读光盘（DVD-ROM）、集成电路卡（IC CARD）等，及其他媒体形态；

音像制品，指各种磁、光、电介质的录音、录像的磁带、光盘（CD、LD、VCD、DVD）等，包括各种空白的录音带、录像带、光盘。

10.**家用电器和音像器材类**：指洗涤电器、制冷电器、清洁电器、小家电、家用厨房电器具、家用保健电器和各类音像器材等。

其中，洗涤电器，包括洗衣机、甩干机等；

制冷电器，包括电冰箱、电冰柜、房间空调器等；

清洁电器，包括吸尘器、加湿器、空气净化器等；

小家电，包括电熨斗、电风扇、电淋浴器等；

家用厨房电器具，包括食品加工机、抽排油烟机、微波炉、电饭堡、电烤箱、洗碗机、消毒柜等；

家用保健电器，包括电取暖器、电动按摩器等；

音像器材，包括电视机、录音机、录像机、摄像机、收音机、幻灯机、组合音响、影碟机（LD、CD、VCD、DVD等）、专业音响器材、专业声像器材以及配件等，不包括照相器材及用具（统计在“体育、娱乐用品类”）。

11.**中西药品类**：指人用各种中西药品、中药材以及各种小型医疗用品、敷料，不包括医疗用的各种大型设备，如CT机，核磁共振器等和兽用的各种药品、医疗器材（统计在“其他类”）。

（1）**西药类**：指以化学物质为原料根据药典或处方生产的用于预防、治疗、诊断人体的疾病，有目的地调节人体的生理机能并规定有适应症、用法和用量的物质，包括化学药品制剂、放射性药品、血清疫苗、血液制品和诊断药品等，但不包括化学试剂（统计在“化工材料及制品类”）。

（2）**中草药及中成药类**：指以天然的活性物质群为原料，根据中医药典或处方生产或配置，用于预防、治疗人体的疾病，有目的地调节人体的生理机能并规定有适应症、用法和用量的物质。包括中药材、中药饮片、中成药。

其中，中药材，指在自然界中天然生长或人工种植、养殖、采掘的可用于加工中药饮片和中成药的物质，包括各种植物、动物、矿物等；

中药饮片，指以中药材（包括各种药用植物、动物、矿物）为原料用于预防、治疗人体的疾病，有目的地调节人体的生理机能并规定有适应症、用法和用量的物质；

中成药，指以中药材（包括各种药用植物、动物、矿物）为原料根据药典或处方生产的用于预防、治疗人体的疾病，有目的地调节人体的生理机能并规定有适应症、用法和用量的制剂，包括各种剂型（丸、散、膏、丹、胶、药酒、露、冲剂及改良剂型）的中成药。

12.**文化办公用品类**：指学习用品、办公用品和计算机及其配套产品。

其中，学习和办公用品，包括学习和办公用的纸张、本册、打字机、油印机、速印机、复印机、计算器、快译通、电子笔记本、算盘、文具、普通测绘仪器、印刷材料以及教学用的设备、器材、标本、模型等；

计算机及其配套产品，包括 CPU 在 80186 以上的大、中、小、微型、便携式电子计算机（包括多媒体计算机）和计算机的辅助设备，如服务器、打印机、扫描仪、不间断电源、多媒体配件、专用设备和零配件，计算机用键盘、鼠标、网卡、U 盘、内存条、软盘、磁带、打印机用纸、色带、墨盒、硒鼓等，不包括单板机、插卡式电脑学习机（统计在“体育、娱乐用品类”），也不包括各种电子计算机软件（统计在“电子出版物及音像制品类”，随机附赠品除外）。

13.**家具类**：指用木材、金属、塑料、藤、竹等为主要原料制成的供人们生活、学习、工作、休息用的各种普通家具和具有特定用途的专用家具，包括家用就寝、就餐、起居、书房使用的床、柜、箱、架、沙发、桌、椅、凳、茶几、屏风，以及成套或组合家具，也包括医院、学校、图书馆、旅游、办公等专用的办公桌椅、文件柜、书柜等家具。

14.**通讯器材类**：指有线、无线通讯使用的各种器材和设备，包括电话机（普通电话机、无绳电话机、移动电话、小灵通等）、对讲机、寻呼机、传真机等以及配套产品。

15.**煤炭及制品类**：包括原煤、煤炭和煤制品，如洗煤、筛选块煤、筛选混煤及混末煤、焦炭、石油焦、半焦、煤饼（块）、煤球等。

16.**木材及制品类**：指木、竹采伐产品和木材、竹非生活制品等。此类商品销售一律按批发计算。

其中，木、竹采伐产品，包括原木、小规模木材、薪炭木材、毛竹、篙竹等；

木材、竹非生活制品，包括锯材、板材、人造板、木材防腐制品，木、竹工业、建筑业用品，藤、棕、柳条工业制品等。

17.**石油及制品类**：包括原油、炼厂气体、汽油、煤油、柴油、燃料油、工业燃料、溶剂油、润滑油、石蜡、地腊、专用腊、凡士林、洗涤剂原料、石油腊类、石油沥青、标准油、白色油、软麻油、原料油、润滑脂、石油酸、石油皂、液化石油气等。

18.**化工材料及制品类**：指化学矿采选品、化工产品、橡胶制品、塑料制品等。此类商品销售一律按批发计算。

其中，化学矿采选品，包括硫铁矿、磷矿、硼矿、钾矿、天然硫磺、钙芒硝矿、芒硝矿、蛇纹矿、天然矿、重晶石、督重石、天青石、雄黄石、明矾石等；

化工产品，不包括日用化工产品（统计在“日用品类”或“化妆品类”），包括无机化学品、化学肥料、化学农药、有机化学品、颜料、染料、催化剂、助剂、添加剂、粘合剂、高分子聚合物、信息用化学品、化学试剂、X光胶片、工业用胶片等；

橡胶制品，不包括日用橡胶制品（统计在“日用品类”），包括如橡胶运输带、橡胶类传输带、橡胶三角带、橡胶风扇带、橡胶胶管、再生胶、橡胶导风管、橡胶浮筒、橡胶杂品、乳胶制品、橡胶密封制品、特种橡胶制品、软胶壳、微孔橡胶隔板、胶绳、胶筋、胶液、密封腻子等；

塑料制品，不包括日用塑料制品（统计在“日用品类”），包括塑料薄膜、塑料板材、塑料管、塑料棒、塑料异型材、塑料丝、塑料人造革、塑料合成革、泡沫塑料、塑料工业配件、塑料包装箱及容器等塑料原料。

—— **化肥类**：指氮肥、磷肥、钾肥、复合肥，不包括家庭使用的花肥（统计在“日用品类”）。此类商品销售一律按批发计算。

其中，氮肥，包括液氮、尿素、硝酸铵、氯化铵、硫酸铵、氨水等；

磷肥，包括重过磷酸钙、普通过磷酸钙等；

钾肥，包括氯化钾、硫酸钾、窑灰钾、钾镁肥等；

复合肥，包括氮磷肥、氮钾肥、磷钾肥、氮磷钾肥、硝酸磷、氮钾混合肥、铵磷钾、磷酸铵等。不包括磷矿粉肥和“土法”生产的各种化学肥料，如硫磺脚渣提炼的硫磺铵、硝酸钾、土制过磷酸钙和磷酸钾，也不包括微量元素的化学肥料（如钾酸铵）。

19.**金属材料类**：指黑色金属矿采选品和黑色金属冶炼及其压延产品、有色金属矿采选产品和有色金属冶炼及其压延产品。此类商品销售一律按批发计算。

其中，黑色金属矿采选品，包括铁矿石原矿、铁矿石成品矿、人造富铁矿、锰矿石原矿、锰矿石成品矿、人造富锰矿、铬矿石原矿、铬矿石成品矿等；

黑色金属冶炼及其压延产品，包括钢、生铁、铁合金、钢材、钢坯、钎子钢、轧制钢球、重熔钢、炼铁副产品、球墨铸铁、金属化球团、海棉铁、钒渣和粗末冶金原料、钢板网等；

有色金属矿采选产品，包括重有色金属矿采选产品、轻有色金属矿采选产品、贵金属矿采选产品、稀有金属矿采选产品等；

有色金属矿冶炼及其压延产品，包括有色金属矿冶炼产品、轻有色金属矿冶炼产品、稀土金属冶炼产品。稀散金属及半金属冶炼产品、高纯及超纯有色金属、重有色金属合金、硬质合金、稀有稀土金属合金、稀有放射性金属冶炼产品、重有色金属加工材、双金属材、轻有色金属加工材、贵金属加工材、稀有金属加工材、有色金属加工材、半导体材料等。

20.建筑及装潢材料类：指非金属矿采选成品、建筑材料及其他非金属矿物制品和各种办公或家庭用的室内装饰材料等。

其中，非金属矿采选成品，包括土砂石矿品、耐火土石开采及其初加工品、工艺美术品用非金属矿、石棉、工业原料用云母、石墨、石膏、工业原料滑石、滑石粉、金刚石、水晶、冰洲石、次土、膨润士及其初加工品、长石、叶腊石、蛭石、硅线石、凹凸奉石、海泡石、浮石、沸石、珍珠岩、霞石正方岩、刚玉、硅藻石、硅石灰石等；

建筑材料及其他非金属矿物制品，包括水泥、无熟料水泥、水泥熟料、水泥混凝土制品、水泥预制构件、纤维增强水泥制品、砖、瓦、建筑砌砖、石灰、轻质建筑材料、建筑用石材加工品、建筑防水材料、建筑保温材料、建筑用玻璃制品、平板玻璃、压延玻璃、磨砂玻璃、喷花玻璃、中空玻璃、热反射玻璃、吸热玻璃、玻璃砖、泡沫玻璃、工业技术玻璃、特种玻璃、玻璃纤维及其制品，石英玻璃及其制品、光学玻璃、玻璃仪器、绝缘玻璃、玻璃保温容器（不包括日用玻璃保温容器，统计在“日用百货类”）、普通陶瓷制品（不包括陶瓷餐具，统计在“日用品类”）、工业陶瓷、高压绝缘子、低压绝缘子耐火材料制品、玻璃窑专用耐火材料、石墨及碳素制品、碳化纤维、石墨热交换器。石棉制品、云母制品、磨料和磨具、铸石、化学石膏、人造水晶、合成云母、人造金刚石、晶体材料、晶体镀膜材料等；

办公和家庭用的室内装饰材料，包括地板、地板革、墙纸、墙布、涂料、乳胶漆及各种装饰用具等，但不包括家具（统计在“家具类”）、清洁电器和家用厨房电器具（统计在“家用电器和音响器材类”）。

21.机电产品及设备类：指普通机械、交通运输机械、电器机械及器材、电子产品及通讯设备、各种农林牧渔业机械等。

其中，普通机械，包括锅炉及原动机、金属加工机械、通用机械、铸锻件及通用零部件、工业专用设备、建筑工程机械、钻探机械等；

交通运输机械，包括铁路运输设备、飞行器、工矿设备、船舶及其辅机、摩托车，不包括汽车、汽车底盘及汽车配件（统计在“汽车类”）；

电器机械及器材，包括电机、输变电设备、电工器材等；

电子产品及通讯设备，包括雷达和无线电导航设备、通讯设备、广播电视设备、电子原件、电子器件、仪器仪表、计量标准仪具及量具、衡器，不包括家用电脑机及其各种配套产品（统计在“文化办公用品类”）、电话机、移动电话、BP 机等（统计在“通讯器材类”），也不包括家用电视机、录音机、录像机、摄像机等（统计在“家用电器和音像器材类”）。

—— **农机类**：指各种农林牧渔业机械。包括农机具、农药具、农用车、农用动力机械等，如拖拉机、收割机、机引犁、机引耙、机引播种机、机动三轮车、拖车、机动植保机械、机动畜牧机械、机动脱粒机、内燃发动机组、水泵、喷灌机；以及各种零配件，如电动机、柴油机、手推车车轮等。此类商品销售一律按批发计算。

22.汽车类：指由动力装置驱动，具有四个或以上车轮的非轨道无架线的车辆及其零配件，包括汽车、汽车底盘和汽车配件等。

其中，汽车包括载货汽车、越野汽车、自卸汽车、牵引汽车、专用汽车、客车、轿车等。

23.种子饲料类：指各种农业或公共园艺使用的种子、种苗和饲养牲畜的草料、杂粮、杂豆等，不包括家庭使用的花种、种苗等，以及人们以娱乐、休闲为目的而饲养各种动物的从专门商店购买的宠物食品（统计在“其他类”）。此类商品销售一律按批发计算。

24.**棉麻类**：指棉麻产品、蚕茧等。

其中，棉，包括籽棉、细绒棉、长绒棉、絮棉、棉短绒；

麻，包括黄麻、红麻、苎麻、大麻、亚麻、剑麻；

蚕茧，包括桑蚕茧、柞蚕茧、蓖蚕茧和其他蚕茧等。

25.**其他类**：指以上未包括的商品类别，如大型医疗器材，文物、古董、邮票、硬币、现代绘画作品，土特产品和畜产品、禽畜或宠物用的药品、宠物食品、花鸟鱼虫，消防器材及设施，废旧物资等。

其中，畜产品包括各种牛皮、羊皮、猪皮及其他动物皮革，以及种畜、幼畜、幼禽绒毛、羽毛、鬃毛、肠衣等。